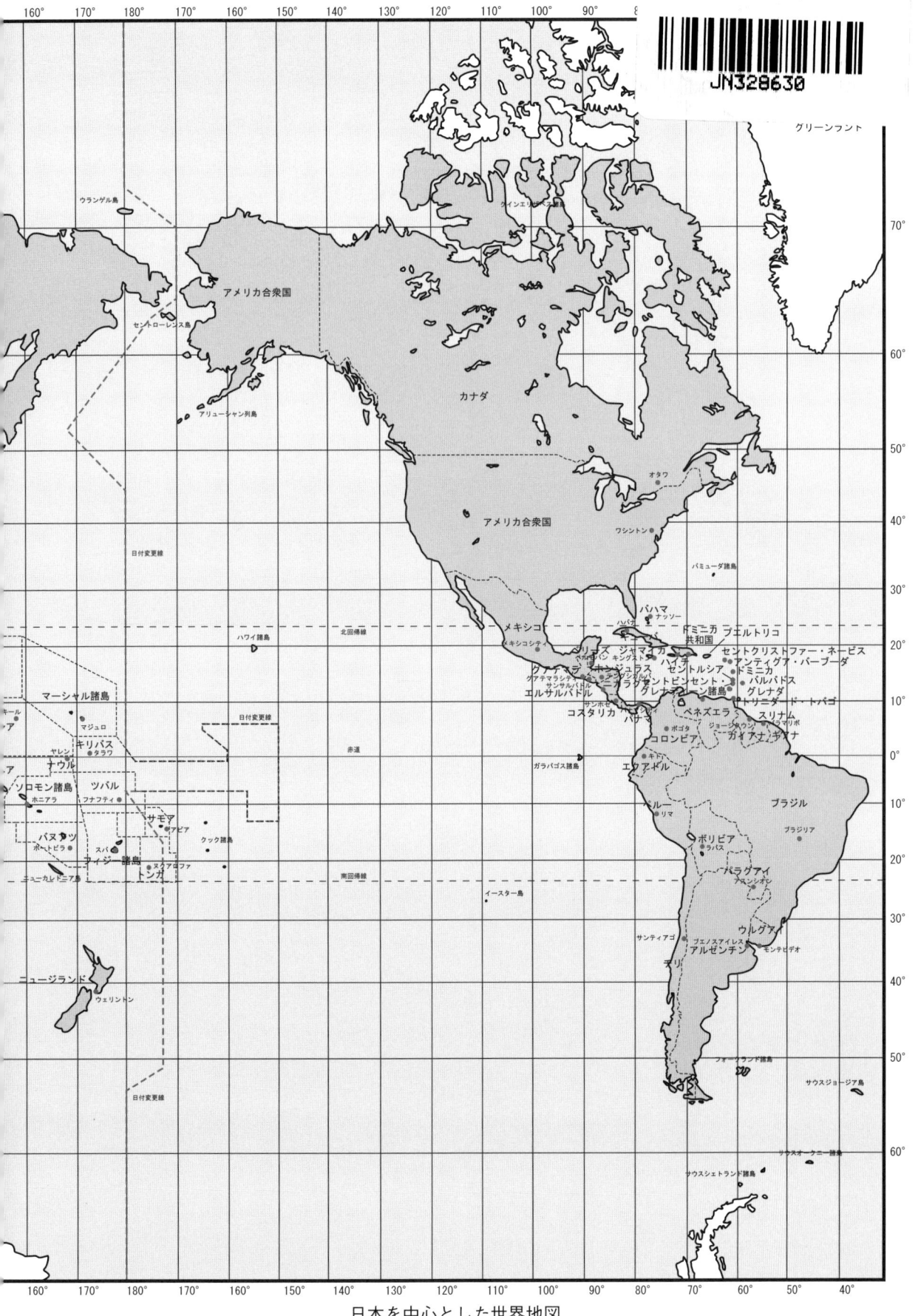

日本を中心とした世界地図

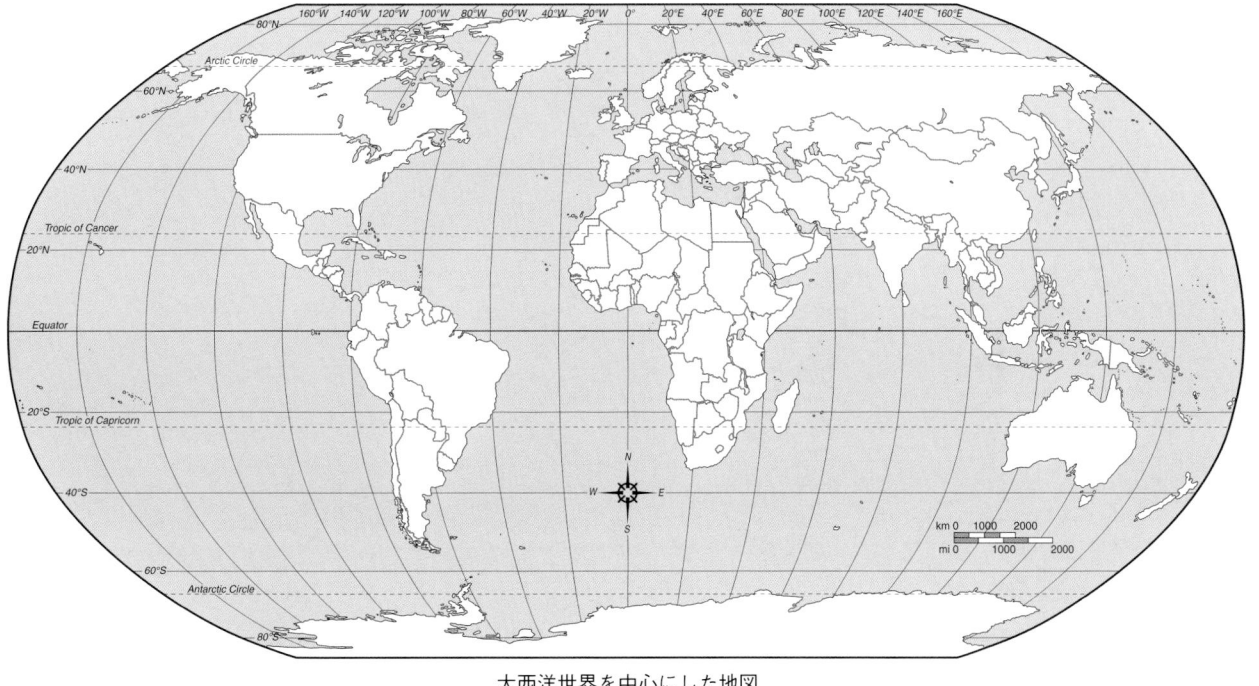

大西洋世界を中心にした地図

逆さ地図

# 地域研究への扉

―― グローバルな視点から考える ――

同志社大学グローバル地域文化学部 編

晃 洋 書 房

# まえがき

　本書『地域研究への扉——グローバルな視点から考える——』は，同志社大学グローバル地域文化学部の初年次用教科書として編集された．しかしながら，本学部以外の読者，特に大学に入学したばかりの方々が本書によって地域研究の第一歩を踏み出すことも十分に可能である．

　新聞・テレビそのほかのメディアで「グローバル」や「グローバリゼーション」という言葉に出会わない日はまずない．少し前までは「国際的」や「国際化」などと言っていたものを言い換えただけの場合もあるようだ．それほどに，「グローバル」や「グローバリゼーション」及びそれに類する言葉はわたしたちの生活の中で多用され，広がっている．

　しかしながら，過去20年ほどの間に全地球的規模で広がったグローバリゼーションの動きは，単に「もっと海外に目を向けよう」とか，「海外と同じ土俵で活動することを目指そう」（近代日本の場合，この「海外」は長い間欧米を意味していたが）といった段階にとどまっていたわたしたちの国際感覚を大きく揺さぶるものであった．

　現在わたしたちが直面しているグローバリゼーションとは何か．色々な側面からの説明ができるだろう．冷戦体制が崩壊したことにより，国家と国家の間にイデオロギーにとらわれない相互依存が生じたこと．人，モノ，情報の自由な移動や文化交流がますます活発化するようになったこと．企業が多国籍化し，生産活動の国際的分業が進んだことによって，国際的な政治・経済関係がいっそう複雑なものとなったこと．情報機器の飛躍的発達により，地球のボーダーレス化が加速され，時に独裁的な国家体制さえ揺るがす力を発揮するようになったこと．なるほどこれらの説明はグローバリゼーションの一端を言い当ててはいる．しかし今日のグローバリゼーションの見過ごしてはならない本質的な側面がある．それは，わたしたちが意識するかどうか，求めるかどうかにかかわらず，また住んでいる国や使っている言語とはほとんど無関係に，上に述べたような世界の動きが私たちの生活に直結してくる，ということである．海外のことには興味がない，国際的な舞台で仕事をするつもりはない，たとえ，そう思っていても海外の動きが日本にいるあなたの生活に少なからぬ影響を与える時代——それがグローバリゼーションの時代だということである．

　「私たちの生活に直結」と書いたが，むろんこのようなグローバリゼーションの動きは世界の各地域の生活とも直結している．そればかりか，地域によっては，急速なグローバリゼーションとその地域に本来根付いていた文化や生活が摩擦，衝突を起こすという問題が生じている．グローバリゼーションの波に乗り遅れないことも重要であろう．だが一方で，私たちが世界の各地域の人びとやその生活に接するときには，その地域の歴史，言葉，宗教，政治などによってはぐくまれてきたその地域固有の文化がその生活の背後に存在していることを忘れてはならない．そのような文化の特性と向き合うことなく，ひとつの物差しを当てて問題を解決しようとすれば，必ず摩擦や衝突が生じるのである．

わたしたちグローバル地域文化学部は，「グローバル地域文化」という新しい言葉を作り，この言葉に，地域文化に対する正確な理解の上に立ち，一方でグローバルな視点を忘れないバランスの良い地域研究という意味を込めた．もちろん，従来の地域研究においても，それが文化を論じるのであれ，政治や経済を論じるのであれ，周辺地域や，世界全体の動きを十分に念頭に置いた研究がなされてきたのは事実である．だが，現代の世界を構成する諸地域の研究は，今現実に目の前で起こっているグローバリゼーションという未曾有の現象を大前提としつつも，地域の有する豊かな文化的多様性と特質を理解し，同時にグローバルな観点から地域の諸相を捉えるものでなければならなくなっている．私たちが構想する学問領域は，グローバル社会に対応できる幅広い視野と教養を持ちつつ，ヨーロッパ，アジア・太平洋，南北アメリカの諸地域における文化を生み出した歴史的背景や，各地域の現状を正確に理解することをその内実としている．研究対象地域のことだけをいわゆる「タコつぼ型」に研究するのではなく，それぞれの地域がそれぞれ独自の文化と社会を形成している一方，互いに影響を及ぼし合いながら発展してきたこと，そして今日のグローバリゼーションのただ中にあるのだということは常に確認され続けなければならない．各地域は世界の中に位置づけられて意味を持ち，世界は各地域の交流・交渉の内に成立している．両者は並列するものでもなければ対立するものでもなく，重層的に重なり合っている．この重層性の理解とその上に立ったメッセージの発信を，私たちグローバル地域文化学部は目指している．

　グローバル地域文化学部は，ヨーロッパ，アジア・太平洋，南北アメリカといった主要な三つの地域文化に特化した専門的理解に加え，グローバルな視点から各地域の諸問題を見る眼を養い，グローバル化により生ずる文化摩擦や文化変容を多面的に捉える思考力を養成することを目指している．その学習のスタート地点で役立ててほしいという願いをもって作られたのが本書である．「地域研究への扉」というタイトルのあとに，「グローバルな視点から考える」という副題が付いていることの意味は，このまえがきをここまで読んでいただいた方には十分理解していただけることと思う．

　「序」の「地域を学ぶということ」は必ずお読みいただきたい．これまで考えたことのなかった視点から地域研究の世界へ入るための導入部である．第Ⅰ部「グローバル・トピックス」では，共通テーマのもとにそれぞれの地域のグローバリゼーション事情を「トピックス」として並べた．第Ⅱ部では三つの地域の文化を知るための基本的知識をまとめた．地域の特性を理解するためには，地域文化を形成して来た歴史と風土についての正確な知識が必要だからである．続く第Ⅲ部は，「21世紀の課題」と題して，グローバリゼーションの進む中で三つの地域がどのような動きをしてきたか，またグローバリゼーションをどう受け止めてきたか，ということを振り返りつつ，今後の課題について考える部である．第Ⅱ部で学んだ基本的な事がらの上に立って，読者自身にもさらに思考を深めていただくのが目的である．

　終章では，グローバリゼーションの進む世界の中で，日本はどのような問題を抱えているかを紹介してもらった．

　本論部分の説明を補足するために「コラム」を配置しているので，適宜参照されたい．

目　　次

まえがき

## 序　地域を学ぶということ ……………………………………………… 1
 1．地域と地域研究　(1)
 2．地域研究の学び方　(3)
 3．地域を学ぶ目的　(8)
 4．ま と め　(9)

## 第Ⅰ部　グローバル・トピックス

### 第1章　Global Topics　人の流れ ……………………………………… 13
 ヨーロッパ　(13)
 アジア・太平洋　(16)
 アメリカ　(19)

### 第2章　Global Topics　モノの流れ …………………………………… 24
 ヨーロッパ　(24)
 アジア・太平洋　(27)
 アメリカ　(30)

### 第3章　Global Topics　言葉・音 ……………………………………… 34
 ヨーロッパ　(34)
 アジア・太平洋　(37)
 アメリカ　(40)

### 第4章　Global Topics　衣・食・住 …………………………………… 44
 ヨーロッパ　(44)
 アジア・太平洋　(47)
 アメリカ　(51)

## 第5章　Global Topics　信仰・思想 …… 56
　　ヨーロッパ　(56)
　　アジア・太平洋　(59)
　　アメリカ　(62)

コラム1　地球環境と京都議定書　(66)
コラム2　多国籍企業　(67)

## 第Ⅱ部　地域文化の多様性

## 第6章　ヨーロッパの地域文化 …… 71
　1．ヨーロッパ文化の四つの特徴　(71)
　2．「ヨーロッパ」を理解する上で重要な概念と歴史　(77)
　3．移民と多文化社会　(82)

コラム3　ヨーロッパとイスラーム　(84)
コラム4　言語政策　(85)

## 第7章　アジア・太平洋の地域文化 …… 86
　はじめに　(86)
　1．アジア・太平洋の六つの地域　(87)
　2．近現代の東アジア　(90)
　3．アジア・太平洋における民族，文化の越境　(93)
　4．冷戦，ポスト冷戦とアジア・太平洋　(95)
　5．加速化するグローバリゼーションとアジア・太平洋　(96)
　おわりに　(97)

コラム5　多文化国家オーストラリアとグローバリゼーション　(99)

## 第8章　南北アメリカの地域文化 …… 100
　1．大西洋世界の拡大と新大陸　(100)
　2．北米地域文化の多様性　(102)
　3．アメリカニズムをめぐる文化的相克　(107)
　4．グローバル経済と北米移民　(108)
　5．ラテンアメリカの多様性　(110)

コラム 6　黒人問題の原点としての奴隷制　（118）
コラム 7　クレオール　（119）
コラム 8　冷　　戦　（120）

## 第Ⅲ部　21世紀の課題

### 第9章　グローバリゼーションの中のヨーロッパ ……………123
　1．冷戦体制の崩壊と新たな統合モデルとしてのEU　（123）
　2．EU成立の沿革と現状　（124）
　3．EUの経済活動　（126）
　4．外交・軍事面での弱点と新たな局面　（128）
　5．「規範」とアンチ・グローバリゼーション　（129）
　おわりに　（131）
　　　——EUは拡大するのか——

コラム 9　EUとユーロ圏　（134）

### 第10章　グローバリゼーションの中のアジア ……………135
　1．身近なアジア　（135）
　2．冷戦の変容と東アジアの〈改革開放＝民主化〉　（136）
　3．東アジアの経済成長　（138）
　4．高度成長の陰　（140）
　5．アジアはアジアでありつづけるのか　（143）
　6．人間にやさしい共同体のために　（144）

### 第11章　グローバリゼーションの中のアメリカ ……………148
　1．ラムシュタイン「アメリカ」　（148）
　2．レトリックとしてのグローバリゼーション　（149）
　3．ポピュラー音楽の両義性　（151）
　4．ポピュラー音楽とアメリカ社会　（151）
　5．課題として　（158）
　　　——贈与経済の可能性——

コラム10　日韓関係　（161）
コラム11　BRICs（ブリックス）　（162）

## 終　章　グローバリゼーションの中の日本 ……………………163
1．日本とグローバリゼーション　（163）
2．電子情報化とコミュニケーション　（166）
3．アジアの中の日本　（169）

人名索引　（175）
事項索引　（177）

# 地域を学ぶということ

## 1. 地域と地域研究

　学問の世界にはさまざまな分野がある．もし，具体的にどのような分野があるかを尋ねられたら，すぐに頭に浮かぶものは何だろうか．経済学，文学，物理学，化学など，人によって最初に出てくる分野は異なるだろう．この本は，学問の一領域を構成する地域研究（area studies/ regional studies）を扱っている．地域研究はおそらく，先に挙げた分野と比べれば，一般に知られているものではない．しかし，地域研究が何を扱うかについては，その名称から想像がつく．法学が法を扱い，生物学が生物を扱うように，地域研究は地域を扱う学問である．

### (1) 地域の作り方

　ここに1枚の世界地図がある．よく眺めて，次の問いを考えてほしい．世界にはいくつの地域があるだろうか．

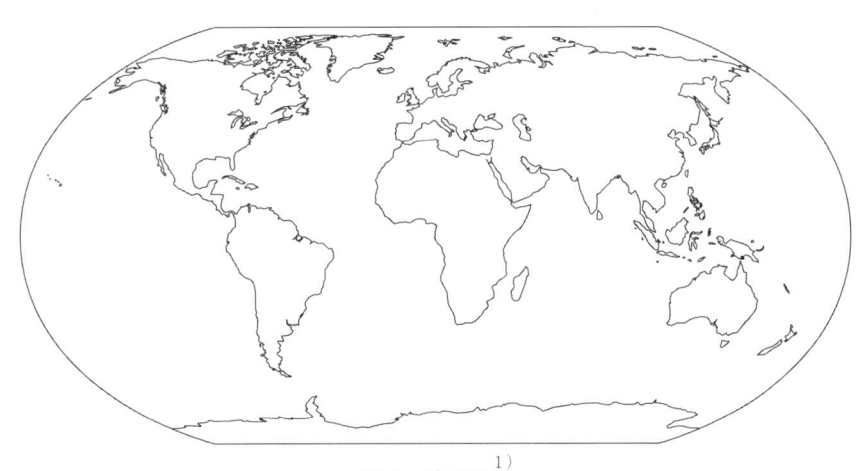

図1　世界地図[1)]

地域という言葉の意味は非常にあいまいに感じられる．「アジア地域の経済が危機にある」と言う時の地域は，国を超えた地理的に広い範囲を示している．一方，「この商店街では強盗が多発しており，地域住民の不安が高まっている」というニュースでは，地域は局所的なものとしてイメージされている．地域という概念は大きな空間から，小さな空間まで，指すことができそうである．

では，ある空間が地域であるか否かを判断する基準は存在するのだろうか．地域であることの唯一の条件は，それが全体の一部であることのみである．アジアや商店街は，規模こそ違うが世界の一部であり，それらが地域であると言ったところで，特に違和感はない．逆に，部分ではなく全体をイメージさせる地球や世界といった概念が地域であると言われると，奇妙に聞こえる．

地域が指し示す空間の規模が多様であることからは，地域という概念が持つ重要な特徴を見出すことができる．地域とは人間の想像物である．地域がコップや机のように実体あるモノではなく，観念にすぎないことは，先に示した世界地図を見れば分かる．地球にはそもそも，地域を仕切る線が描かれているわけではない．ヨーロッパ，アジア，アフリカなど，なじみのある数々の地域とは，この白地図に人間が線を書き込み，世界の一部を切り取ったものである．

地域の切り取り方はひとつだけではない．ヨーロッパなど一般的によく用いる地域名は陸地を単位にして設定されるが，地域を作る基準が陸地である必要はない．たとえば，日本でも最近定着してきた名称である環太平洋地域は，太平洋という海に着目して設定されたものである．また，ひとつの地域は国や州，市といった行政区分，山岳や河川などの地理的特徴などに従い，より小さな地域に分割することもできる．アメリカと呼ばれる地域は北アメリカ，中央アメリカ，南アメリカと分けることもできれば，カリブ海地域のように海洋に着目して空間を切り出すことも可能である．

以上のことから，あるひとつの場所は複数の地域に所属すると言うこともできる．陸地に着眼した地域区分に従えば，日本はアジアに属するが，海洋に着目すれば，環太平洋地域に入る．同時に，ある場所は大小さまざまな地域に重層的に属するとも言える．京都市は京都府，関西，日本，東アジア，アジア，ユーラシアの一部である．

最初の問いに戻ろう．世界に地域はいくつあるか．答えは無限である．地域は，それを見出す人の関心に応じて，さまざまな形で設定することが可能である．

## （2）地域研究という学問

地域は，人間の想像力が及ぶ範囲で，数限りなく設定できる．しかし，それらの中で多くの人が関心を共有できるものは，ごく一部にすぎない．そのほとんどは，アジアやヨーロッパなど，既になじみのある地域である．これらは地理や言語，社会の成り立ちなどを踏まえて，人びとがまとまりを見出してきた空間である．これら関心を持つ人が多い地域について，より理解を深めることを目的とした学問が地域研究である．その名称には分析対象となる地域名が置かれ，場合によっては「地域」という語を外すこともある．つまり地域研究は，「アフリカ地域研究」「南アジア研究」といった名称を持つことになる．

日本で進められている地域研究はどこを対象としているのか．地域は大小さまざまに設定できることから，地域研究も数多くあることが予想されるが，実際もそのようになっている．特定のテー

マについて研究成果を発表し，それに関心を持つ人たちが交流することを目的とする学会という団体がある．その名称を参考にすると，アジアに関連するものだけでも，アジア研究，北東アジア研究，韓国朝鮮研究，南アジア研究，タイ研究など，数多く存在していることがわかる．

地域研究においては，地域の全体像を研究するというよりは，ある特定のテーマを厳密に検討することで，地域に関する新しい解釈や発見をすることが目指される．たとえば，ラテンアメリカ地域研究においては，ラテンアメリカとはどのような地域かという抽象的な問いを正面から考察することは少ない．メキシコのストリートチルドレン，ブラジルの財政危機，スペインの植民地だった時代におけるペルーの文学など，具体的なテーマに即して研究がなされる．

## 2．地域研究の学び方

地域研究とは，関心ある地域について理解を深める学問である．それでは，地域研究を学ぶにあたっては，実際に何をする必要があるのだろうか．「イギリスに興味がある」「中国文化圏のことを勉強したい」といった関心を持っている人は，大学における専攻として地域に関する研究を進める際に，どのような態度で臨むべきであろうか．

### （1）基礎知識を得る

海外に住んだことのある人なら，おそらく誰でも，「あなたの国はどのようなところですか」と聞かれたことがあるだろう．この質問に対し，日本で生まれ育った筆者の場合，日本について語ることになる．込み入った点は抜きにして，素朴に色々なことを答えるだろう．日本は東アジアにある島国で，国土が狭い割には人口は1億人以上を上回る．日本語が話され，科学技術が進んでおり，自動車や電化製品などが世界に数多く輸出されている．主食はコメで，味噌汁や納豆などを食べるが，パンやスパゲティなど海外発祥の食材も消費されている．こうしたことは，日本に生まれ育ち，教育を受けた人間なら，おそらく当たり前のように答えられるもの，つまり日本という地域に関する最も基本的な情報であると言える．

さて，こうした情報をほとんど知らない人が日本に漠然とした関心を持っていて，日本の1950年代の庶民生活と現在を対比させて，日本人の生活習慣の変容を探るというテーマを研究をしたいと言ったとしよう．日本をほとんど知らない人が取り組むには，これはあまりに専門的な内容である．さらに言えば，そのテーマを選んだ理由がそもそもなぜなのかも理解に苦しむ．

上の段落にある「日本」を，あなたの関心のある地域に置き換えてみよう．「わたしは勉強しようとしている地域のことをどれぐらい知っているのだろうか」「わたしはその地域のどのような点に，なぜ関心を持っているのだろうか」と自問することができるだろう．つまり，どこかの地域に関心を持って学ぶのであれば，そこにまつわる基本的な情報は，分野を問わず広く頭の中に入れておかねばならないことになる．地理的な情報から，歴史，現在の社会状況，習慣に至るまで，他人に一通り説明できる知識を身につけることがまず必要である．こうした知識を得る方法は，地理や

歴史に関する本の内容を暗記することに限らない．その地域にまつわる文学作品を読む，映画を見る，音楽を聴く，日々発信される新聞記事を読む，出身の人と会って話す，その地域を訪れるなど，自分から積極的に情報を探しに行くことが望ましい．

特に重要なのは，専攻したい地域で話されている言語を身につけることである．もし，その言語を理解できないと，地域に関する情報は翻訳されたもの，つまり他の人によって取捨選択され，加工されたものを受け取るしかない．言語を学ぶことは，その地域から発信された情報に直接触れ，自分自身で解釈できる情報量を大幅に増やすことに役立つ．

### （2）グローバリゼーションを意識する

地域を学ぶ上では，そこにまつわるさまざまな情報を知ることがまず必要であるが，それだけでは不十分である．地域を理解するには，その外で起きている動向に対する理解もまた必要である．

改めて日本を例に考えてみれば，このことは簡単に分かるだろう．古代には，文字や仏教の伝来など大陸の影響を受けて，現在あるいわゆる日本文化の基盤が作られた．船舶技術の発展に伴い，ヨーロッパ諸国がアジアと直接的に接触するようになった15世紀末からは，西洋文明に触れる機会も増えた．江戸幕府が鎖国を解いた19世紀後半より，日本は世界にその存在感を示すようになったと共に，世界各地の影響をより強く受けるようになった．江戸時代の幕藩体制に代わり，欧米のスタンダードである立憲体制が導入され，軍制や教育制度なども持ち込まれた．より多くの人が日本国外の様子を知るようになったことで，明治時代から現在に至るまでに，生活習慣は著しく変化し，かつ多様なものとなった．このように，現在の日本を理解する上で，周辺地域との関わりを抜きにすることはできない．

日本に限らず全ての地域において，人びとが紡いできた歴史は，周辺から完全に遮断されて成立したものではない．人間は移動する．生きていくためにモノを作り，他の人と交換する．技術や芸術を創造し，それを発信する．移民や交易，知識の伝播によって，地域は四方八方から流れ込んだ人，モノ，情報が一時的に集まる場となる．当然，地域に生きる人びとはそれらを受け止めるだけではなく，影響を受けながら新しいものを創造し，他の地域に影響を与えることもある．アジア史研究者のテッサ・モーリス＝スズキの表現を借りれば，地域とは，他の地域からやってくるさまざまな「流れ」が集まり，他の地域への「流れ」を生み出す「渦」の発生する場である．

このイメージを踏まえれば，世界を構成する地域は「流れ」を通じて相互につながっていることになる．言い換えれば，全ての地域は，少なくとも間接的に，影響を与え合っている．地域やそこに生きる人びとが孤立した存在にならず，地球規模で何らかの関連を持つようになることをグローバリゼーションと言う．

グローバリゼーションを念頭に置けば，地域を周辺と隔絶したもののようにイメージすることは正しくない．繰り返しになるが，地域とは人間の想像物である．人，モノ，情報が世界を飛び回る地球に，人間が地域という架空の枠組みを設定したところで，これらの要素がその中に完全に留まることはないのである．地域を例えるならば，それは密閉されたガラス容器ではなく，「渦」から放たれる「流れ」が通過するバスケットである．そして，「流れ」が常にある以上，地域を理解す

るためには，グローバリゼーションという地球規模の動向を無視することは当然できない．

　地域がつながりあっていることは，ひとつの場所は複数の地域に重層的に属するという，先に述べた特徴からも理解できる．ある地域の状況はそれを含む大きな地域の状況に左右され，その大きな地域の状況はそれを含むさらに大きな地域の状況が関わらざるを得ない．これを突き詰めれば，あらゆる狭い地域は世界全体の動向につながっていると考えることができるのである．

　グローバリゼーションについては，注意すべき点がひとつある．グローバリゼーションを現代に特有の現象と考えることは正しくない．飛行機や鉄道などの高速な交通手段や，インターネットに代表される高度な情報通信技術を持たなかった過去の社会においては，確かに現在ほど活発に人やモノ，情報が往来することはなかった．しかし，日本の例で既に見たように，グローバルな往来は，ゆっくりとしたものではあるが，過去にも確かに存在した．つまり，グローバルな動きに注目することは，地域の現在のみならず歴史を学ぶ上でも必要である．現在と過去の違いは，グローバリゼーションの有無にあるのではなく，グローバルに人，モノ，情報が動く速度にある．

### （3）記述の視点を意識する

　高校までの社会科の教科書には，国内外に関して覚えるべきことが列挙されていて，テストではそれを正確に答えることが期待された．これと同じように考えれば，地域について勉強する上でも，必要とされる情報を正しく覚えることが大事なように思われる．しかし，ここで立ち止まって考えてみよう．ある地域について正しい説明というものは果たして存在するのだろうか．

　日本はどのような国かという先ほどの例は，この問いを考える格好の材料である．島国であり，人口が1億人以上いるといった情報に異論はないだろう．しかし，「日本語が話され」ているという点には，疑いを持つことができる．日本には今や日本語を母語としない人が多数居住している．また，アイヌ語のように，日本国内で長い伝統を保持してきたが，日本語とは別系統の言語も存在する．そうなると，日本では日本語が話されるという説明に対しては，完全に誤りであるとは言えないにしても，日本語でない言語を話している人びとを無視してはいないかという批判ができる．

　こうした意識は，地域研究において必ず理解すべき概念であるオリエンタリズムに関連する．これは，1978年に出版された，パレスチナ出身の知識人エドワード・サイードの著書『オリエンタリズム』が，大きな反響を世界に与えたことで定着した概念である．この本でサイードは，18世紀から20世紀にかけて，イギリス，フランスそしてアメリカ合衆国の人びとがオリエント（東洋）についてどのように記述しているかを検討した．この時代は，3国を含む数多くの国が世界に植民地を求め，覇権を争った時期に相当する．こうした時代を反映して，植民地支配の対象となるオリエントに対する記述にも，支配者のまなざしが随所にうかがわれることをサイードは指摘した．記述者が属する西洋の人びとは合理的で，平和的で，自由を愛し，理性的な存在とされる．これと対比する形で，オリエントの人びとは合理性や規律を欠き，好戦的で，自由の価値を知らない者として描かれる．こうした，いわば「遅れた」地域に西洋の文明をもたらすことが，オリエントを植民地にする正当化の根拠とされたのである．

　オリエントに対するこうした評価には，複数の問題点がある．まず，オリエントは同質的な存在

として描かれ，そこにさまざまな人が住んでいる可能性が考慮されていない．また，評価される側にあるオリエントの人びとの声に耳を傾けることなく，評価は一方的に下されている．さらに言えば，オリエントはいわゆる中東地域を含むものであろうことは理解できても，その地域が具体的にどこを指すかが明確でない．つまり，サイードが取り上げたオリエントにまつわる記述は，明確に定義された空間に存在する社会の実態ではなく，それを書いた人の頭の中で作り上げた想像の世界である．このような，他者に対する偏見に満ちた態度をオリエンタリズムという．

冒頭の白地図の例で，地域とは実体ではなく，それを設定した人間の関心が表現された想像物であるという説明がなされた．サイードの主張を踏まえれば，このことは地域の中にある様子についてもまた当てはまると言える．つまり，地域に関する説明には，あたかもそれが事実であるかのように語られていたとしても，語った人の主観がどうしても入り込んでしまう．

サイードの主張からは，地域を記述する上での二つの方向性を導き出すことができる．ひとつは実証的な姿勢と呼べるもので，偏見を排した，より確からしい記述を目指すことである．地域に関する記述がオリエンタリズムではないことを示すには，他の人が検証でき，納得できるような根拠を踏まえて，手堅い記述を心がければよいはずである．「A国は貧困である」と言いたいのであれば，貧困に関する定義と尺度を設定した上で，多くの人が合意できるデータを示すことが求められる．

もうひとつの方向性はポストモダンと呼ばれる学問的姿勢に根ざしたものである．実証的な姿勢が前提にしているのは，事実を言葉で正確に表現することは可能であり，そうすることを目指すべきだという近代的（モダン）な考え方である．ポストモダンはこれに対して批判を加える．すなわちポストモダンは，ある対象に関する記述の仕方について，唯一正しいものがあるとは考えず，記述者の立場によって複数の語り方があると唱える．地域研究に即して言えば，地域の設定の仕方や，その地域の様子について，既にある説明はそれを書いた人の見方に偏ったものであるから，別の視点から語ることができると考えられる．たとえば，「紛争のないB地域では民族が平和に共存している」という記述を，B地域出身ではない者が書いたとしよう．この記述に対しては，その地域で有力な民族の視点からの評価ではないのか，立場の弱い民族が不満を表現できていないのではないか，民族対立の当事者ではない第三者である筆者はB地域を理想化していて，都合の悪い側面に目をつぶってはいないかといった批判ができる．

実証的な姿勢を取るか，あるいはポストモダンに依拠した見方をするかは，どのようなテーマについて考察するか，そしてどちらを望ましいと考えるかに応じて決まる．ただ，どちらを支持するにせよ，記述の視点に注意を払う必要性があることに変わりはない．

### （4）問いを作り出す

グローバルな動向を理解し，地域の描かれ方に注意しつつ，一通りの知識を得れば，地域を学んだことになるだろうか．答えはノーである．地域を学ぶ目的は，その地域の物知り博士になることではない．

既に見たように，地域研究は色々な分野を扱い得るものである．その地域に関することであれ

ば，政治，経済，文学，歴史，芸術，教育，環境など，どのような側面に焦点をあててもよい．ただ，ひとりの人間が地域を知る目的で，これらのテーマ全てを知り尽くすことは不可能である．したがって，地域研究を学ぶ者は自身の関心に応じて，集中して学ぶテーマを選び，それについて深く掘り下げて勉強することになる．

　テーマの選定には三つのことを意識するとよい．第一に，地域に関して学んできたことについて，疑問に思える点を見つけられたら，それは追究に値するテーマである．たとえば，同一のことについて異なるイメージが見出せるなら，その食い違いを解明するように学ぶべきである．ある本では「芸術家Cの作品には生まれ育った地域の伝統が表現されている」と説明されているのに，別の本に「Cは当時の世界的な芸術のブームに影響されている」とあるなら，「地域の伝統」や「世界的な芸術のブーム」とは何か，そのような伝統やブームがあることは何から分かるのか，Cはブームに影響されて伝統的な要素を捨ててしまっているのか，あるいはブームと伝統を共存させる工夫をしているのかといった問いを作り出すことができる．

　第二のテーマの選び方は，現代社会における重要な問題に関連付けて，地域を眺め直すことである．グローバリゼーションが進み，地域が相互に影響を与え合う現代においては，世界レベルで共通の問題に関心を持つ認識が確立されつつある．貧困削減，環境保護，持続的開発，性や民族などアイデンティティにまつわる差別の克服，多様な文化が存在することを尊重する多文化共生など，地域を問わず取り組むべき問題は数多い．こうしたテーマに焦点を当てて，専攻する地域の状況がどのようになっているかを考えてみるとよい．たとえば，多文化共生を意識して，地域を代表する文学作品を読むならば，文化の異なる登場人物がどのように描かれているのかを考察することができる．

　以上の二つは研究する側から問題を設定した上で，地域を考察するアプローチである．これに対し，地域の人びとが問題としていることを理解しようとするアプローチもある．これが問題を見つける第三の仕方である．一番簡単なのは現地に関するニュースを読むことであろう．たとえば，「D国では移民の増加が社会問題となっている」という記事を見たならば，どのような移民がいつ頃増えたのか，「社会問題」とは具体的にどういう問題なのか，それは誰にとっての問題なのかなどを考察することができる．

　地域研究には「この問題に注目せよ」というテーマの制限も，「このように分析や思考を展開せよ」という方法の制限もない．自分で問題を設定し，資料を集め，答えを探っていくことで，地域に対する新しい情報や知見が提示できれば，その研究は成功である．逆に言えば，探求することなく地域を学ぶとなると，それは既に知られている情報を暗記するだけという退屈なものになる．

　なお，テーマを決めて研究を進めるにあたっては，地域に関する情報を集めるのと同時に，分析や批判の方法にも意識を払うことが望ましい．テーマによっては，どの地域を扱うかを問わず，既に確立された方法を用いることが事実上のルールになっている場合がある．具体的な方法については，対象の地域に詳しい教員はもちろんのこと，別の地域で同じテーマを専攻する教員にも相談することが有益である．たとえば，フランスにおけるジェンダー（社会的な性のあり方）にまつわる問題に取り組みたい場合，それを専門とする教員に指導を受ける他に，アジア地域やアメリカ地域で

同様のテーマを研究している教員からも助言を得るのが良い．

## 3．地域を学ぶ目的

　学問には目的がある．たとえば経済学は，人間の活動において普遍的に見られる富や交換に関する理解を深め，人類がより良い暮らしを実現する術を考える学問である．では，地域は一体何のために学ぶ必要があるのか．

### （1）負のイメージ
　地域研究の目的に対しては，長年にわたり批判的な評価が下されてきた．地域を知る主な動機として，個人の知的好奇心や異国趣味のほかに，政府が政策を決定する上で必要となる情報の収集がある．国家が世界各地の状況を把握することは，自らを守り，外国に対し優位に立つ上で不可欠である．実際，国外事情の把握のために，国家は大量の資金と人員を投入してきた．アメリカ合衆国はソ連と覇権を争った冷戦の時代に，外国研究に関する政府補助金を大幅に増額させた．アジア各地にかつて植民地を有した日本でも，地域研究という名称こそ使われなかったものの，海外に関する研究が国策として推進され，植民地統治のために利用された．このため，地域研究とは政府に世界各地の情報を提供し，国際関係における自国の位置を有利にし，他国を支配することに手を貸す学問と見なされることが多かった．地域研究はその時々の政権や国益に関わらざるを得ない点，政治活動と紙一重であるという評価がついて回るようになったのである．
　もちろん，こうした理由から，地域を知ろうとすることを全否定するのは行き過ぎた批判である．全ての研究が当初から政治的な意図をもっているわけではないからである．しかし，地域研究が支配を目論む国策とつながりをもっていた事実も，今後そのような可能性があることも，ともに否定はできない．

### （2）現在における地域研究の意義
　地域研究は支配を目的とする政策上の必要性から来るという過去の発想は，グローバリゼーションの進んだ現在にはもはや通用しない．第一に，既に確認したように，いずれの地域も他の地域と相互に深く結びついている．こうした相互依存の状況においては，自分の地域の発展には他の地域の発展が不可欠であるということは言えても，他の地域を犠牲にすることは考え難く，また道義的にも正当化できない．
　第二に，支配という国策の観点から地域研究を捉える場合，それに関わる人間とは，政策決定を行う政治家や官僚，そして彼らに連なる知識人たちだけであった．しかし，現在においては，わたしたち一人ひとりが直接的ないし間接的に，自分の住む地域以外と関わりを持つことが多い．職業における国外との関わりは今や，いかなるタイプの仕事においても無関係ではない．国外と直接関わる仕事と言えば，国防や貿易などに関わる国際機関や中央官庁，あるいは輸出入を世界レベルで

展開する大企業が思い起こされるだろう．では，こうしたいわゆる「国際的な仕事」だけが自分の住む地域を超えた業務を取り扱っているかといえば，そうではない．中小企業が世界を相手にビジネスを行い，医療や教育を司る地方行政が移民として到来した住民への対応に日々腐心している現在，わたしたちが自分の住む地域に閉じた空間で生きることは，まずあり得ない．

職業に関わらない時間を過ごす上でも，わたしたちは世界の諸地域と無縁ではない．日本を例に，商品の消費や生活習慣の面で世界とのつながりを持ってきたことには既に触れた．さらに，忘れてはならない点として挙げられるのは，政府に対してチェックを行う市民としての役割である．平和構築や災害派遣などの対外援助，貿易，外国人の入国の制限など，自分と世界の地域とのつながりに関わる方針は，政府の決定に大きく左右される．わたしたちが他の地域に対してどのような関係を結ぶかは，政府を選び，その動きを見張り，意思を表明するわたしたち自身の考え方に左右される．

以上を踏まえることで，現在を生きるわたしたちが地域研究を学ぶ意味が見えてくる．地域を学ぶこととは，自らが生まれ育った当たり前の地域とは異なる世界があることを知ることである．多様な人間のあり方を理解することは，自分にとっての「常識」を謙虚に見つめ直す機会となると共に，自分の存在が世界につながっていることを認識させてくれる．そして，こうした認識は，どのような世界のあり方が望ましいのか，その実現のためにいかなる行動を起こすのがよいのかを判断するための基盤となる．グローバリゼーションの著しい現在において，こうした思考の基盤は，どのような職業上のキャリアを経るかを問わず，現代を生きる全ての人に求められるものなのである．

## 4．まとめ

地域とは人間が関心ある領域を切り取った世界の一部であり，多くの人びとが共通に関心を持つ地域について理解を深めようとする学問が地域研究である．地域を学ぶ上では，(1) 地域に関する基本的な知識を分野を問わず身につける，(2) 地域を取り巻くグローバルな動向に配慮する，(3) どのような視点から地域が描かれているのかに注意する，(4) 自分で掘り下げて考えてみたい課題を見つけるという4点を念頭に置くことが重要である．地域を学ぶことは，グローバリゼーションの進む現代を生きる上で，自己と他者のつながりを認識させ，かつ複眼的なものの見方を養うことにつながる．

次章以後では，ヨーロッパ，アジア・太平洋，アメリカの3地域に関する具体的な説明がなされる．いずれも，上記の(1)にあたる基本的な情報のみならず，それ以外の項目に通ずる，地域を考える手掛かりを提供してくれるものである．まずは，食わず嫌いをせずに，幅広く知識を吸収することから始めよう．さまざまな情報を浴びる中から，気になるものが見えてきたら，それが地域研究の第一歩となる．

**注**

1) http://www.freemap.jp/do_dl.php?area = world&country = ga_worldmap_2&file_name = 1.gif

**参考資料**

エドワード・サイード（今沢紀子訳）『オリエンタリズム』（平凡社，1993年）．

テッサ・モーリス＝スズキ「液状化する地域研究——移動のなかの北東アジア」『多言語文化——実践と研究』第2巻，2009年．

中嶋嶺雄／チャルマーズ・ジョンソン編『地域研究の現在——既存の学問への挑戦』（大修館書店，1989年）．

日本学術会議「グローバル化時代における地域研究の強化へ向けて」地域研究委員会地域研究基盤整備分科会報告，2008年．

山影進『対立と共存の国際関係——国民国家体系のゆくえ』（東京大学出版会，1997年）．

Hall, Robert, *Area Studies: With Special Reference to Their Implications for Research in the Social Sciences*, New York: Social Science Research Council, 1947.

Szanton, David, "Introduction: The origin, nature, and challenges of area studies in the United States," in David Szanton ed., *The Politics of Knowledge: Area Studies and the Disciplines*, Berkeley: University of California Press, 2004.

# 第Ⅰ部 グローバル・トピックス

## Global Topics
# 人 の 流 れ

## ヨーロッパ

### はじめに

　ヨーロッパと呼ばれる地域は，時代にもよるが，全体として昔から人の移動が盛んな地域である．近代以前のヨーロッパでは，人やモノの移動の中心は地中海沿岸地域にあった[1]．一方，近代以降はその中心がより北の地域へと移り，しかもその流れはヨーロッパを超えて世界全体に広がっていった．さらに，自分達自身が移動するだけではなくて，その圧倒的な力を持って他の地域圏の人びとを強制的に他の地域圏に移すことも行い，それが世界全体のあり方に決定的な影響を及ぼしてきた[2]．そして，そのようにして膨張を続けた結果として，外部から多くの人びとがヨーロッパ内に流入してくることにもなり，現在に至るまで数多くの問題を引き起こしている．

### （1）ヨーロッパにおける移動の自由と制限

　近代以降の交通手段の発達にともない，異なる地域間の移動時間はかつてより劇的に短縮され，また情報も信じられないくらいの速さで行き交うようになった．しかしそれによって，本当にわれわれはかつてに比べて多くの地域間をより自由に移動できるようになり，より多くの人やモノや考え方と出会う機会を持ち，より豊かになっているのだろうか．19世紀後半から20世紀前半にかけてのウィーンに生きたユダヤ系オーストリア人作家シュテファン・ツヴァイクは，『昨日の世界』という作品の中で，第一次世界大戦前のヨーロッパ世界では人間の個人的な行動の自由が保障され，旅券もいらなかったし，好きな所へ行き，好きなだけ滞在できたと言う．しかし，近代的な国家間の総力戦となった第一次世界大戦以後，狭隘な国家主義による世界の混乱が始まり，万人が万人を病的に疑い始め，とりわけ「外国人」とされた人びとを憎み嫌い，その存在に不安を感じ，「自己を守る」という口実の下に彼らを国外へ追い出す風潮があらわれた．そして国境は鉄条網に覆われ，それを越える際には，身元確認のための膨大な書類を準備し，犯罪者のように写真や指紋を取られなければならず，また滞在先では許可を取るためにさまざまな役所に出向き，煩瑣な手続きを

果たさなければならなくなったと嘆き，次のようにつぶやく．

> こんなことは些細なことのように見えるし，ちょっと見ただけでは，およそそんなことを述べるということも些細なことに見えるであろう．しかし，このような無意味な「些細事」によって，われわれの世代は二度とは戻らない貴重な時を無意味に浪費しているのである．旅行ごとの申告，外国為替の証明，国境通過，滞在許可，外国旅行の許可，滞在申告，退去申告等の法式をこの幾年かのあいだにどんなに多くみたしたか，どのくらい多くの領事館や官庁の控室に立っていたか，親切なのや不親切なのや，退屈げなのや忙殺されているのや，どのくらい多くの役人の前に座ったか，国境でどのくらい多くの検査や訊問を経験したか，ということを総計してみるならば，私は初めて，われわれが若かった頃自由の世紀，世界市民の訪れつつある時代として信じ夢見たこの世紀において，いかに多くの尊厳が失われたかということを感じ取るのである．[3)]

この文章を彩るある種のエリート的感覚や理想主義に苦笑を禁じ得ない人もいるかもしれない．「世界市民」という考え方の裏には，善意の衣を被った近代ヨーロッパの覇権主義が潜んでいると感じる人もいるだろう．そもそも昔から国と国の境や地域と地域の境を越えていくことは必ずしも簡単な事ではなかったし，厳しい取り締まりも多かった．とはいえ，ツヴァイクがこの文章を記した時代から70年を経た現在においても，外国での中・長期にわたる滞在経験をもつ人びとや，日本でさまざまな在日「外国人」に付き添って入国管理局を訪れた経験のある人びとには，この文章の一節一節がこころの奥にずしんと響いてくるような気がするだろう．それが「些細事」ではないことがよくわかるからである．

### （2）ヨーロッパとシェンゲン協定

ヨーロッパの多くの鉄道の駅には一般に改札口というものはない．ホームには誰でも行ける．乗車するためには切符を買うだけではだめで，乗車前に駅のさまざまな場所においてある機械に切符を通して日付をスタンプしなければいけない地域もあるが，とにかくホームには誰でも行けるので，電車に乗る際に何のチェックもない．

ひとつの例をとろう．フランスの首都パリの北駅に優雅に滑り込んでくる赤い色の国際高速列車がある．「タリス」（Thalys）という名前で，パリ，ブリュッセル，アムステルダム，ケルンなどの大都市を結ぶ．このタリスに乗り込む際には特に何のチェックもないし，目的地で下車するときも何のチェックもない．乗車中は車掌が切符のチェックに来るほかは，たまに鉄道警察が幾つかの車両で身分証のチェックをすることもあるが，常にそうであるわけではない．タリス以外の国際列車も大抵同じようなものである．

ただしひとつだけ例外がある．同じパリの北駅に，周りを透明のパネルで厳重に囲まれた不思議な一角があり，その中に青と黄色のラインが鮮やかな高速列車が停車している．名前を「ユーロスター」（Eurostar）という．その終着駅はイギリスのロンドンにある．この列車に乗るためには，飛行機に乗る時と同じように厳重なチェックを受けなければいけない．現在はパリ発の場合には乗車

する前にイギリスへの入国審査も同時に行うが，数年前まではイギリスで下車してから厳重なチェックがあり，なぜイギリスに入ろうとするのか，職業は何か，滞在先はどこか，所持金はいくらか，荷物には何が入っているかなど根堀り葉堀り聞かれるのが常であった．観光だといってもなかなかスムーズには通してもらえない．別に審査官が意地悪なわけではない．その人は職務をしかるべく遂行していただけである．またこれをもってイギリスが特殊で閉鎖的な国だ，といったイメージを無責任に記したいのでもない．他の国でも，たとえば滞在許可を申請するときには相当面倒で苦い思いをする場合が多いのであるから，外国人として感じる気分はどこも似たり寄ったりである．

とはいえ，この国際高速列車に関する限り，タリスに乗車するほうが圧倒的に気楽であり，開放感があることは事実である．また車掌やその他の乗務員に英，仏，独，蘭の3,4カ国語で業務をこなす者が少なくないというのも魅力である．それではこの二つの国際列車の違いはどこからくるか．それはシェンゲン協定というものの存在である．

シェンゲン協定とは，ヨーロッパの複数の国家間において国境検査なしで国境を越えることを許可する協定である．それは1985年にルクセンブルクのシェンゲンで署名された「共通国境管理の漸進的撤廃に関する協定（85年シェンゲン協定）」及び90年に署名された「シェンゲン実施協定」からなる．さらにこれらの協定は1997年に調印されたアムステルダム条約によって欧州共同体設立条約に統合され，EUの法として取り入れられることになった．1985年に協定に署名した国はフランス，ドイツ，オランダ，ベルギー，ルクセンブルクの5カ国のみであったが，現在はEU加盟27カ国のうち22カ国が参加しており，さらにはEU非加盟のノルウェー，アイスランド，スイス及びリヒテンシュタインも参加している．一方，イギリスは参加を見合わせており，そのことが，タリスとユーロスターという国際高速列車の利用のかたちを決定的に異なるものにしているのである．

## （3）揺れるシェンゲン協定

ところで，協定署名国間の移動の自由を確保したのはいいにしても，この協定外の国々から押し寄せる人の波をいかに制御するかがEUの大きな課題となっていることも事実である．シェンゲン協定外からの入国審査がより容易な国を通して協定領域内に入り，その後，領域内の移動の自由を利用し経済的に豊かな国に向かう移民の流れができてしまっている．

その困難な状況を露呈することになった最近の例としては，2011年のチュニジア政変による移民問題がある．この政変による混乱を逃れようと多くの人びとが海を越えて対岸のイタリアに押し寄せた．対処に困ったイタリア政府は，ある時期までにイタリアに到着した移民については一定の滞在許可を与え，それ以外はチュニジア本国に送還する手続きを進めた．ところがイタリアで滞在許可を得たチュニジア移民がシェンゲン協定領域内の移動の自由を利用して自国内に流入することを警戒したフランス政府が，フランス・イタリア国境での検査を強化したり，彼らに対して国境を一時的に閉鎖したりしたため，イタリア政府はシェンゲン協定に違反するものだとしてフランス政府を強く批判した．

移民の受け入れをめぐってこうした形で各国が対立する状況が次々に生じるなかで，シェンゲン

協定のあり方を根本的に見直すべきだとの意見が協定加盟国の多くの政治家たちの口に上るようになっている．特に選挙が近いときなど，移民の増加に不安を感じる人びとの支持を集めるために敢えてそうした発言がなされることも多い．

今後，シェンゲン協定はどうなるのであろうか．移動の自由はさらに拡大するのか，それとも制限され，縮小するのか．これは「些細事」ではない．それは彼らが自国外の人びととといかなる関係を持とうとするかを示す重要な指標となるからである．もちろん，これが政治的・経済的に複雑な事情の絡んだ，困難な問題であることは確かである．今後のヨーロッパが，ツヴァイクの記した「自由の世紀，世界市民の訪れつつある時代として信じ夢見たこの世紀において，いかに多くの尊厳が失われたかということを感じ」させるような事態へと向かうのか，それとも別の新たな方向性を打ち出すのか，注意深く見守っていくことが必要であろう．

# アジア・太平洋

### はじめに

現代は交通手段の発達によって，昔に比べ移動が格段に容易になった．徒歩移動が基本だった時代には考えられぬほど大量の人びとが日々長距離の移動を繰り返している．その移動が文化の境界を越えて行われるとき，文化は新たな生命を獲得していく．徒歩移動の時代に比べれば，文化の移動・変容の速度は当然速まっただろうが，果たしてそれだけなのか．文化生成と変容の質は変わっていないのだろうか．あるいは速すぎることによる弊害がありはしないのだろうか．

### （1）過去の留学生戦略

文化の境界を越えて大量に人びとが行き交うとはどういうことなのか．それは異文化に対して免疫のない人びと，事前の心理的，知的準備のない人びと，もしくは準備の間に合わない人びとが無防備に接触する事態をもたらす．時には他者の文化を理解する気も尊重する気もない人びとまでが互いに出会うのである．アジア・太平洋の一角，日本と中国という歴史的に関係の深い地域でも事情は同じである．現代に起こっていることの意味をはっきりさせるために，先ずは日中間の人の流れを振り返っておこう．

奈良・平安の昔，留学生派遣は国策として戦略的に行われていた．誰もが知る遣唐使船は1回の人数が240人から多いときで651人という多数であったが，ほとんどは舵取りや水夫等の乗組員で，知識人はそのうちのごく一部にすぎなかった．大使，副使を始め，留学生などに選ばれたのは，当時の日本の知識階級の中でも優秀な人材であったことは間違いない．有名なところでは菅原道真（大使）や小野篁（副使）といった面々が選ばれているのを見ればそのレベルの高さがわかるだろう（ただしふたりの渡航は事情で実現しなかったが）．中でも最も有名な留学生としては，養老元（717）年に渡航した阿倍仲麻呂が挙げられよう．彼はかの地で李白や王維を始め，唐朝の超一流の知識人たちと交りをもち，帰国に際しては，彼らから惜別の詩を送られているのもよく知られた話だ．彼は唐

に仕えて皇帝の顧問役とでも言うべき左散騎常侍の位にまで登りつめているのだが，なぜそれほどまでに厚遇されたかについては興味深い説がある．阿部は頭脳優秀だったのは当然，加えて眉目秀麗な偉丈夫であったというのである．唐朝では，国家のエリートである高級官僚になるには科挙の進士科に合格するだけではなく，さらに「身言書判」四つの条件を満たしていなければならなかった．第一の「身」とはつまり容貌である．まだ貴族的気風の残っていた当時，エリートはエリートらしい風貌を備えていなければならなかった．つまり貧相な小男では上流社会に受け入れられなかったのである．ところが日本人は当時から中国人に比べて背が低かったらしく，馬鹿にされがちであったらしい．仲麻呂は日本を背負って唐に送り込まれ，一流の人びとから認められたばかりか，名誉職的に皇帝の側近にまでなったのだから，貧相な小男であるはずがない，というわけである．事の真偽はともかく，ありうべき話ではある．次に留学僧としては，延暦23（824）年に渡った最

勝川春章画の仲麻呂
（デービット・ブル氏による覆刻）

出所：木版画職人デービッド・ブルHP．[4]

澄，空海がいる．中でも空海はかの地に渡った当初から，中国の知識人が驚嘆するほどの漢文を書き，渡唐わずか一年ほどで法統を継いで真言密教第八祖となった．そればかりか，師の恵果没後には弟子たちの中から選ばれて追悼の碑文を撰しているのだ．彼ら留学生，留学僧は帰国後，日本の文化的指導者になることを期待されていたのだから，優秀な人間が選ばれたのは至極当然だったのである．

## （2）日本へやってきた中国人

ここで逆に例外的に中国から日本へ渡ってきた人を思い起こしてもらおう．代表は阿部仲麻呂にも渡日を要請された唐の高僧鑑真，下っては明代の大学者朱舜水のふたりであろう．鑑真については贅言を要すまい．ここでは朱舜水の来日が何を意味したのかについてだけ一言しておこう．日本に本格的朱子学・陽明学をもたらしたのはまさしく彼であり，日本にとっては鑑真とならぶ存在である．その朱子学の影響下に水戸学が形作られ，それが明治維新への道を準備したのだ．してみれば，江戸時代の文化のみならず日本近代にとって朱舜水の来日は大きな事件だったと言ってよい．このように人の往来の少ない時代は，貿易商人などを除き，優秀かつ影響力の強い人間が主流だったのである．

日中間の人の流れが一気に拡大するのは明治時代である．日本と清朝は戦争を経験するが，個人レベルでは，そう関係が悪かったわけではない．明治日本にやってきた中国人も多くが優秀な人たちであった．留学生としては魯迅から周恩来，亡命者としては羅振玉から孫文・梁啓超に至るまで，きわめつきの人びとだったと言ってよい．羅振玉に対しては内藤湖南や狩野直喜を始めとし

て，京都の学者が中心となって物心両面の面倒を見，孫文にも犬養毅から梅谷庄吉，宮崎滔天に至るまで，朝野の人びとが惜しみない援助を行った．不幸にも，これらの人びとの思いとは別の方向へその後の歴史は流れていったが，彼ら相互には深い信頼関係があり，また互いに大きな啓発を受けたのである．常にそうであったとは言わないけれども，日中間の人的交流佳話も少なくなかったのは事実である．文化の発展という角度から見るとき，この時代まではゆっくりと，しかし人の流れは確実に成果を生み出してきた．

### （3）人の流れの爆発的拡大

このように主に限られた人びとが接触する時代から，現代では実に多様な人びとが多様な目的で接触する時代となっている．簡単に戦後の日中間の人的交流の増加をたどってみよう．1972年に日中国交が回復し，1978年に中国で対外開放政策が採用され，日本でも1984年に政府が留学生10万人計画を打ち出すなどの互いの政策があいまって，日本への入国者数は激増の一途を辿った．1985年，日本へのアジア系の新規入国者が欧米系を上回ると，88年には早くもその割合が50％を越え，2010年には入国者約763万人のうち，アジアからが575万人となった．この増加の中心にいたのが中国系で，大陸150万人（別に台湾からは122万人），ちなみに韓国からが227万人となっている．

逆に中国，あるいは韓国へ出て行く日本人の数も激増している．1996年の段階で中国での長期滞在者（3ヵ月以上）約1万8000人，韓国での長期滞在者1万2000人が，2010年には，中国で131万人を，韓国では29万人を越えているのだ．[5]

国籍を問わず，来日者の八割ほどの人が観光目的の短期滞在者であるが，留学やビジネス，あるいは結婚などで日本社会に定着する人びとの数も増えている．あまりに短期間の激増がさまざまの文化的対立を生み出すことは容易に想像できる．ここでは細かいトラブルの数々はとりあげず，双方の無理解が生み出した記念碑的事件を紹介しておこう．

### （4）西安留学生事件

2003年10月29日，陝西省西安市にある西北大学で各国の留学生が自国の伝統文化を紹介する行事が行われた．そこで日本人学生三人が演じた寸劇が中国人学生の怒りを買い，ついには大規模な反日デモ・暴動にまで発展した．寸劇の内容は，学生三人が上半身には赤いブラジャー，下半身には紙コップをつけて登場，背中にそれぞれ日本人，中国人と書いたふたりが，ハートマークをつけたひとりを真ん中にして踊り，ブラジャーの中から白い紙切れを取り出してまくというもの．これが中国人学生の憤激を買い，大騒動となってしまった．結局，日本人学生三人が謝罪文を書いたうえ退学処分，その後すぐに日本へ帰国で一応の決着を見たが，中国政府が抗議，日本の外務大臣もコメントを出すなど，外交問題に発展しかねないものだった．

日本人留学生側には中国を侮辱する意図などなく，むしろ，日中が手を携えることを表現しようとしたらしい．つまり日本人の立場から言えば，中国人の怒りは完全に「誤解」なのである．しかし，誤解した方が悪いと言ってしまっては，私たちはこの問題から何も学べまい．事件当時日本側「識者」の解説には，暴動の背景には反日感情の高まりがある，あるいはデモは共産党の官製であ

るなどのコメントが少なくなかった．私たちは人から思わぬ怒りをぶつけられた時，たとえ不服ではあっても，自分でも納得できる理由がほしいものだ．それらのコメントは日本人が自ら納得するために必要ではあるが，中国人の側を向いたものではないと思われる．

　まず，日本と中国とでは性的な物事に対する受け止め方が少々違うのである．日本が寛容，中国が厳格というのではない．端的には，日本の一般的な罵り言葉に性的含みは皆無だけれども，中国語では人を侮辱する程度が高いほど性的含みをもつ表現が用いられるのだ．すなわち性に絡ませるスタイルで中国人を形象化したならば，彼らがどう受け止めるか，ということなのである．さらに公の場での言動のもつ意味合いが日本と中国ではまた少々違っていることを考え合わせなければならない．公の場での言動は，本人の意図とは別に政治的意味をもつことがあり，いったん政治的意味を付与されてしまうと，いくら誤解だと叫んでも後の祭りでしかない．行事の主催者は共産主義青年団（共産党の下部組織），そして本来留学生に求めたのが日本の伝統文化を紹介する演目だった……そこで卑猥と見なされる寸劇を演じれば，日本人の意図にはない意味を中国人は読み取ってしまうだろう．テレビ等でエロティックなコントが表現の自由の名の下に享受されている現代の「日本文化」を理解できない中国人が悪いのか，それとも中国人に誤解を与えた日本人が悪いのか．いずれにしてもグローバル化時代の悲劇には違いない．ちなみに西安とは阿倍仲麻呂や空海らも赴いたかつての唐都長安である．

### （5）グローバル化時代の文化生成へ

　グローバル化時代の人の流れは無垢な人間同士が生で接触する悲喜劇を生み出す．しかしそのうちに文化を越境して異文化の中に根づき，その差異を創造力の源泉あるいはエネルギーとする人びとが生まれつつある．しかも以前と異なるのは，生み出されるのがメイン・カルチャーだけではなく，サブ・カルチャーにも及ぶ点である．最後に例だけを挙げておくならば，メインでは2008年第139回の芥川賞を受賞した楊逸，中国で評論家として活躍する加藤嘉一，サブではオタク日本人と中国人嫁との婚姻生活を日記漫画にした井上純一などの人びとである．日中の文化交流と創造は歴史的にはメイン・カルチャーの分野に限られていたのであり，グローバル化時代には自然とサブ・カルチャーが主流となっていくものと思われる．悲劇を防ぐための手立てはどのようなことが考えられるのか，文化を横断越境する人びとのエネルギーをどうすればよりよく活用できるのか，グローバル化時代を迎えたわれわれが考えるべき課題は多い．

# アメリカ

## はじめに——アメリカの「今」と人の流れ

　社会派の映画監督として著名なモーガン・スパーロックの作品に，『30デイズ』というシリーズがある．これは，今日のアメリカ社会が抱えるさまざまな問題を市民生活レベルから浮上させ，解決の糸口を見いだそうとする，意欲的な社会実験のドキュメンタリーである．本章でアメリカにお

ける人の流れを考えるにあたり，このシリーズ中の「不法移民と30日間」[6]という話に注目してみたい．

　アメリカは，隣国メキシコからの不法移民に長年，悩まされているが，国境付近では市民が自発的に結成した警備集団が，政府組織や警察と並行して不法移民の阻止活動を展開している．自警団員は銃で武装し，仲間と無線で連絡を取り合いながら不法移民を撃退したり，政府の国境警備隊に通報したりする．団員は自分を「ミニットマン」(Minuteman) と呼ぶ．この名はもともと，18世紀のアメリカ独立戦争で活躍した義勇兵に用いられた呼称である．招集に応じて即座に (in one minute) 行動するという意味で，この名が生まれた．武力で圧倒的に上回るイギリス軍に対し，アメリカ軍が勝利できたのは，森林地帯でのゲリラ戦で多くの勇敢なミニットマンが活躍し，イギリス軍に痛手を与えたことが要因だと言われている．こうした歴史的背景から，「ミニットマン」という呼称には，国家救済の大義がもつ神聖さと緊迫感のニュアンスがある．現代の国境自警団員が自身をこの名で呼ぶ背景には，不法移民問題が今日のアメリカの政治・経済に深刻な影響を与えており，一部の国民はこの問題を国家存亡の危機だとさえ感じているという事実があるのである．

### （1）「移民」の二つの形

　「不法移民と30日間」は，ひとりの熱烈な国境自警団員をメキシコからの不法移民一家と共同生活させ，彼の中に起こる変化を記録したものである．この主人公は，彼自身も7歳の時にキューバから家族とともに亡命した移民である．父親がアメリカ系企業に勤務していたためにカストロ政権から追われ，逃れてきた．この場合には，アメリカ政府が対共産主義政策として積極的に亡命者を受け入れたという特殊な背景があり，彼らは合法的移民として承認された．現在，中年となった主人公は，正式なアメリカ合衆国民として白人の妻と暮らし，夫婦で自警団に所属している．彼は不法移民に対しては，徹底して拒絶的である．彼が不法移民を敵視する最大の理由は，合法的国民でない人びとが怒涛のようになだれ込むことによって，結果的にアメリカ合衆国民のアイデンティティが希薄になり，最終的には「国の分裂を招く」ことを，極度に恐れるからである．

　さて，いよいよ実験開始である．主人公は不法移民の一家が暮らす狭いアパートで，彼らとの生活を始める．30日間の共同生活の間，主人公は身分証の所持を禁じられ，一緒に日雇い労働に従事する．この一家はメキシコでの極貧の生活から逃れ，豊かな暮らしを実現するという「アメリカンドリーム」にすがって，12年前に国境を越えてやって来た．一家の生計は，父親の日雇い仕事と母親の空き缶回収から得られる，わずかな収入で支えられている．これは，アメリカ市民の収入最低基準を大きく下回る貧しさではあるが，家族は母親を中心に，強い絆と温かい愛情で結ばれ，希望と幸福感をもって暮らしている．

　一家との暮らしを通じて，主人公の心境は劇的に変化していく．共同生活をする前に彼の心を満たしていた，不法移民への不信感と警戒心は，この家族の温もりに直接触れることにより，日を追って和らげられていき，彼は，一家に対する共感と，不法移民反対の政治的信条との板挟みに悩む．23日目に主人公はメキシコに行き，一家が極貧生活を送った場所を目撃するが，その体験が，一家に対する彼の共感と愛情をさらに強化する．「ジレンマを感じるよ．血も涙もある同じ人間と

して考えるとね．法律を守るのも大事だけど，そのために彼らのわずかな希望を奪いたくない」という言葉は，彼の正直な心情の吐露である．共同生活が終わりに近づいた29日目には，彼は，最大の敵対者だった高校生の次女とも心を通わせ，「政府の役人も僕のように君たちと暮らしてみればいい」と言う．折しも，彼らが歩く道沿いに教会があり，その壁には，"NO HUMAN BEING IS ILLEGAL" というスローガンが貼られている．そしていよいよ共同生活が終了を迎えると，主人公は，まるで自分の本当の家族と別れるような悲しみを覚え，一人ひとりと涙の抱擁をする．自宅に帰る車中で，30日間の体験がもたらした衝撃と感動に浸る彼の姿は，印象的である．但し，残念ながら，彼は自分の日常的環境に戻った後，再び自警団に復帰する．国境現場での撃退活動から退き，政府への通報係になったことが，おそらくは，彼として可能な限りの誠実な対処だったのであろう．

### （2）アメリカ人の移動性

「不法移民と30日間」がわれわれに突きつけるのは，国境の輪郭と制御力が急速に曖昧化しつつある現代世界において，アメリカという国が，人の流れがつくり出す巨大な渦のまさに中心で，激しく揺れ動いているという事実である．さかのぼって見れば，この現象は，ヨーロッパ人がアメリカ大陸に足を踏み入れて以来，今日までとめどなく繰り広げられてきた激動の歴史の，最大の特徴でもある．

よく言われるように，アメリカ人は移動性(モビリティ)の民である．もともと北アメリカ大陸には，ヨーロッパ系植民者からインディアンと呼ばれた先住民の多くの部族が生活していた．だが1492年にクリストファー・コロンブスが西インド諸島に到着したことを契機に，事態は急変する．西ヨーロッパの強国から植民者が続々とこの大陸に移住して植民地拡張競争を展開し，それ以来，大規模な人の流入と移動が常にこの大陸の特徴となった．この現象は，アメリカ合衆国の独立後も，さまざまに形や質を変化させつつ，全体的には現代に至るまで変わることがない．

北アメリカ大陸における人の流れは，先ず，大きな地理的ベクトルの観点から二種類に分けられる．ひとつは大陸外から大陸内への流れであり，もうひとつは大陸内における流れである．そしてこれら二種類のそれぞれに，以下のような三例が挙げられる．外部世界から大陸内への流れでは，第一に西・北ヨーロッパ諸国からの植民者の流入，第二に17〜18世紀を中心としたアフリカ人奴隷の大量輸入，第三に産業革命後の19世紀後半から20世紀前半を中心とした東・南ヨーロッパ，ラテン・アメリカ，アジアなどからの労働移民の流入が，代表的な例である．一方，大陸内部における流れでは，第一に19世紀を通して主にヨーロッパ系移民によって行われた西への移動，第二にアフリカ系アメリカ人（黒人）の「グレート・マイグレーション」として知られる，1910年代から70年代にかけての，南部農園地帯から北部工業地域への大移動，第三に1950年代以降の顕著な傾向として，ヨーロッパ系（白人）中産階級を中心とする，都市から郊外へ，あるいは北東部から南西部の陽光地帯(サンベルト)への移住が，代表例として挙げられる．

アメリカの歴史は，外からの移民も含め，人びとのさまざまな流れが，合わさったり衝突したりしてつくり出す，巨大な渦や千変万化の波の記録である．この国の誕生以来，こうした渦や波は，

あらゆる空間と時間の中でさまざまな規模と形態をもって生まれ，相互作用し合い，今日のアメリカを形づくってきた．

### （3）映画に反映される人の流れ

　これらの渦や波が生みだす問題は，アメリカの映画においても，直接的あるいは間接的なテーマとして反映されている．たとえば，『ゴッドファーザー』や『ワンス・アポン・ア・タイム・イン・アメリカ』は一般的にギャング映画として有名だが，主人公たちはそれぞれイタリア系，およびユダヤ系の移民であり，この点に注目すれば，これらの作品は，貧しい移民の若者たちが，自らの置かれた過酷な境遇にもがいているうちに法の秩序からはみ出し，それでも家族愛と友情を支えとして必死に生き抜こうとする姿を描いた物語だと見ることができる．犯罪が支配する，いわゆる闇の世界を扱いながらも，これらが不朽の名作として評価されるのは，移民という社会的弱者を取り巻く複雑な問題がそこに赤裸々に描き出されていることに加え，彼らなりに「アメリカンドリーム」を信じて闘う主人公たちの生の在りようが，正邪の尺度を超えて観衆の胸を打つからにほかならない．

　一方，ジャズ映画の古典として評価される『ニューオーリンズ』においては，アフリカ系アメリカ人（黒人）によるグレート・マイグレーションの背景を考慮することなしに，正確にこの作品を理解することは不可能である．時代を1917年に設定したこの映画は，途中で舞台を南部のニューオーリンズから北部のシカゴに移すが，その背景には明らかに，黒人による南部から北部への歴史的大移動がある．移動の主な原因は，第一次世界大戦の徴兵，及びヨーロッパからの移民の停止による北部の白人工場労働者の不足と，南部諸州における虐待からの脱出である．登場人物たちを内部から突き動かし，新天地での成功を得るために駆り立てる原動力は，ここでもまた，自分なりの「アメリカンドリーム」を実現し，それによって，奪われた「故郷」をどこかに確保しようとする，彼らの必死の生の在りようである．

　先住民であるインディアンの地にヨーロッパから移住者がやって来た瞬間から，前史を含め，国家としてのアメリカの歴史が始まったのだと考えれば，この国において人びとの流れが途絶えることなく次々に生まれ続けることは，まさに必然であると考えられる．グローバリゼーションが加速的に進行する現代世界においては，そうした流れのひとつひとつが，これまでになく深刻な摩擦や衝突を生みだすことが必然的に多くなる．冒頭で取り上げた不法移民の問題は，その典型的な例として，われわれが真剣に取り組むべきグローバル・トピックなのである．

### 注

1）フェルナン・ブローデル（浜名優美訳）『地中海』全5巻（藤原書店，1991-2000年）参照．
2）I. ウォーラーステイン（川北稔訳）『近代世界システム』1・2（岩波書店，1981年），ジャネット・L. アブー・ルゴド（佐藤次高ほか訳）『ヨーロッパ覇権以前』（岩波書店，2001年），水島司編『グローバル・ヒストリーの挑戦』（山川出版社，2008年）などを参照．

3）シュテファン・ツヴァイク（原田義人訳）『昨日の世界 II』ツヴァイク全集第20巻（みすず書房，1973年）607頁．
4）「百人一首版画シリーズ」(http://woodblock.com/poets/j_frame_index.php5ja?year = 2&print = 3)．木版画職人デービッド・ブル HP は，http://www.asahi-net.or.jp/~xs3d-bull/j_main_page.html#anchor_mainmenu
5）外務省統計（http://www.mofa.go.jp/mofaj/toko/tokei/hojin/index.html）による．
6）『モーガン・スパーロックの30デイズ』第2シリーズ，Vol. 1（WOWOW／クロックワークス，2007年）．なお，本文中に引用する台詞は，すべて上記作品中の翻訳である．

# 第 2 章

*Global Topics*
## モノの流れ

## ヨーロッパ

### はじめに——世界に向かうヨーロッパ

　ヨーロッパの人びとは15世紀以来，次々に新しい航路を見つけ出し，想像を絶する苦難を経て地球の反対側にまで到達しようとしたが，それは必ずしも未知の世界やそこに住む人びとに対する好奇心からではない．香辛料や銀，その他の珍しいモノを安く買いつけるとか，逆にヨーロッパのモノを売って利益を得るとか，または複数の地域の間でのモノのやり取りの仲介をするとか，要するにモノの動きを自らの利益にかなうように展開させることが第一の関心事であったといえる．つまり，モノの移動に関する関心こそが，ヨーロッパの膨張を促したのであるといっても過言ではあるまい．人に出会うために外に向かったのではなく，モノを目指して世界に出ていき，強大な軍事力を背景にして，次第にモノの流れを自分たちに有利なように制御し，覇権を確立していったのである．16世紀のスペイン，ポルトガル，17世紀のオランダに続いて，ヨーロッパの膨張が頂点に達した19世紀にはイギリスとフランスがアジア，アフリカに多くの植民地を所有し，未曾有の繁栄を経験した．そうした植民地の多くは20世紀に独立を遂げたが，現代に至っても旧植民地であった地域のモノの流れは旧宗主国の大きな影響下にある．

### （1）ヨーロッパ内におけるモノの流れ

　一方，そうして積極的に外の世界に乗り出して行く以前にも，ヨーロッパは地理的に見れば比較的狭い領域の中に極めて多様な言語，文化，生活様式，政治体制を抱え，互いに緊密な関係を持ち，その間を多くの人やモノが活発に往来した．古代から16世紀に至るまではその中心は地中海側，ヨーロッパの南側にあり，そしてそれは地中海の対岸の国々や，地中海の東の果ての国々との活発な交易に支えられていた．その交易はヨーロッパ，アフリカ，アジアのさまざまな人びとによって担われたが，その中には相対的に見て強力な勢力は存在しても，近代以降のヨーロッパほど圧倒的な覇権を唱える勢力は存在しなかった．加えて地中海地域はキリスト教，ユダヤ教，イス

ラームという一神教を中心に，さまざまな信仰形態の混じり合った重層的な空間でもあり，その宗教集団のネットワークも交易において重要な役割を果たしていた．

16世紀以降，ヨーロッパの政治・経済の重心が次第に南から北へ移っていき，17，18世紀を経て19世紀の工業化社会への転換期において——それは同時にヨーロッパが全世界的覇権を手にし，頂点を極めた時代でもある——ポルトガル，スペイン，イタリアは背景に退いていった．そのような19世紀に急速な近代化を行おうとした日本にとって，イギリスやフランス，ドイツなど当時高度に産業化されていた強国こそが「ヨーロッパ」であるとの認識が定着し，それはある意味現在の日本においても変わっていない．一方20世紀に入るとアメリカが新たにその覇権を引き継ぎ，20世紀後半そして21世紀になるとアジアの国々の重要度が増した．そうした中にあってヨーロッパは，EUの市場統合のような極めて重要な試みや改革を積極的に行っているにも関わらず，かつてのような輝きを失い，国家間の足並みはそろわず，次第に後退しつつある地域として認識されることが多いように思われる．しかし19世紀から20世紀前半ごろまでのヨーロッパ像，つまりイギリス，フランス，ドイツといった強国がヨーロッパ内そして世界において覇権を争う構図が全てであるかのような錯覚のもとにヨーロッパを見つめていても，地域としてのヨーロッパはあまりよく見えてこないし，近代化のモデルとしてのいびつなヨーロッパ像——それは結局近代日本の自画像であろう——を覗き込むことになるだけだろう．

## （2）「旧世界」ヨーロッパと近代国家

良くも悪くもヨーロッパは「旧世界」である．その自然も田園も都市もそれらを結ぶ街道も，ずっしりと重い歴史のなかにあり，そうした過去の遺産を無視したかたちで新しいモノを取り入れたり，新しいシステムを取り入れたりすることが必ずしも容易ではない地域である．そうした歴史的な環境の中にあって，フランス，ドイツ，ベルギー，オランダ，スペイン，イタリアといった近代国家の国境が人の流れやモノの流れにおいて決定的な意味をもったのはごく限られた時期のみである（その点，島国であるイギリスは特殊であり，ヨーロッパを理解する上で，イギリスはその経済規模の大きさや政治および軍事力の重要性にも関わらず，あくまでもヨーロッパの特殊な一地域にすぎないことを理解する必要がある）．それもそのはず，たとえばフランスの北部とベルギーの南部では言葉も生活様式も大変似通っており，フランス東部のアルザス（エルザス）地方は，フランス・ドイツの双方にとって馴染み深い生活様式をもつ地方であり，さらにはフランス南東部とイタリアの北西部，ドイツ南東部とチェコ共和国の北西部，フランス南西部とスペイン北東部をつなぐ大西洋岸地域などに見られるように，国境周辺の地域はもともと共通の生活様式と文化をもつ地域である．そこで生産されるモノ，必要とされるモノ，好んで消費されるモノは共通しており，その関係を国境によって政治的に無理に断ち切ってもあまり良いことがないということを，ヨーロッパは多くの犠牲を払って学んできたともいえる．歴史的には現在の国境がモノの流通の境界でもなければ，物質的生活様式の境界でもないのであり，そうした中では近代国家の国境よりも，古い時代から人やモノが往来してきた環境を生かすことのほうが重要なのである．

さて，当然そのような古い時代からの伝統的な地域圏には，新たなモノの流れを制約し，地域の

産業と生活の一貫性を守ろうとする，保護主義的な動きが沸き起こることもある．一方，そうした地域の保護主義的な動きに対して，より大規模な経済活動にとって有利なようにモノの流れを自由にし，それをヨーロッパ全域に広げようとする動きも常に同時に存在する．特に第二次世界大戦以降は，戦争で疲弊したヨーロッパ地域の活力を取り戻し，アメリカやアジアといった新たな勢力との競争に太刀打ちできるよう，市場の統合，関税の撤廃，商品の認可基準の統一など，ヨーロッパ内でのモノの流れをスムーズにする方向を目指し，さまざまな試みを続けて今日に至る．またそこにおいては，過去の地域紛争や国家間の大規模な戦争に対する反省から，一部の国が自国のみの経済的覇権の掌握を目指して突進することを避けるためにさまざまな工夫がなされている．

### （3）現代ヨーロッパにおけるモノの流通

　ヨーロッパの普通の店に入って何気なく購入する商品のパッケージには多くの場合 GB, E, F, I, P, D, NL, DK, SV, EE, LT, LV, PL, CZ, HU などヨーロッパの国々または言語を示す略語と共に商品の説明書きが印刷されている．それぞれがどこの国，どの言語を表すものだかおわかりになるだろうか．自国語と英語で記述されていれば十分に国際的と考える感覚とはレベルの違う「国際性」が見られるとでもいおうか．また略号の代わりに国旗が印刷されている場合もある．パッケージのかなりの面積が，こうした数カ国ならず十数カ国語による商品説明で覆われている様子はなかなか壮観である．これを見ただけでも，まずなんと多くの言語がこの狭い地域で話されており，またなんとそれぞれの言葉にこだわることかと驚かずにはいられないだろうし，さらにはヨーロッパの異なった地域で生産されたごく日常的な商品がこれほど大量に国境を越えて流通しているのに驚くであろう．

　日本でそうした商品を輸入品を扱う店などで購入しようとすると，大抵の場合，同じパッケージの各国語での説明書きの上を覆う形で大きなシールが貼っており日本の消費者向けの商品情報が記され，しかも時には日本の独自の厳しい規準に従い，もともとのパッケージには記述されていない詳しい情報が記されている場合もある．一度そのシールを丁寧に剥がし，自分の理解できる外国語があればその記述を読んでみて，日本語の商品説明と比較してみることをお勧めしたい．また逆に，日本からヨーロッパに向けて輸出される商品で，一般にヨーロッパの方が厳しい規準を持つ商品，たとえば子供向け玩具などには，EU 独自の規準をクリアーしていることを証明する印と数カ国語の説明書きが並んだ札やシールが付けられる．そうした EU 共通の商品規準が多くの国の協議の上に作られ，それぞれの国の言葉で記され，流通する様子は，現代のヨーロッパの緩やかな統合に向けての状況を良く示している．もし，そうした製品に何らかの問題が生じた場合，それは EU 全体の規制の対象になる．輸入する側も，自国の事情だけでなく，EU 全体のことを常に念頭に置かなければならない．このように身近なヨーロッパ発の製品そして日本からヨーロッパへ輸出される製品を詳細に観察することによっても，現代ヨーロッパにおけるモノの動きがよく見えてくるのである．

# アジア・太平洋

## はじめに

骨董趣味と言えば老人のもの，骨董品の売買と言えば，一部のマニアが酔狂でやるものというイメージがあるかも知れない．しかし，骨董，いや以下は文物と呼ぼう，の売買もまたグローバリゼーションと深い関わりがある．

### （1）中国文物のオークション

2011年3月，こんなニュースがあった．

> 「乾隆大閲図」を中国人が25億円で落札＝フランスのアジア骨董品競売で最高値
> 28日付の中国紙・新京報（A19面）によると，フランス南部のツールーズで26日，中国清朝宮廷画の逸品として知られる「乾隆大閲図」第4巻の「行陣」が，同国のアジア骨董品オークション最高値の2205万ユーロ（約25億円）で中国人に競り落とされた．乾隆帝玉璽（ぎょくじ）を印鑑類の世界最高価格の1240万ユーロ（約14億円）で落札したのも中国人だったという．（北京時事）[1]

中国の文物が高値で中国人によって落札されるのは，なにもこれが初めてではない．前年のイギリスのオークションでは，清朝乾隆時代の花瓶が約57億円で落札され，さらに前年の2009年には，香港で開催されたサザビーズのオークションで，乾隆帝の椅子が中国家具としては史上最高値で落札されている．価格は約9億9000万円であった．このような情勢から今後は中国が美術品市場の中心地になると予測する専門家もいるのである．

さて，これらのオークションにおける中国人富豪たちの存在感は，発展する中国経済の賜物であることは言うまでもない．彼らは中国の文物ばかりを購入しているわけでもないが，世界的なニュースになるほどの高値を払ってでも中国の文物を購入していることは否めない．もちろん民間だけではなく，公的機関も積極的に国外の中国文物の購入を行っている．典型的な一例を挙げよう．2003年，上海博物館は，『淳化閣帖』の北宋原刻拓本残巻四巻を収蔵することに成功した．『淳化閣帖』とは宋朝の皇室に蔵せられていた六朝から唐の書道名品の数々を刻して拓本にとり，皇帝が臣下に下賜したもの．本来十巻あったのが，オリジナルは世界でも上海博物館が入手した四巻のみ，しかもそのうち三巻は

**上海博物館蔵『淳化閣帖』**
出所：新華网[2].

王羲之の作品である．ここはその価値を詳しく説明する場ではないので，ごく簡単に言えば，名作のオリジナルに最も近い拓本であり，まさしく国宝と言うに恥じない書物なのである．これは1980年代のオークションに一度現れて以後，行方知れずとなっていたのだが，上海博物館が所蔵者をつきとめ，買い戻すことに成功したのだった．所蔵者はユダヤ系アメリカ人 Robert Hatfield Ellsworth 氏（中国語名：安思遠），中国文物の収蔵家としてつとに有名な人物であった．幾度かの交渉の後，450万米ドル（当時約5億円）での買い取りとなった．Ellsworth 氏が手に入れたときの値段は30万ドルであり，彼はその当時から中国が経済発展すれば必ずや国外にある自国の文物を買い戻しにかかると見ていたと言うのである．

## （2）高値の理由

　それでは，中国がお上から民間までこのように驚くばかりの大金を費やして文物を購入するのは，いったいなぜなのだろうか．文物の売買には，ビジネスとしての側面のほかに，文化的，ひいては政治的意味が含まれる場合がある．なぜなら，文物はそれを創造した民族・国家の文化の宝，つまり自尊心やアイデンティティの根拠となるものだからである．それを象徴する事例が2009年に起きた．もともと北京の円明園にあった十二支像の一部が，イヴ・サンローランの遺品オークションに出品されることになったところ，中国外交部が定例記者会見で出品中止を求めたのである．円明園とは，もと清朝の離宮であり，フランスのベルサイユ宮殿にも比せられるほどの洋風バロック建築を擁し，清朝皇室の豪奢を極めた名園として名高かった．しかし1860年，第二次アヘン戦争の際に英仏連合軍によって徹底的に破壊され，園内の美術品の多くが略奪されたのだった．そのような歴史をもつ円明園の遺物を，こともあろうにフランスのオークションにかけるのは「中国の国民感情を傷つける」ことに他ならず，そもそも「所有権は中国にあり，返還されるべきだ」というのが理由であった．中国政府の強い反対にもかかわらず，オークションは予定通りに実施され，結果はクリスティーズの予想価格12億4000万円を大きく上回る約39億円での落札となった．当初，落札者の名前は明らかにされていなかったが，後に中国人蔡銘超氏であることが判明する．問題は，蔡氏が落札金額の支払いを拒否したことである．「所有権は中国にあるのだから，支払う必要はない」というのがその言い分だった．当時，欧米のみならず中国国内でも蔡氏の行動に対して賛否両論が巻き起こり，また彼が民間団体「海外流出文化財救出基金」の顧問だったこともあり，中国国家文物局もわざわざ，それは「個人的行為」であると声明を発表する事態にまで至ったのである．

　事の是非はともかく，中国人が中国の文物を金に糸目をつけずに購入する理由がよくわかるだろう．くだんの十二支像は，美術品としての

**円明園遺物　ウサギとネズミの頭**
出所：中国新聞網．[3]

価値はさほど高くなく，20年前にやはり円明園遺物である馬，牛，虎の像がアメリカで発見されたときは，一体わずか1500ドル（当時レート約15万円）で取引された．それが89年のロンドンでのオークションでは馬の像に18万1000ポンド（約2400万円）の値がつき，2007年にマカオのカジノ王スタンレー・ホー氏が購入した時は6910万香港ドル（約8億6500万円）に高騰していたという．クリスティーズの予想価格は，この情勢を踏まえたものだが，さらにその数倍の値段をつけるのは，決してモノとしての価値に対してではないのである．

## （3）グローバル化と文物の意義

　中国に限った話ではないが，アイデンティティの根源は，言うまでもなく自国・自民族の伝統文化であり，その価値が他者に認められたとき，誇りが生まれる．文化の形にもいろいろあるが，古典籍は，本国人にとってさえ近寄り難いものだ．ましていわんや外国人をや，である．演劇も言語を媒介とする点で，外国人には敷居が高く，音楽はまだましだが，伝統の民族音楽がすぐにどんな異文化の人間にも感動を与えられるかと言えば，むつかしいものがあろう．その点，もっとも普遍性を具えているのは，文物ではあるまいか．絵画，彫刻，工芸，陶磁器等々，たいていの人間が，見れば良い物は良いとわかるはずである．中国文物の質の高さと圧倒的な量の多さには，中国に詳しくない外国人であっても一目も二目も置かざるを得ないだろう．事実，海外における中国文物の展覧会は，毎回きわめて多数の人びとが訪れているのであり，実物を目の当たりにした人びとは，中国文化への認識をより深めることになるのである．古くは1935年から36年にかけてロンドンで開催された「中国芸術国際博覧会」は14週の期間中に観覧者42万人を越え，中国美術の素晴らしさを西洋に認めさせ，国際的に中国文化への理解を得る上に大きな意義があった．そればかりか，この博覧会は，抗日戦争中であった国民政府へ欧米世界の支援を得る上で大きな効果があり，今日の文物活用の素型となったのである[4]．このように，文物は，対外的には文化的認識を深めさせ，畏敬をかちとるための貴重な資産なのだ．それのみならず，対内的には自民族・国民に文化的アイデンティティを自覚させ，誇りをもたせるまたとない資源なのである．それ故，文物を保護管理することは国家あるいは政権の責務であり，正統性の証ともなる．そのことは，典型的には中国と台湾の「両岸関係」において，故宮文物の帰属が極めて重要な政治的問題であることにうかがえよう[5]．

　グローバル化なるものが世界の分化と断絶ではなく，良かれ悪しかれ連携と融合の方向へと進むのだとするならば，各自の文化は今後どのような意味をもつのだろうか．融合へと向かうのなら，独自文化の存在価値は希薄になっていくのだろうか．グローバリゼーションが日本でも問題にされ始めたころ，それを「アメリカ化」であると捉え，批判する論調があった．あながち根拠なき危惧ではないにしても，グローバル化の向かう先は，決してどこかの国・民族への同化などではありえない．ある民族以外がアイデンティティを保ちながら生きていく意志を失うことなど考えられないからである．むしろ，グローバル化する世界で一定の存在価値をもって生きていくには，多元的価値観とともに自己の文化的アイデンティティを確固たるものとしていくことが必要となってくると考えられる．個人であれ，民族であれ，異なるアイデンティティがなければ交流する意味などない．他者から必要とされるためには，確固とした「おのれ」が必要だからである．グローバル化の過程

では中国にせよ，その他の国々・民族にせよ，これまでにもまして歴史的文物を必要とするようになってくるのではあるまいか．

### （4）三つの課題

そうだとするなら，競売代金支払い拒否問題は三つの課題を私たちに残したと思われる．ひとつは，歴史的経緯の中で国外に流出した文物の所有権はどうなるのかである．中国に限らず，台頭してきた国が有償無償の返還を求めてきた場合にどうすべきかが今後も問われるだろう．もうひとつは，文物は愛国心やナショナリズムと密接に結びついているが故に，それをめぐって過激なナショナリズムに走る恐れもなしとしない．また三つめは，文物の価値をどのように評価するのが妥当かという問題である．先の円明園遺物は，中国国内でもその高値に疑問の声が多数あがり，「金持ち中国人の財布を狙った陰謀」説まで飛び出す始末だった．しかも，十二支像は英仏連合軍によって略奪されたものではなく，実は1930年頃までは円明園に残っていたことが後に判明している．おそらくは中国民衆の何者かが盗み，骨董市にでも売りに出したものと思われる[6]．盗品であることは間違いないが，それを性急に英仏連合軍の略奪品と考えたがためのオークション騒動だったのである．

## アメリカ

### （1）ある歌が映し出す世界

アメリカで1971年に流行した歌の中に，次のような歌詞で始まるものがあった*（歌詞中，［ ］に入っている語句は「間（あい）の手」的に重ねて歌われる）．

　　私はこの世界に家を買ってあげたい．そしてそれを愛で飾りたい．
　　リンゴの木とミツバチを育てるのよ．雪のように白いキジバトもね．
　　この世界に歌を歌うことを教えてあげたい［私といっしょに歌おう］，
　　　ぴったり息を合わせてね［ぴったり息を合わせて］．

愛に満ちた生活と世界の調和を願った，ロマンティックな歌詞である．2行目で言及されるリンゴの木は，聖書的には「禁断の果実」と結びつくが，通常の生活レベルでは幸福や喜びの象徴と考えられている．ミツバチはもちろん，協力と勤勉で知られる働きものであり，甘美な蜜をもたらしてくれる．また，キジバトは雌雄が仲むつまじいことで有名な鳥である．その色が雪のように白ければ，花嫁のドレスとイメージが重なることから，幸福感はさらに強まる．歌の主人公は，こうしたものに囲まれ，希望に包まれて，世界全体がその中に収まるような家を買い，それを愛で飾るとともに，その大きな家の家族全員に調和して歌うことを教えたいと訴える．おそらく，この歌を耳にした人びとは，一瞬，深い安らぎを覚えたことであろう．

しかしながら，この歌詞が描く世界は，当時のアメリカを包んでいた社会的空気と，ある意味で

著しい対照をなしている．1971年の時点で，アメリカは泥沼化するヴェトナム戦争に苦しむとともに，共産主義陣営との冷戦がもたらす緊張感にしばられていた．1969年からデタント時代に入り，両陣営による融和の努力が始まってはいたが，アメリカを盟主とする西側資本主義陣営とソヴィエト連邦を盟主とする東側共産主義陣営の間の政治的および軍事的緊張感は，あいかわらず深刻であった．それゆえ，上記の「世界のための家を買い，それを愛で飾る」という詞は，はからずも人びとに，現実が本当はこの歌と反対の姿をしていることを，強烈に自覚させることにもなった．当然ながら，そのような現実世界には，「家族」全員がひとつに調和して歌える歌も，またその方法も，なかなか見つからない．美しい夢は，時として，現実の醜悪な姿をあからさまに映し出す残酷な鏡ともなるのである．

### （2）社会的・文化的メッセージとしてのコマーシャル・ソング

ところで上記の歌詞は，次のように続いていく．

　私はこの世界にコークを買ってあげたい，そして keep it company［それは本物］．
　この世界に歌を歌うことを［世界が今，なくしているものを］教えてあげたい，
　　ぴったり息を合わせてね［ぴったり息を合わせて］．
　この世界にコークを買ってあげたい，そして keep it company．
　それは本物よ［コークがね］，それは今の世界に必要なもの［コカ・コーラさ］．
　それは本物よ［コークがね］，それは今の世界に必要なもの［コカ・コーラさ］．

もはや一目瞭然，これは実はコカ・コーラのコマーシャル・ソングなのである．歌詞中の"keep ～ company"という表現はよく使われるイディオムであり，通常は「～」の部分に人物が入ることで，「～と一緒にいる」という意味を表す．本来，"company"は「仲間」という意味であり，この表現もそこから生まれたものである．上記の歌は，こうしたニュアンスを最大限に利用している．その結果，「いつも世界にコークがあるようにしておく」という意味と，「コークの力によって世界全体がひとつの仲間になるようにする」という意味が渾然一体と合わさり，その融合の中から，世界が今まさに必要としているもの（世界がひとつに調和して歌うこと）がコークによって可能になるのであり，それを実現させるコークこそは「本物」の飲み物なのだという，きわめて巧妙なメッセージがつくり出される．このコマーシャル・ソングは単独の歌としてもヒットした．コマーシャル・ソングが広告という本来の領域を超えて人びとの心をとらえ，独立した歌として人気を博するケースは，日本でもしばしば起こる現象だが，このコカ・コーラのコマーシャル・ソングはその典型的な例であるといえよう．

### （3）アメリカの消費文化と製品の世界的意味

コカ・コーラは，アメリカの大衆文化を代表する商品として，マクドナルド・ハンバーガーやリーヴァイス・ジーンズなどとともに，世界でもっともよく売れているもののひとつである．コカ・コーラ社の発表によれば，同社の製品は，2010年の時点で200以上の国で売られており，年間

の総売上高は会社全体で約351億ドルに達する．1杯の飲み物の分量を8オンス（約237ml）と計算した場合，全世界で1日に消費される清涼飲料約50億杯のうち，約17億杯をコカ・コーラ社の製品が占めている．世界中で飲まれる清涼飲料の3分の1以上をコカ・コーラとその姉妹品が独占するという，この数字は驚異的というほかない．われわれはコカ・コーラを通して，今日のグローバリゼーションにおける「モノの流れ」のもっとも顕著な例を目の当たりにするのである．

　コカ・コーラの膨大な売上げの背景には，アメリカの文化や人びとの生き方（"way of life"）に対して世界中の人びとが心に抱く，ある種のステレオタイプ的イメージと，それを巧みに利用した企業の販売戦略との呼応が，根底に大きく存在する．ラクトリン井上久美は，ジーンズやコーラなど，アメリカの大衆文化（ポップカルチャー）が生み出す商品が，遠く離れた国の人びとから，アメリカの自由・繁栄・現代性の好ましい象徴だと見なされており，1着のジーンズや1本のコークが彼らにアメリカ的な生き方を感じさせるのだと分析した上で，リーヴァイ・ストラウス・インターナショナル社の重役による，「我が社は今日のアメリカを売っているのではなく，人びとが想像するアメリカを，人びとがこうあってほしいと求める姿のアメリカを売っているのです」という言葉を引用している．国際市場での販売現場を指揮する人物のこの発言は，上述の呼応をみごとに説明している．

　他国民がアメリカに対して抱く上記のステレオタイプは，どのようにして形成されたのか．その疑問を解くには，20世紀の歴史を理解する必要がある．20世紀前半に起こった2度の世界大戦は，その最大の戦場となったヨーロッパ各国に甚大な被害を与え，経済を荒廃させた．その一方で，主戦場から遠く離れたアメリカは被害を最小限に抑え，戦勝国としてそれぞれの大戦後，爆発的に繁栄した．その結果，20世紀後半のアメリカは資本主義の盟主として世界に君臨し，政治・経済・軍事的に大きな影響力を発揮した．商品の大量生産・大量消費に基づく消費文化も，1920年代と50年代を中心に，20世紀を通してアメリカ国内で急速に発達し，世界中に伝播した．とりわけ，1954年から64年の「ポピュラックス」と呼ばれる期間には，外見が極度に派手で豪華な製品が猛烈な勢いで生み出され，市場に送り出された．トマス・ハインが著書『ポピュラックス』の中で，「世界の鉄と石油の半分を使用し，地球上の自動車と家電製品の4分の3を購入していた」と形容する，アメリカの巨大な経済力が生み出す華美な消費文化とその製品は，復興に努力する国々や開発途上国の人びとの目には，明るい未来を約束する自由と繁栄の象徴として映ったに違いない．コカ・コーラもそうした商品のひとつとして，世界中に浸透していった．第一次世界大戦終結後の1919年にコカ・コーラ社を買収した実業家アーネスト・ウッドラフは，地球上のすべての人がコカ・コーラを喜んで飲むようにするのが目標だと語ったと伝えられるが，その夢は，おそらく彼自身が想像した以上の勢いで実現したといえよう．そして第二次世界大戦を経て，加速するグローバリゼーションの波に乗り，コカ・コーラは，ほぼ世界の隅々にまで浸透し，上に述べたような驚異的売上げを誇るにいたっているのである．ちなみに中国では，コカ・コーラは「可口可乐」と表記され，爽快な飲み心地がイメージされて興味深い（「乐」は「楽」の簡体字表記である）．

　コカ・コーラの例に見られるモノの流れは，今日の世界におけるグローバリゼーションの実態を，消費文化の角度から鮮明に浮かび上がらせる．地球規模でのモノの流れが，世界の人びとの生活に多様な刺激や文化的体験を提供していることは確かである．だがその一方で，こうしたモノの

流れが，特定の地域で育まれてきた産業や文化を飲み込み，消滅させてしまうことはしばしば起こる現象であり，これはグローバリゼーションの負の側面として無視されてはならない．アメリカをはじめとする先進国の大企業や多国籍企業の世界展開を批判する声は，絶えず，さまざまな形で上がっている．大企業の過剰な商業広告戦略を非難するカナダのアドバスターズ・メディア・ファウンデーションや，マクドナルドのフランス進出に抗議して建設中の店舗を破壊した活動家のジョゼ・ボヴェなどは，グローバリゼーションによるモノの流れに対する，もっとも先鋭的な批判の例であろう．

注

1）時事通信社配信記事（「乾隆大閲図」を中国人が25億円で落札＝フランスのアジア骨董品競売で最高値），JIJI-WEB により検索（http://jijiweb.jiji.com/apps/do/contents/top）．
2）http://news.xinhuanet.com/collection/2003-10/18/content_1131563.htm
3）中国新聞網（http://www.chinanews.com/）のトップページから站内捜索（http://sou.chinanews.com/index.do）に入り，「圓明園」で検索．
4）小田部英勝「中国史における〈文物〉――その受容と展開」『佛教大学大学院紀要』第36号，2008年．
5）家永真幸「故宮博物院をめぐる戦後の両岸対立（1949年～1966年）」『日本台湾学会報』第9号，2007年．
6）中野美代子「愛国心オークション――〈円明園〉高値騒動」『図書』第725号（岩波書店，2009年）．
＊本書初版印刷の時点で原詞引用の許諾が得られぬため，一般的な英語表現以外は日本語に翻訳して記載する．
7）http://www.cocacola.co.jp/corporate/．
8）ラクトリン井上久美『*Ads Speak American Culture*――広告から見たアメリカ文化』（成美堂，1994年）．
9）「ポピュラックス（populuxe）」とは，"popular(ity)"，"luxury"，"deluxe"などを融合させた造語で，豪華な贅沢品を大衆が享受する経済・文化現象を指す．

# 第3章

*Global Topics*

# 言葉・音

## ヨーロッパ

### はじめに——音の風景

　ある場所や地域を特徴づける要素のひとつとして，広い意味での「音の風景」というものを考えることができる．聞こえてくる音の数々，そしてそれらの音が複雑に絡み合う様子を丁寧に収集し分析することで，その場所や地域における聴覚的な意味での風景を浮かびあがらせることが出来る．音の風景を構成するものとしては，風や雨や雷や波その他の諸々の自然現象の音もあれば，鳥や昆虫その他の動物の音，人間が動き，しゃべる音，そして人間が作り出したさまざまな道具類が作り出す音などさまざまであり，それらの音がその地域独特の形で相互に関係し合い，ひとつの音の風景を作っている[1]．

### （1）音の風景における地域差

　ヨーロッパと呼ばれる地域の音の風景を考えてみると，北と南また東と西では相当異なっているし，同じ国や地方でも田園地帯と都市はやはりそれぞれ大きく異なる音の風景を紡ぎだしている．また，そうした多様性とは逆に，ヨーロッパの大部分の地域が，キリスト教に基盤をもつ宗教生活の統一性によって，教会の鐘の音や祈りや歌その他諸々の象徴的な音を共通の標識音として国境を越える形でかつては持っていたし，今でもそれがしっかりと残っている地域がある．また宗教以外にも，基本的な生活様式の類似が，近代国家の国境とは無関係に，やはり似たような音の風景を幾つかの地域に作り出していた．たとえばカタルーニャ地方の地中海に面した地域とフランスの南西部から南東部にかけての地中海沿岸地域，さらにそれに隣接するイタリアの地域などは，現在は国家的にも言語的にも異なるとはいえ，互いに，それぞれの国家内の他の地域よりもより似た音の風景を持っていると言える．仮にヨーロッパのさまざまな地域の音の風景地図のようなものを作成してみたならば，現代の政治的な国境によるものとはまったく別のヨーロッパの姿が見えて来るであろう．もしかしたらそちらのほうがより一貫性のある地域統合の方向性を示すかもしれない．

### （2）都市における音の風景

ヨーロッパの都市でしかも中世以来の伝統的な旧市街の中であれば，今でも石畳を踏んで歩いていく人びとの足音，古い教会の鐘の響き，何百年も前に作られた古くて重い門を開けたり閉めたりする時の独特の音に耳を驚かされるし，またかつて馬車の通った石畳の街路を通り過ぎていく自動車の音も広い道路のアスファルト舗装の上を進むのとは全く違った音であることに気づく．早朝の狭い路地で，新鮮な食物などを積んだ荷車がごろごろと曳かれていく音なども印象的かもしれない．

一方，同じ都市の中でも旧市街から外れた近代的な大通りの傍であれば，頻繁に通り過ぎる自動車やバス，トラックの音，パトカーや救急車のサイレン，せわしなく行きかう人びとの整然とした足音，さまざまな叫び声などが耳に入ってくる．もちろん細部における差異はあるとはいえ，それらの音は世界の他の近代化された都市の音と極めて共通しているので，都市に住み慣れた人にとっては外国の近代的な都市の音の風景の方が，自国の田園地帯の音の風景に比べより馴染み深いということもあるだろう．

さらに同じ都市の中でも移民の多い地区であれば，当然他の地区とは大きく異なった音の風景がある．さらに移民といってもさまざまで，フランスのパリを例にとってみれば東南アジア系の多い13区とアフリカ系の多い18区では，街角で話されている諸言語の響きも，家々や商店，喫茶店，レストランなどから流れて来る音楽の種類も異なるし，祭りの際などに聞かれる，宗教行事に関わる祈りや歌や楽器が作り出す音の風景も大きく異なっている．また出身地を同じくする移民が集中して居住しているというよりは，さまざまな移民が混ざり合って居住する地区ではさらに複雑で重層的な音の風景が展開する．

### （3）音が騒音となる時

音の風景は，固定された，静的なものではなく，それは時間や時代と共に動き，変化するものでもある．テクノロジーの発展，交通手段の変化，産業構造の変化，移民，また自然的・人為的災害なども地域の人びとの音の風景を大きく変化させていく．それはわれわれの中にさまざまな新しい音，異質な音を持ちこみ，もとから存在した音たちと競合して，時にはそれに置き換わったり，時には新たにそれぞれの場所を見つけて共存したりする．初めは嫌な音とされたものが，時間と共に受け入れられていく場合もあれば，もともと普通に受け入れられていた音だったのに，時と共に騒音と認識されるようになったものもある．そしてそれは社会におけるその音の意味づけの変化に対応している．宗教がかつてのような決定的なよりどころでなくなってしまった19-20世紀以降の社会において，ヨーロッパや北アメリカで教会の鐘の音が「騒音」として住民からの苦情の対象となるという現象が見られる．音の風景についての重要な論考を著したカナダの作曲家R.マリー・シェーファーは「騒音とは人間が注意深く聞かなくなった音である」と書いている．

ヨーロッパの幾つかの都市で，数十年前に廃止された路面電車が再導入されるケースが増えている．自動車所有の大衆化によって交通量が増加し，都市交通網が大規模な渋滞に悩まされる中，道路の多くのスペースを取るばかりか線路のメンテナンスも必要な路面電車が次々にバスにとって代わられ廃止に至った．しかしその路面電車が，近年の排気ガス対策，騒音対策といった環境への配

慮や，郊外型メガストアの進出がもたらす市の中心街衰退の防止などを目的として「復活」を遂げている．こうして再導入された路面電車は，自動車の運転手たちや歩行者たちの行動様式に変化をもたらすとともに，街路そして都市全体に異なった音の風景をもたらす．しかしそれは必ずしも昔の音の風景の「復活」ではなく，特に若い住民にとってはまたひとつの新たな音の風景の創出となるのである．

## （4）グローバル化と音の風景

　世界のさまざまな地域のグローバル化は音の風景にも大きな変化をもたらす．そしてその変化は多くの場合，画一化の方向にある．グローバル化が進む地域においては，その地域の音の風景の基調となっている音群，特に人びとの生活を支える活動が作り出す基本的な音のなかに，統一規格の機械類や器具類そして統一規格のサービス産業の作り出す音の占める割合が拡大していく様子が見られる．仮にその中に住民にとって異質で不快な音があろうと，その音が，国や地域の発展や生き残りのため，物質的生活の保証のために「必要」なものとされるなら，住民が本当に好もうと好むまいと，それは何らかの形で許容され，間もなくその地域の音の風景の一部と化す．そうした統一規格のものが作り出すのは異質な音だけではない．それは一種の静けさや沈黙さえ作り出す．スマートフォンの普及によって，国や地域が異なればさまざまな言語や音が聞こえていた公共交通機関の中でも，最近では皆揃ったように手元の小さな画面に向かって沈黙し，指が画面をすべっていくかすかな音だけが聞こえ，周辺は独特の静けさに満たされているといった風景が出現している．

　人の移動も大きな音の風景の変化をもたらす．ヨーロッパにおいて頻繁に見られる旧来の地域住民とムスリム系移民の緊張関係は，地域の音の風景とも密接に関わっている場合がある．たとえば街角のムスリム系の食料品店から流れるラジオのアラビア語放送の音，ムスリム系住民の日々の祈りやコーランの朗誦の音などは，それらに慣れ親しんだ人びとにとっては，音の風景の中のささやかな後景としての意味以上のものを持たない．しかし彼らの存在に不信感や恐れを抱く一部の地域住民にとっては，それらの音が必要以上に前景として浮き上がり，大きく威圧的な音と感じられ，それが時として移民排斥を訴える人びとにより，地域の平穏を乱す要素のひとつとしてメディアなどを通して象徴的に印象付けられる．他者に対する恐れや憎しみ，そして共生や他者理解は，音の風景の問題と無縁ではないのである．

　人の移動はまた言語の移動でもある．一カ国語しか話されていない環境の中にひとり異なる言語で話す人が混ざることで，その場の雰囲気が一変してしまうという状況を経験した人は少なくないであろう．それは単にその「異」言語の音そのものへの違和感だけではなく，その音が象徴するもの，言い換えれば理解の困難，コミュニケーションの困難への予感が，その場の全体の秩序を壊すからである．しかしそれは単なる破壊ではなく，もうひとつの秩序構築への第一歩でもある．異なる言葉が話されたことで，もともとそこで話されていた言葉が突然消え去ってしまうわけではない．ヨーロッパでは比較的狭い地域の中に多様な言語風景が見られ，その多様性を可能な限り取り入れた秩序作り，新しい言語環境構築への試みが絶え間なく行われている．長きにわたって国際化が叫ばれながらも，多様な言語風景を体験する機会が極めて限られている多くの日本の人びとに

とって，ヨーロッパの言語風景は常に刺激的である．

　こうした音の風景についての考察は，単に失われてしまった「古き良き」音の風景への郷愁のみを生み出すのではない．その地域独特の音の秩序だけでなく，その変化をも注意深く観察する必要がある．グローバル的な要素がより増す世界の各地域を考える上で，音の風景はひとつの貴重な視点を提供してくれるだろう．

# アジア・太平洋

## はじめに

　世界のいずれの言語も，他地域，他文明との接触を通じて変化を続けてきた．その主たる部分，語彙について言えば，決して対等な関係ではなく，文化的先進地域の語彙が後発地域の言語に流入するのが基本だ（戦争の結果，支配者が自分の言語を強制した場合は逆のこともあるが，ここでは取り上げない）．外来語彙を受け入れるのは，要するにその言語中に本来は存在しなかった事物や概念を移入せざるをえないからである．現代では通信・交通手段の発達とともに，諸言語が主に語彙の面で互いに影響を与え合い変容していく速度が格段に速まっている．それとともに問題になるのは，今までとは比較にならぬくらい大量の新しい語彙がなだれこんでくることである．

## （1）外来語受容の方法と態度

　外来語をどのように消化して取り込むか，その方法と態度とは言語本来の性格と文化思想によっても異なってくる．周知のことだが，日本語は仮名文字の存在によって外来語を比較的受け入れやすい言語であり，心理的抵抗も少ないのに対し，中国語は外来語彙の受容が比較的困難であり，かつ受け入れに対する心理的抵抗も多い言語である．もとより，中国語に文字は漢字しかなく，それが外来語の発音を写すには不向きであること，かつ文化輸出国の立場であった歴史が長かったことなどによる．そればかりか中国では「中華人民共和国通用語言文字法」を始め，その他の法律，行政規定において，外来語使用についての規定があるのだ．それらで英語との混ぜ書きを規制しており，日本に比べれば外来語彙使用のハードルは格段に高い．口頭表現においても，2010年に中国中央電視台（中国国営テレビ局）は，NBA，CBAなど，それまでアナウンサーが使用していた英語略称もすべて「美国职业篮球联赛（アメリカプロバスケットボールリーグ）」「中国男子职业篮球联赛（中国男子プロバスケットボールリーグ）」と中国語で正しく放送するように改めている．これは一概に外来語を排斥するのではなく，中国語の中に英語を混ぜることを規制したのである．当時，中国全国科技（科学技術）名詞審定委員会副主任・劉青氏は「アルファベット語彙には弊害が多くあり，民族の言語の純潔性と健全な発展に影響し，科学技術の普及にも不利である」との考えを示し，国家広電総局（国家ラジオ・テレビ放送総局）の官僚も「われわれは自己の職責と社会的責任を果たし，国家通用語言文字法を貫徹して，中国語の純潔性を守らなくてはならない」との談話を発表している．この規制に対して，中国の知識階級の多くがこぞって賛同の姿勢を示したのである．

### （2）漢語の純潔・日本語の純潔（？）

　日本などは文字表記の点でも，歴史的に文化輸入国であった点でも中国とは対照的で，外来語に野放図なまでに寛容だ．各種メディアでも英単語を，カタカナ発音ではあるが，そのまま口にしているばかりか，若者向けFM放送などでは，英語と日本語の「チャンポン・トーク」が当たり前である．さらに民間のみならず，本来誰もが読めるべき公文書にまで，一般人には意味不明なカタカナ語彙が横行氾濫する．特に，高齢者福祉関係の通知・説明文書にまで，高齢者には意味不明の新しいカタカナ語彙がかつては頻用されていた．そのような事態を受けて，平成15（2003）年には国立国語研究所「外来語」委員会が，外来語の言い換え提案をなし，平成20（2008）年には日本テクニカル・コミュニケーター委員会がカタカナ表記のガイドライン（第二版）を提出しているが，現状はあまり変わっていない．われわれは日々耳慣れないカタカナ新語・造語を受け入れ，しかもそのことを怪訝に思わぬばかりか，自ら積極的に使いたがる傾向すらある．この日本人の感覚からするならば，中国の上に述べたような対応にはいささか違和感を覚える向きが多いのではないだろうか．ましてやその規制がお上からなされているのだから，いやが上にも違和感がつのろう．しかし，そこには国情の違いがあることを忘れてはなるまい．政府機関の人間がともに言及したのは「漢語の純潔性」なる概念であった．それにひきかえ，現代日本人の誰が「日本語の純潔性を守らねばならぬ」などという意識を持っていようか．日本語はそもそも混成言語，即ち「不純」な言語だから，そんな意識を持ち得ないのだろうか．いや，そうではなくて，日本が幸せな国であるからなのだ．日本は言語の純潔，言い換えれば規範性を意識せずにすむほどの地理的，歴史的，社会的条件に恵まれてきた国なのである．地理的には大陸から離れた島国であるから，古代最初期は別として，外国人・外国語との日常的接触は少なかった．歴史的には異民族の侵略支配を受けたことがないから，外国語を強制されたこともなかった．社会的には，古代日本に存在したらしき各種民族も早い段階で融合してしまい，日本語と競合するような言語をもつ集団は残らなかった．つまり，日本語の規範が脅かされるような経験はついぞしたことがない．日本語は放っておいても大丈夫だと，日本人は安心しきっているのだ．

### （3）「純潔を守る」努力と富強大国への道

　日本人がそう信じて疑っていない証拠に，日本には日本語の規範を示す公的辞書はいまだに存在もしなければ，必要だという議論も聞かれない．何かと引き合いに出される『広辞苑』にしても，単なる一民間出版社の辞書にすぎず，その語義解釈についても国語学界公認というわけではない．対して中国には『現代漢語詞典』（商務印書館）という現代中国語（漢語）の規範となる辞書がある．これは中国社会科学院語言研究所というれっきとした国家機関の編纂にかかるものだ．同じ出版社からは呂叔湘主編『現代漢語八百詞』なる文法書も出されており，こちらは現代中国語の文法の規範を網羅したものとなっている．ではなぜこのような書物が必要なのか．ひとつは中国が多民族・多言語・多方言国家だからである．漢語を母語としない中国人も少なからず存在し，先に言及した『現代漢語八百詞』は本来少数民族が公用語である漢語を学ぶために編纂されたものなのである．公用語の漢語について言っても，多くの方言間で，語彙や発音だけでなく，文法が異なることさえ

あり，方言間の意思疎通はまず不可能だ．さらにもうひとつの理由がある．このような状況は歴史的にずっとそうだったのであり，人民共和国に特有の事情ではない．多方言とはいえ，古代以来，知識人の間には「雅言」「通語」と呼ばれた共通語があるにはあったし，明代頃になると官僚の多くは「官話」なる共通語を話した．たとえ口頭では通じなくとも，文言が共通語の役割を果たしていたと言ってよい．事情が変わったのは人民共和国になってからである．新中国は主役たる農民・労働者の文化水準を高め，強大な社会主義国家を建設し，西側資本主義国に対抗しなければならなかった．そのためには，農民，労働者，あるいは少数民族のバラバラな言語状況を統一して共通語を創出し，国家統合を図らねばならなかった．それまで共通語を必要としていたのは，極端に言えば知識階級だけだったのだが，「百分の八十の人口から文盲を一掃することが中国の重要な仕事」（毛沢東「連合政府論」）となったのである．言語とは，言ってみれば人間同士の連帯の基礎，社会を統合して成り立たせるための基盤である．広大な土地に多種多様な民族が暮らし，方言も多い中国をひとつの近代的国民国家として成立させるためには，公用語の明確な規範が是非とも必要であり，規範の確立と維持のための努力が必要となってくる．言語も民族も異なる人びとをひとつの国民としてつなぎとめる共通語がなければ，中国は再び分裂してしまうかも知れない．「人民」に効率よく高い教育を与えるにも共通語が必要である．それがなければ西側資本主義国に対抗し，凌駕するべき社会主義の富強大国は実現できない．そのような言語規範への危機意識が，どんどん流入する外来語，とくにアルファベット表記のままの欧米語彙に向けられるとき，「漢語の純潔性を守れ」というスローガンとなるのである．

## (4) 漢語の中の日本語・日本語の中の漢語

反対に，中国語の中に英語を混ぜて平気，いや逆にそれを格好いいととらえる世代が中国にも生まれている．中国においてもグローバル化とはある一面でアメリカ化であることは，いかんともしがたいものがある．そのグローバル化の波をかぶった若い網民（ネチズン）たちの文章はそれこそ外国語略称のオン・パレードだ．使われているものを少し拾って見よう．OVA (Original Video Animation), TM (Theme Music), CS (Character Song), CV (Character Voice), BL (Boy'sLove) 等々，枚挙に暇がない．それでは次がわかるだろうか．

KUSO, OTAKU

そうなのだ．日本語なのである．実は中国語の中に流入した日本語はこればかりではない．最近流入したものに「人気」「写真」「料理」「職場」「新人類」「視点」「達人」「放送」「量販」「暴走」等があり，「超〜〜」のごとく日本語の用法が入った場合もある．日本語の漢字表記の語彙は同じ文字であるが故に，それと気づかれずに中国語の中に大量に流入しているのだ．さらに言えば，現代中国語の基本語彙の少なからぬ部分が明治以降に作られた日本製漢語であり，日本製漢語なしには現代漢語は機能しないと言ってよい．その割合は諸説あるけれども，人文・社会科学等の分野の語彙では7割〜8割とされているほどだ．例を挙げれば「共産党」も「社会主義」も日本製なのである．中国ではそのことを嫌悪して「身震い」する向きから，日本製漢語は中国・日本と世界との

新しい絆なのだと言う立場まで存在している．20世紀初め，中国は日本を経由して世界を理解し，「近代文明」を導入したのであり，日本製漢語が中国を世界に，伝統を未来に結びつけたのだ，と言うのである．

　日本でも若い世代を中心に英語語彙を好み，漢字漢語に対しては従来ほど重視しない傾向がある．英語がグローバル化世界の事実上の共通語となっている現状からすれば，ある程度は自然の趨勢とも言えるだろう．しかし隣人と通じ合える文字，語彙を維持することの必要性はなくならないはずである．それのみならず，もしも日本語から漢字語彙をなくしたならば，あるいは漢字語彙をよく理解できなくなってしまったならば，日本人は全く自己の伝統からも切り離されてしまう．言語は現代のわれわれ世代だけのものではない．過去と未来の世代をつなぐ絆として預かっているのである．グローバル化時代には，一定の世界共通語が必要になってくるのも理の当然だが，その反面，言語の伝統，規範の維持もさまざまな意味で必要になってくると思われる．

## アメリカ

### (1) アメリカの言葉・音としてのロックンロール

　アメリカの言葉・音の文化におけるグローバリゼーションの典型的な例は，ロックンロール（rock'n'roll）であろう．20世紀後半におけるアメリカ経済の爆発的拡張，および機械文明が必然的に内包する侵攻性と，これほど深く結びついて世界に広がった言葉・音の文化現象は，他に類を見ない．正確な名称は「ロック・アンド・ロール」だが，1語に短縮された形の方が，この音楽の性質をより鮮明に伝える．ただし，ここで指しているのは，1950年代の約10年間に稲妻のように現れて消えた狭義のロックンロールではなく，誕生以来，今日のラップ（ヒップホップ）にいたるまで，半世紀をはるかに超える歴史の中で，環境に合わせて変容や多様化を繰り返しながら常にその核心に同質のメッセージを保持する，社会的メッセージ・ソングとしての，広義のロックンロールである．アメリカにはもうひとつ，ジャズという，世界に誇る音楽芸術がある．だが，「ロックンロールだけが若者たちの心に届き，コミュニケートし，外界との接点となり得るんだ」というブルース・スプリングスティーンの言葉にも示されるように，ロックンロールが放つ強烈なエネルギーは，その社会的影響力においてジャズをはるかにしのぐ．ジャズが概して知的で内向的・沈潜的であるのに対し，ロックンロールは情熱的で爆発的・放射的である．そしてこの爆発力が，前述のようにアメリカの経済的拡張と呼応し，猛烈な勢いでロックンロールを世界中に，広く深く浸透させたのである．

### (2) ロックンロールの誕生と展開

　ロックンロールの誕生の背景は，興味深い．この音楽の根源(ルーツ)を探っていくと，虐(しいた)げられた人びとの間から自然発生的かつ必然的に発せられた魂の叫びが，その最深部にあることがわかる．ロックンロールの母体となったのは，アフリカ系アメリカ人（黒人）たちの間で生まれたゴスペル・

ミュージックやブルース（正式には「ブルーズ」），さらに，スコティッシュ・アイルランド系移民が持ち込んだ音楽要素がそれらと混じり合ってできたカントリー・ミュージックなどである．ゴスペルは，もともと「福音」という意味である．ゴスペル・ミュージックとは，奴隷としてアフリカから強制的に輸入された黒人たちが，すべてを剥奪され過酷な労働を強いられるという非人間的な環境下で，聖書の福音に唯一の救いを見いだし，神を讃えて歌った歌が，ひとつのジャンルとして結晶したものである．そこには慈悲深い神への愛と讃美の一途な訴えとともに，歌詞中の聖書の物語に重ねた彼らの苦境脱出の強烈な願望が，彼らの血の中に響き続けるアフリカの鼓動(ビート)に乗って，とどまることなくほとばしり出るのであった．またブルースは，彼らの労働歌(ワーク・ソング)や「畑の叫び(フィールド・ハラー)」を基に，「ブルー・ノート」と呼ばれる特殊な音階で展開する音楽形式として発展した．ゴスペルが神への愛を主題としたのに対し，ブルースは生活の苦しみや生身の人間としての愛と性，社会の矛盾に対する切実な訴えなどを歌った．ブルースはジャズの母体としても名高い．一方，カントリー・ミュージックには，黒人たちの苦悩に加えて，スコティッシュ・アイルランド系移民の苦痛が織り込まれている．スコティッシュ・アイルランド系移民の多くは，19世紀後半に故国を襲った飢饉のためにアメリカ移住を余儀なくされた人びとであり，新天地に移った後も冷遇され，過酷な生活を強いられた．民族的にケルトの血を引く彼らは，豊かな音楽的資質をもっていた．彼らは，黒人のゴスペル・ミュージックやブルースの中に，闇を照らす光への強い希求を感じ取り，己の中のケルトの音をそれに共鳴させることによって，カントリー・ミュージックという独自の新しい音楽をつくり出した．

　これらの音楽が再び混じり合い，その中から単純で強烈なビートと自己主張性の強い歌詞を特徴とする「リズム・アンド・ブルース」と呼ばれる音楽が，1950年代初頭に生まれた．これがロックンロールの原型である．演奏者のほとんどが黒人だった．リズム・アンド・ブルースをはじめて聴いた白人のサム・フィリップスは，音楽の中に一種の宗教性を感じ取り，「この音を，アメリカはおろか全世界が求めているかもしれない」と予感してサン・レコード社を創設した．ちなみに「ロックンロール」という名称は，まだ生まれていなかった．この名前はアラン・フリードという白人のディスクジョッキーがラジオ番組中で即興的に使ったものであり，"r"音の頭韻と短縮融合がつくり出す，弾力的に転がる感じと，その言葉がもつ性的ニュアンスゆえに，たちまち若者の心をとらえた．それまで白人の多くはこの音楽を軽蔑的に「人種音楽(レイス・ミュージック)」と呼んでいたが，ビル・ヘイリーやエルヴィス・プレスリーなど，白人スターの活躍が，「ロックンロール」という名称を一般化させた．ロックンロールは新たに登場した電気楽器を利用し，大音響を出すことができた．そのため，この音楽のメッセージは，必然的に激しい攻撃性を帯びることになった．若者がロックンロールに飛びついたのは，まさにこの攻撃性のゆえである．1950年代の空前の繁栄の中で，アメリカ社会は派手な物質文化を謳歌する一方，政治・思想的には極端な体制順応主義に支配されていた．ジョゼフ・マッカーシーに先導された反共産主義ヒステリーの「赤狩り」が行われたのも，この時期である．あふれる豊かさの中に国家の無限の可能性を信じ，しかし同時に，社会批判の声を自己の内に封じ込めるという生き方が生みだす矛盾を，もっとも痛切に自覚していたのは若者であり，彼らの高まる内圧に対して，はけ口を提供したものこそ，ロックンロールだったのである．

また，先に触れたように，「ロックンロール」という言葉には，きわめて強い性的暗示がある．社会や人間の矛盾に対する糾弾だけでなく，愛情や性的欲望をもストレートに吐露するロックンロールは，社会的存在および性的存在としての自己を懸命に問いただそうとする若者たちにとって，己の魂の叫びを代弁する音楽となったのである．「ロックンロールは性衝動であり，生きる姿勢だ．親は嫌うが誰にでも演れる．自分を自由に表現できる手段さ．真実を伝える新聞でもある」というスティーヴン・タイラーの言葉は，それを端的に表している．

　ただしアメリカ国内では，白人保守層による執拗な弾圧や，スターたちの不運な事故，徴兵などにより，1950年代末に第1期ロックンロールは急速に勢いを失い，それに代わって端正な容貌や清潔さを強調した白人アイドルたちの甘い歌謡が全盛となる．いわゆる「バブルガム・ポップ」と呼ばれる時代の到来である．一方，ロックンロールは一時，本拠地をイギリスに移し，そこでビートルズ，ローリングストーンズ，クリームなどのスター・バンドを続々と誕生させた．だが，アメリカでロックンロールが死に絶えたわけではなく，60年代および70年代には，ジャニス・ジョプリン，ボブ・ディラン，サイモン＆ガーファンクル，オールマン・ブラザーズ，エアロスミスなどが活躍し，かつてのリズム・アンド・ブルースが育み伝えたアメリカ的ロックンロールの精神を脈々と伝え続けた．そして80年代には，黒人のマイケル・ジャクソン，白人のブルース・スプリングスティーンというふたりの巨人が世界を席巻し，アメリカを再びロックンロール文化の聖地にした．その後もアメリカのロックンロールは，ラップ（ヒップホップ）の隆盛，ラップと伝統的ロックとの融合などを通して，常に新たな音をつくり出しながら，現在にいたっている．

### （3）時代の鏡としてのロックンロール

　痛烈な社会的メッセージをその核心にもつロックンロールは，時代を映す鏡の役割も果たす．グローバリゼーションの波に乗って発展したロックンロールには，当然ながら，その陰の側面も赤裸々に映し出される．ブルース・スプリングスティーンの「マイ・ホームタウン」（1983）は，その典型的な例である．この作品は主人公の少年期，高校生期，青年期，壮年初期と，四つの時代にわたり，彼自身の目を通した故郷の情景と愛着を綴っている．主人公が8歳の時，父親は彼を膝に乗せて車を運転し，彼にハンドルを握らせて町をめぐりながら誇らしげに，「よく見ておけよ．これがおまえの故郷だ」と言った．父親の悠然とした態度から，当時の町の活況が想像される．だがその町は，彼が成長するにつれて次第にさびれ，荒れていく．にぎやかだった大通りの店は次々に扉を閉ざし，多くの人びとが働いていた紡績工場も閉鎖される．ひょっとするとここは昔，彼の父が働いていた所だったのかもしれない．歌の最終部で，冒頭部の父と同じ年代に達した主人公は，この町を捨てて南部に移る決意をし，ある晩，かつて父が自分にそうしてくれたように息子を膝に乗せて車を運転し，父が自分に言った，その同じ言葉を息子に言う．だが，そこにあるのは，「歴史は繰り返す」という深い感慨ではなく，4半世紀の歳月がアメリカの小さな工業都市に与えた荒廃の現実と，それをどうすることもできない無念さである．「マイ・ホームタウン」が示すのは紛れもなく，グローバリゼーションの負の影響である．大手製造業が経費節減のため工場を発展途上国に移し，その結果，先進国の労働者が大量に仕事を失ったり，あるいは，郊外に巨大なショッピ

グセンターが出現したため従来の小売商店が一斉に客を奪われ，閉店を余儀なくされたりする現象が，1980年代初頭においてすでに顕在化していたことを，この歌は証言している．

「マイ・ホームタウン」を音楽史上の名作にした最大の要因は，単刀直入な詞と，スプリングスティーンの泥くさい歌唱も含め，これがロックンロールとしてつくられたという事実である．ゴスペル・ミュージック，ブルース，カントリー・ミュージックなどの根源(ルーツ)から連綿と受け継がれる，救いを求め，自己を問いただそうとする強い動機と表現方法が，この作品に強烈な説得力を与えている．タイム・ライフ社が編纂した大作『ザ・ヒストリー・オブ・ロックンロール』の中で，音楽プロデューサーとして著名なクインシー・ジョーンズは，こう語っている．「電波の影響力はとても大きい．ベルリンの壁もペレストロイカもさ．人びとに現状を知らせたんだ．情報を伝えたのは，ビデオや映画や音楽などだ．それらが人びとを動かした．変革が壁を倒したんだ．インターポールでもCIAでもできない事を，音楽とビデオと情報がやってのけた．」ジョーンズはここで「音楽」という表現を使っているが，彼の言葉はロックンロールの定義としてまことに適切である．

注
1) 音が作り出す風景（英語でSoundscape）という考え方を提唱したカナダの作曲家R.マリー・シェーファーの『世界の調律　サウンドスケープとは何か』（鳥越けい子ほか訳，平凡社，2006年）および『サウンド・エデュケーション』（鳥越けい子ほか訳，春秋社，2009年），鳥越けい子『サウンドスケープ　その理論と実践』（鹿島出版会，2009年）および『サウンドスケープの詩学　実践編』（春秋社，2008年），中川真『平安京　音の宇宙　サウンドスケープへの旅』（平凡社，2004年）を参照．
2) *The History of Rock'n'Roll*（ワーナー・ホーム・ビデオ／Time-Life Video & Television and Warner Brothers Domestic Television Distribution, 1995）．なお，本出典から本文に引用される音楽関係者の発言は，別に明示のない場合はすべて出典中の翻訳による．

# 第4章

*Global Topics*
# 衣・食・住

## ヨーロッパ

### はじめに――日本の衣・食・住の西欧化

　日本の明治以降のいわゆる近代化において，衣・食・住という人間生活の基盤を構成する要素を西欧化することが，西欧列強と肩を並べることのできる「強く」，「豊かな」国民国家をつくるための重要な条件のひとつとされた．重要な交渉相手である西欧人エリートが慣れ親しんでいる西欧風の居住空間をつくること，交渉の場において彼らから見て尊厳に値し，快適に感じられる服装を取り入れること，彼らの舌に合う西欧風の食事を用意することから始まり，さらにそれが学校教育や軍隊などの組織を通して次第に庶民へと広がっていったが，20世紀以降その動きはさらに加速し，結果として今日ではそれらが西欧起源であることすら忘れられるほどに一般化している．以下では，ヨーロッパの衣・食・住について，幾つかの具体的な例を挙げながら日本との関わりにおいて考えてみたい．

### （1）「洋」服の変容

　現代の日本において，大部分の人がいわゆる洋服，つまり西欧式の衣服を身にまとって生活している．日本に限らず，または現代に限らず，一般に社会生活において人間は本人が望もうが望むまいがまずは外見，特に身につけている衣服によって品定めされる．つまりはその人間がその社会の中でどの場所に「配属」されている人間なのかが判断されてしまう．

　日本の近代化において，洋服を着用するということは，そうした近代化路線の中でしかるべき地位を占めることを意味したし，また洋服の制服を着るということはそうした近代の諸制度の中で模範的なメンバーであることを示すものであった．

　もちろん，西欧人の体格や体形，生活様式や行動様式と密接に結びついた衣服を一般的な日本人にそのままあてはめることは容易でなく，そのため洋服の普及に関わった人びとが多くの苦労と工夫を重ねてきたことは，近代日本の衣服の歴史を紐解けばよくわかるだろう．

「近代化」に対する，そして「西欧」に対するコンプレックスがある程度おさまった後，威厳，便利さ，快適さといった視点とは別に日本の独自の生活環境や美的感覚に合った形でデザインされ着用される「洋」服が多く現れた．その中にはヨーロッパならば審美的もしくは社会通念的な観点から着用するのが憚られるようなもの，もしくはそれを着用すること自身がある種の強烈な反社会的メッセージを持ってしまうものもあるが，そうした感覚や通念を共有しない日本人，特に若い世代にとっては何のコンプレックスもなく着用できるのである．

近年ヨーロッパでも注目されている日本のロリータ・ファッションなども，良くも悪くも日本における「洋」服の歩みのひとつの興味深い例であって，ヨーロッパ発の素材やデザインを組合せたものではあるが，ヨーロッパの人びとの想像を超える独自の境地を築いているといえる．ただ，それらの服はヨーロッパにおいては，日本好きの人びとが集まるイベント会場やごく限られたロリータ・ファッション愛好者の周辺では着用可能でも，それ以外の場では社会的および審美的観点において多くの抵抗を受けるだろうし，「日本発」という話題性抜きではメディアの注目を集めることも，商業的成功も得ることも難しいだろう．

ヨーロッパでは，子どもと大人の境界線を危うく感じさせるファッションに対する抵抗感が日本に比べはるかに強いことに加え，かつてのヨーロッパの，いくらか性的な関係も含む主従関係を暗示せずにはおかない衣服様式を，その文脈から切り離してひとつの新しいスタイルとして見ることは「本場」ヨーロッパではなかなか難しいということがいえる．しかしそのことが日本におけるロリータ・ファッションの隆盛やその繊細な進化を妨げることはない．逆にそうした衣服が氾濫する日本の状況に慣れた目でヨーロッパの若者の衣服環境を見ると，極めて地味で保守的な印象を受ける．

ロリータ・ファッションは，「衣」における日本とヨーロッパの感覚のズレを良く示すとともに，モノの移動が相互にもたらす独特の変容の姿をよく映し出しているといえよう．

### （2）グローバル時代のパン

ヨーロッパの主食はパンである．その素材や形，製法はきわめて多様であるが，パンはパンであり，それが主食であるという人びとの認識は変わらない．近年は日本食などの流行もあり，米の消費もかつてより増え，また若者はパスタを食べることも多いから，パンの消費量は相対的に減少傾向にあるものの，パン以外のものが主食となることは極めて難しいであろう．逆に日本においては，至る所にパン屋があり，さまざまなパンが売られ，米の消費量がかつてに比べ大幅に減少しているものの，パンが米を押しのけて主食になることもまずしばらくはないであろう．

2012年3月にフランスのパリで「パン職人のワールドカップ」(la Coupe du monde de la boulangerie) が行われ，日本のパン職人のチームが金メダルを獲得した．そのレベルの高さはさまざまな機会で証明済みであったものの，今回本場フランス・チームを凌ぐ高評価を得て，堂々の一位となった．そしてこのニュースが日本で報道された際，「日本は世界で一番おいしいパンが食べられる国なんですね」というようなコメントが多くなされた．

確かに，日本には優れたパン技術をもつ職人が少なからずおり，京都に限ってもフランス人をう

ならせるようなバゲットやクロワッサンを作っている店は幾つかあり，またフランス風のパンのみならずドイツ風の本格的なパンを作る店もあり，それらのパンは本国のものと比べて遜色のないものである．

しかしながら，そうした本格的なパンをどのようにして人びとは食べるのであろうか．多くの日本人にとって一日の中で一番重要な食事は夕食であろうが，その夕食の主食としてパンを食べる日本人がそもそもどれくらいいるのであろうか？　それほど多くはなかろう．こうした本格的なパンの存在は，やはりパンといえば朝食にトーストして食べる食パン，昼食もしくは軽食として食べるサンドイッチ，おやつとして食べる菓子パンという日本の「パン文化」をそれほど大きく変えるとは思われないし，無理して変える必要もないだろう．パンを主食とするヨーロッパの多くの人びとが違和感をもつ「もち」のようなパン，やわらかいパン，甘いパンはこれからも日本では一番好まれるだろうし，それには日本における一般の食生活全体のあり方が深く関わっているゆえ，それらを「本当のパンではない」といったところであまり意味はなかろう．世界で最もおいしいパンが食べられる日本．でもその「パン」には，どこかよそよそしい響きが伴うのである．

一方フランスでは，食生活の多様化によって，パンの消費量が減り続けており，「パンをもっと食べよう」という宣伝がしばしば見られる程である．またかつての高カロリーの食生活を反省し，より健康的な食をということで，日本やその他のアジアの国々の米を使った料理も盛んに紹介され，たとえば手巻き寿司などは一般の家庭向けの料理本にも登場している．しかし，そうした外来の新しい料理の攻勢によって，パンの地位はどれくらい変化したのであろうか．

日本においてパンが米を押しのけて主食の筆頭の座を獲得するのが難しいように，フランスにおいても，食生活全体がパン文化とあまりに密接に関わっているため，今後パン以外のものが主食の中心となる可能性はあまりないであろう．そして米はパスタや野菜などと同じく肉や魚などのメインディッシュの「付け合わせ」であるとの感覚も根強く残り，それは今後も容易に変わることはないだろう．また，確かにパンの消費量はかつてに比べかなり落ちたが，食生活が多様化する中で，より質の高いパンを求める傾向が生じている．つまりパンを食べるなら，工場で大量生産されるパンではなく，昔ながらの素材による職人の手作りのパンを大切にする雰囲気が生まれているのである．これは食のグローバル化が，逆に伝統的な食の見直しとその質の向上につながっていくケースと言えようか．

### （3）快適な住環境をめぐって

ヨーロッパにおける住環境は一般に日本よりも優れている，ということはよく言われてきた．かつて日本人の多くは木と「紙」でできた貧弱な家に住んでいるとか，狭い居住空間が隙間なく並んだ「うさぎ小屋」のような集合住宅に住んでいると揶揄された時代からは半世紀以上が過ぎ，概してより快適な住環境が実現されてきた，とされる．

ある程度の広がりをもつ庭が付き，家族の一人ひとりに十分な広さの部屋があり，外部の気温変化の影響から居住者を守り，特に冬は暖かく，快適で衛生的そして機能的な一軒家に住むというようなイメージが「豊かさ」を示すとすれば，そうした「快適な」家は一般にヨーロッパの北のほう

に多く見られる．一方ヨーロッパの南の方ではうさぎ小屋とまでは言わないまでも，都市に行けば，狭い空間にごちゃごちゃという居住形態は決して少なくない．当然，居住空間の近代化＝欧米化と言った場合には，どちらかというと北の方の居住形態や住環境一般が理想的なモデルとして取り上げられてきた．

　しかしながら住環境の良し悪しは実は個々の家の居住空間のみを見て判断することはできない．それはその地区全体の，またその市町村全体の設計とも密接な関係がある．人びとが出会い集う場所，助け合い，支え合うための場所を作らずに，個々に快適な家を作るだけでは，決して本来の意味で過ごしやすく快適な生活空間は生まれないであろう．そうした共生のための空間がいかにヨーロッパの各地域において考えられているのか，いないのか，そしてそれは日本においてはどういう空間として実現可能なのか，といったことが考えられて初めて快適な住環境なるものが口にできるのである．

　テレビや雑誌などで好んで紹介される，パリの比較的裕福で優雅な地区のおしゃれな住宅に憧れを抱く人は少なくない．実際そうした地区を訪れ，美しく整えられた建物を眺めて歩くのは楽しいものだが，逆にそのような地域を外れ，比較的貧しい地区に一歩足を踏み込むと，そこには低所得者用住宅が広がり，どことなく薄汚れ，快適な住空間を思わせるものはあまりない．

　しかし旅行者が素敵だ，おしゃれだ，快適そうだ，と感じる地区や住居を，実際その都市に住むさまざまな住民の立場から眺めた場合にはより複雑な反応が見られよう．それを理解するためには，「幸せ」で「豊か」な一部の住人が仕切る居住空間と，そうした生活を手に入れることができない人びとの居住空間の間にどのくらいの差異があるのかを観察することも必要であろう．その際忘れてはならないのは，快適な居住空間の内部で生活を送る人にとっては外の世界から押し寄せて来る人やモノから自らの小さな幸せを守る当然の権利をささやかに主張しているだけの柵や壁が，外部から流れてきた人にとっては，こころの壁を象徴するかのようにそそり立つ，冷たい城壁と感じられることもあるということである．

　ヨーロッパのさまざまな住宅や街並みを観察する時，そこに日本と比較してある種の美しさもしくは汚さを発見したとしても，それがその地区，町，都市の生活，人びとやモノの動きといかに関わっているかを丁寧に見つめ，その意味を考えることが大切である．

## アジア・太平洋

### はじめに

　服装とは自己表現であり，時には宗教的，政治的信念の表出である．中国近代史は常に激動の二文字とともにあるが，人びとのファッションもまた激しく変化してきた．21世紀の服装を始めとしたファッション変化の意味を知るためには，近代中国の服装変化の概略を知っておく必要がある．

## (1) 中山装──政治のファッション

辛亥革命の指導者孫文が創始したといわれる服装がある．中国では孫文の号中山をとって中山装と言う．この中山装は蔣介石を始め，中国歴代の指導者の愛用するところとなり，中華人民共和国建国後は，一般大衆の間にも広がり国民服と言えるものになった．欧米国際社会の標準衣装たる背広ではなく，中山装が国民服となったのは，それがきわめて政治的な衣装だったからである．まず，中山装には王朝体制と決別し，新時代を開拓する意味がこめられていた．それは清朝時代に男性の標準であった長袍馬掛（旧時代の象徴）と西洋の主流であった背広（新時代の象徴）を仲立ちする服装として制定されたのである．中山装は上着前面に四つの蓋つきポケットを備え，これらは実用性とともに，四維（国家の四つの柱）「礼・義・廉・恥」を象徴するものとされた．また，前身ごろの五つボタンは，中華民国が行政，立法，司法，考試，監察の五権分立制度を採用することの象徴としての意味を持ち，袖の三つボタンは，民族，民権，民生の三民主義を表すものとされた．中山装はその実用的デザイン性のよさのみならず，このような政治的意味を付与されていたがために，まず急速に政治指導者，官僚たちの間に広まり，次第に一般市民の中にも浸透していったのである．

中山装姿の孫文
出所：『孫中山全集』第二巻，中華書局，1982年．

デザインにも意味がある中山装
出所：昵図网．

## (2) 社会主義下の最新流行

中華人民共和国となってからは，中山装のほかに灰色の「幹部服」と呼ばれる服装も現れた．これは中山装の簡略版とでも言うべきものだが，やはり革命の象徴としての服装である．それ故，社会主義体制下にあっては，中山装同様あるいはそれ以上の政治的意味をもっていたのである．かつての長袍馬掛は着られなくなり，女性も旗袍（日本でチャイナ・ドレスとして知られるもの）はおろかスカートすらはかず，季節を問わずズボン姿であった．このように書くと，まるで流行の服装などなかったかのようだが，共和国成立当初，女性の間に流行したファッションがある．それを「列寧装」（レーニン服）と言う．レーニン服とは，ロシア十月革命の際に指導者レーニンが愛用したスタイルを真似たものである．これがなぜ男性ではなく女性の間に流行したのかは詳らかでないが，世界共産革命の指導者のスタイルが，その一翼たる社会主義中国の人びとに一種の憧れをもって受け入れられたことは間違いない．幹部服にせよレーニン服にせよ，50年代の中国の服装はスタイルも限られ，色彩も灰や黒，濃紺ばかりで，服装だけではほとんど男女の見分けもつかなかった．鮮やかな色調は，「反革命」と見なされたからである．ところが，50年代末になり，突如「布拉吉」（ワン・ピース）が流行する．中国人の服装が革命的「質朴剛健」さを強調し過ぎて，繁栄へと向かうべき

社会主義国のイメージにそぐわないとして，女性たちは華やかな服装を着るべきだとされたからである．そう要求したのは，実はソ連の指導者たちだったから，レーニン服同様，流行のワン・ピースさえも政治の表現だったわけである．それがために中ソ関係が悪くなるとワン・ピースは廃れ，「布拉吉」の語も人びとの口に上らなくなってしまうのだ．

　60年代に入っても，中国のファッションは政治と一体だった．客が自分の好みにあったスタイルの衣服を注文制作しようものなら，「奇装異服」（奇抜な服装）と店側は拒絶し，時には客を批判までしたのである．理由はさまざまにつけられたが，要するに階級闘争を持続し，ブルジョア階級を殲滅するためである．たとえどんなに小さな芽であっても，ブルジョア階級の文化につながるような芽は摘まれなければならなかった．そしていよいよ1966年から文化大革命に突入する．社会は革命闘争一色となり，男女ともに軍装を基本とした．紅衛兵と呼ばれた若者たちの服装は，軍服に軍帽，腰は服の上からベルトを締め，足は解放靴，女の子も髪を短く切り，せいぜいが二本のお下げにするくらいだったが，それが最も流行の革命的なファッションだったのである．伝統の旗袍や華やかな洋服は封建思想，ブルジョア意識の現われと見なされて批判打倒の対象でしかなかったのだ．

紅衛兵たち：お下げ髪から女の子だとわかるが，それ以外はまるで一緒
出所：『中国文化大革命博物館』下巻，柏書房，1996年．

### （3）人間性の解放としてのファッション

　10年間にわたる文化大革命の終結とともに政治とファッションの蜜月もようやく終わりの時を迎える．1978年，鄧小平の改革開放路線が始まると，人びとの服装はすぐさま新しい変化を見せた．それまでの政治思想の表現としての服装から自由な自己表現としての服装へと渇を癒すかのように劇的に変化していくのだ．

　1980年，画期的なイベントが上海で催された．上海時装公司による中国最初のファッション・ショーである．モデルはアマチュアの紡績工だったのだけれども，12人の女性モデルと七人の男性モデルによるショーは全国的な反響を呼び起こした．85年には，これも中国史上初の美男・美女コンテスト（青春美コンテスト）が広州で開催されるに至る．それは広州市共産主義青年団が「二つの文明建設（社会主義の物質文明と社会主義の精神文明）」と「五講

初めてのファッション・ショー
出所：新浪網[2]．

第 I 部　グローバル・トピックス

第1回「青春美」コンテスト第一次審査
出所：新浪網.

「四美三熱愛」（五つの追求〈文明，礼貌，衛生，秩序，道徳〉，四つの美〈心霊，言語，行為，環境〉，三つの熱愛〈祖国，社会主義，中国共産党〉）のスローガン普及のためのイベントとして企画したものである．そのため候補者は容貌だけでなく，政治，時事，文学，歴史，哲学から数学，化学までの筆記試験の成績も評価対象とされた．では，肝心の容貌への配点と言えば，わずか15％にすぎなかったのである．政治運動と抱き合わせのコンテストではあり，保守層からの非難の声も凄まじく開催には紆余曲折を経たとはいえ，公に美を追求表現できる突破口を開いたという点でその意義は大きい．当時の中国にあってはファッション・ショーもミス・コンテストもたんなる娯楽などではない．それは久しく政治に抑圧されてきた人間性の解放だった．美を追求し自分の個性を表現したいという人間の根源的な欲求を充足する自由を人びとは獲得したのである．

### （4）グローバル化と中国ファッション

改革開放とは一口に言えば，中国が西側欧米の経験に学ぶことだったから，ファッションの面でも欧米化は不可避であった．80年代，共産党指導部もかつての中山装ではなく，次第に背広を着用するようになったのは，国際社会の一員としてのイメージを演出するために，欧米の標準的スタイルの採用が不可欠だったからである．

ではグローバル化の中で中国ファッションはたんに欧米化しただけなのだろうか．中国においてはグローバル化と伝統文化への回帰とは決して矛盾した現象ではない．むしろグローバル化すればするほど，中国の伝統を重視し，それを新しい形で世界へ向けて発信することに熱心となるように思われる．

伝統衣装を新しいファッションとして世界に提示したのは，なんと共産党政府であった．2001年の上海で開催されたAPECの記念撮影で，各国首脳が身に着けたのは，「新唐装」と称される服装である．これは清代男性の標準スタイルだった馬掛を基本デザインとし，それを現代的にアレンジしたものだ．数十年前まで，封建思想の象徴として厳しく排斥した服装を，当の共産党政府が中国発のファッションとして国際的桧舞台で発表したわけである．西洋の背広を着るようになった中国が，西洋の指導者たちに自らの服装を着せ

新唐装姿のアメリカ・ブッシュ大統領と中国・江沢民主席
出所：鳳凰網.

たことに，ある種の皮肉な意図を見出すこともできようが，それよりも文化資産を発掘し，グローバル化世界に中国的貢献を果たす意志を表したものと見ることができよう．

　同様にかつては排斥されながら，近時中国国内外で復権著しいのは旗袍（チャイナ・ドレス）である．改革開放後の中国で旗袍熱に火を点けたのは，香港の王家衛監督の映画『花様年華』で主演をつとめた張曼玉の旗袍姿であるが，それ以前から旗袍は世界に通じるファッションとして，現代風にアレンジが行われてきた．その草分けは香港のデビッド・タンによって設立されたブランド「上海灘」で，旗袍だけでなく，上品で洗練された中国趣味の製品を世界に向けて提供し続けている．また，上海のブランド「ANNABEL LEE SHANGHAI」は「中国の伝統文化を愛し，その継承と新たな発展を目指す世界各地の人びとによって創り出された新しいコンセプトのブランド」であり，「中国各地に伝わる優れた素材や意匠，技法を生かしつつ，現代的な感覚を大胆に取り入れ，高品質なコレクションを提供し……一方で過度の芸術性に偏ることなく，商品の実用性を重視し，世界の人びとに中国の香りあふれる生活を提案するブランドを目指して」いる[5]．彼らのデザイナーは中国人だけでなく，欧米人，日本人も参加しているといい，グローバル化する中国ファッションのひとつの典型と言ってよい．

　中国ファッション界はもちろん伝統回帰してばかりいるわけではなく，北京コレクションを見れば一目瞭然，続々と新しい才能が生まれ，多様なファッションを創造している．多くの若手デザイナーが誕生するのは，まだまだ市場があり，高級服を購入できる層も多いことが大きな原因だ．マッキンゼー・アンド・カンパニーは2009年，中国の富裕層（世帯年収25万元以上）が2015年に400万世帯を超えると発表した．しかも，先進国富裕層の平均年齢が50歳なのに対して，中国の富裕層の平均は40歳なのである．しかも改革開放後に物心ついた彼らは，個性の自由な表現としてのファッションに強い関心を持っている．世界的に活動する機会も多く，自然，スーツなどのメンズ・ファッションにおいても自らのステータスに応じたものを求め，国際舞台で自らの趣味の高さを示せるものを必要としている．それに応じて，中国の大都市部では，完全カスタム・メイドの高級紳士服店が開業するまでになっているのである．

## アメリカ

### （1）消費文化としての衣・食・住

　アメリカ人の衣・食・住において，グローバリゼーションともっとも密接に関連した例をそれぞれ挙げるとすれば，ジーンズ，ハンバーガー，プレハブ郊外住宅であろう．本章で扱う「衣・食・住」とは国民の消費文化全般を指すと考えてよいが，これら3分野は日常生活における消費行為のもっとも基本的な要素なので，そこに顕現する生活上の特徴や商品の独自性を調べることにより，アメリカの消費文化をある程度立体的にとらえることが可能であろう．本章では衣・食・住の各分野を代表するブランドとして，リーヴァイズ（日本では通常「リーバイス」と表記），マクドナルド，レヴィットハウス（レヴィットタウン）を取り上げる．興味深いことに，これらの商品はみな，それは

ど新しいものではない．リーヴァイズのパンツが最初に特許を与えられたのは1873年であり，マクドナルド・ハンバーガーの誕生は1948年，レヴィットハウスのそれは1949年である．半世紀から一世紀以上も前に生まれた商品が現代のグローバリゼーションと直結する背景を理解するには，20世紀のアメリカ社会と消費文化の歴史を見なければならない．その視点に立って，上記3商品の誕生と発展の様子を検証していくことにする．

### （2）リーヴァイズ

ジーンズの最大ブランドであるリーヴァイズの名は，初代経営者のリーヴァイ・ストラウスに由来する．今日のジーンズの原型となる，合わせ目やポケットを鋲で強化した丈夫な布地の作業ズボンは，ジェイコブ・デイヴィスとリーヴァイ・ストラウスというふたりのユダヤ系移民の合作によって誕生した．この特殊なズボン誕生の背景には，西へ西へと辺境(フロンティア)を押し広げて開拓していった農民やカウボーイによる需要に加え，19世紀半ばのゴールドラッシュによる巨大な需要があった．1848年にカリフォルニアの河床で砂金が見つかると，翌年には一攫千金を狙う約8万人の荒くれ者が全国から殺到し，小さな田舎町だったサンフランシスコの人口は急増した[6]．砂金掘りたちは争って河床を掘り，金を含んでいそうな石を集めたが，時には石をポケットにそのまま押し込んだりしたので，破れにくい頑丈なズボンは彼らの必需品となった．当時，仕立て職人だったデイヴィスは衣料商のストラウスと協力し，錆びに強い銅で要所を鋲打ちした丈夫な作業ズボンを考案し，特許を得た．リーヴァイズ・ジーンズの誕生である．ただし，当初の主な素材は幌や帆に用いるキャンバス地であり，製品の名称も「パンタルーンズ」あるいは「ウェスト・ハイ・オーヴァーオールズ」であった．リーヴァイズが「ジーンズ」の名を採用したのは，1955年のことである．

リーヴァイズの作業ズボンは，飛ぶように売れた．主要な生地にデニムが使われるようになり，また染色も当初の茶色から藍（インディゴ）に変えることで，殺菌効果も生まれた．こうした工夫に基づく実用性と信頼性が売上げに貢献したことは，確かである．だがそれと同時に，西部開拓という国民的大義との結びつきから生まれる象徴的価値が，リーヴァイズの成功をさらに拡大させた可能性も，十分に考えられる．西部開拓は合衆国民にとって「明白な天命(マニフェスト・デスティニー)」であり，広大な土地を開墾して豊かな恵みを手に入れることは，「アメリカの夢」実現の立派な手段だと考えられていた．そこに一攫千金の野望が絡むことによって，西部を舞台とする国民の集団的な「夢」は，限りなく加熱することになった．こうした状況の中で，リーヴァイズはその夢を実現させるもっとも手近な道具（あるいは制服）として，人びとから大歓迎されたのである．

それから時代を経て，今日のジーンズはずっと着心地がよく，洗練された．だが，第2章でも述べたように，消費者がジーンズに対して抱くイメージには，カウボーイの生きざまや西部開拓の夢，すなわち文化としての「西部」が今なお濃厚に織り込まれており，とりわけ他国民がアメリカの典型的製品としてジーンズを見る時に，その傾向はいっそう高まる．リーヴァイズは，世界の人びとのこうした感覚を最大限に利用している．

## （3）マクドナルド

　アメリカを自動車で旅する時，日本人が否応なく気づかされる，両国間の大きな違いがある．広大な国土がもたらす圧倒的感覚はもちろんそのひとつだが，それに加えて，長距離ドライブそのものが，日本でのそれに較べて極端なほど単調なのである．州をまたいで延々と続く高速道路の直線性も，確かに一因である．だがそれ以上に大きな要因となっているのが，ドライブインや休憩区域における食事施設の画一性である．アメリカにおいても，山岳地，丘陵地，平原，森林，河川や湖沼，海岸など，走る場所によって景色は変化する．だが，そうした風景がつくり出す土地土地の印象は，レストランで出されるメニューの，いつもとまったく変わらない色，形，大きさ，味，食感などによって，輪郭をぼかされ，場合によっては感覚の外に追いやられる．そして，こうした画一性の中心に堂々と座を占めているのが必ず，マクドナルドのハンバーガーなのである．

　マクドナルドは，多くの研究者が指摘しているように，高度にマニュアル化された製法とサービスによって，迅速さ，品質，価格の妥当性を高次元で合体させ，大成功を収めた，ファストフードの王者である．この尺度から見れば，同じハンバーガーのライバル会社をはじめ，フライドチキンやサンドイッチなどのチェーンはすべて，マクドナルドの亜流と見なしてよい．アメリカの典型的ファストフードとして唯一，ハンバーガーに対抗する存在はホットドッグである．ホットドッグは地域によって味，形態，呼称が大きく異なり，各地域の「ご当地自慢食」の地位を維持している．その点で，全国的規模，さらには全世界的規模で画一的に提供されるハンバーガーとは，本質的に別の食物である．

　マクドナルドは，ホットドッグと正反対の方法を採ることによってアメリカ全土に浸透し，遂には世界を征服した．2012年8月現在で，世界119カ国に展開する店舗総数は3万3000以上という，[7]驚異的な数字に達している．世界中の人びとがマクドナルドに求めるものは，特別な「ご当地バージョン」を除けば，常に同じ味と品質を低価格で，しかも短時間に提供してくれる安定性であり，それを可能にする清潔で近代的な技術と，それらの根底にある（はずの）アメリカ的民主主義である．世界の人びとはマクドナルドのハンバーガーを食べることで，「豊かで自由な先進国アメリカ」を「体験」するのである．マクドナルドの製法やサービスに顕著な，合理性を徹底的に追求した機械的方法は，一方で現代文明に特有の物質性と非人間性を助長し，現代人の健康と文化にさまざまな弊害を与える結果を招くことにもなったが，20世紀後半以降，加速を続けるグローバリゼーションの中で，この種の高度にマニュアル化した事業は多くの分野を支配し，われわれの生活文化において抗しがたい強力な流れを形成している．

## （4）レヴィットハウス（レヴィットタウン）

　レヴィットハウスは現在，世界各地で増え続けるプレハブ住宅の元祖であり，レヴィットタウンはその集合による地域社会，すなわちニュータウンの元祖である．誕生したのは第二次世界大戦後の1949年である．創始者のウィリアム・レヴィットは，戦地で応急兵舎や飛行場などを建設した経験を生かし，終戦後，大量の復員兵が結婚して家庭を築くための家を安く大量生産しようと考えた．レヴィットの計画は大当たりし，販売事務所にはたちまち長蛇の列が押し寄せた．

レヴィットは，フォードが自動車産業で行ったことを住宅に応用した．違いは，自動車では製品が工場内をベルト・コンベアーに乗って運ばれる過程で，各々の持ち場にいる工具によって組み立てられたのに対し，住宅の場合は製品が地面に固定され，人間の方が動いて組み立てていくことだった．フォードが最初の大量生産モデル「Ｔ型」を世に出したのは1908年だが，その後40年間，家のように巨大で，伝統的に職人気質（かたぎ）によってつくられる「製品」にフォード方式を適用することを考えた人間は，レヴィット以前にひとりもいなかった．彼は国内のあちこちに広大な土地を買い，そこに住宅だけでなく，学校を建て，また教会も誘致した．こうして彼は，それまで畑や森だった土地に一大コミュニティをつくり上げたのである．

レヴィットタウンに関して特筆すべき点は，これがその後の合衆国民の生活様式を根本的に変えたことである．郊外化は以前からすでに認められた現象だったが，それが全国規模で大展開する契機となったのがレヴィットタウンだったのである．ハルバースタムによれば，第１期のレヴィットタウンには１万7000戸の住宅が建設され，８万2000人が移り住んだ．結局，1945年からの15年間に1900万世帯が郊外住宅を購入し，1950年代中期には１日に4000世帯が郊外に転居したのである．[8]

広々として清潔な郊外住宅それ自体には，多くの長所がある．だが，自動車やハンバーガー同様に規格化された家が集合してできた社会は，画一性に支配される．日々の買い物においても，近傍に建てられた巨大なショッピングセンター（モール）に車で行くという形が定着し，ここでもまた画一化が進行する．こうして，ルイス・マンフォードが「同じ階層，同じ収入，同じ年齢層の人びとが住み，同じテレビ番組を見，同じ冷蔵庫から，同じ味気ない冷凍食品を出して食べ，外観も内面も同じ地方都市で造られた共通の鋳型にはめこまれている」と酷評した郊外文化が形成されたのである．[9]アメリカにおける郊外化は1980年代以後は勢いがおとろえ，現在は落ち着いている．だがその一方で，生活の規格化とショッピングセンター依存の「郊外文化」は，加速的に勢いを増し，世界に拡張している．日本における最近のショッピングセンター建設ラッシュと，人びとの異常ともいえる殺到は，その象徴的な例であろう．上述のマンフォードの定義は極端ではあるが，生活文化が大きく変わりつつある，その流れのただ中で暮らすわれわれにとって，貴重な警鐘となっていることは確かである．

注

1）http://www.nipic.com/show/3/17/4f4d3410372c3fe1.html
2）http://eladies.sina.com.cn/news/p/2008/1203/1119799804.shtml
3）http://eladies.sina.com.cn/news/p/2008/1203/1052799774.shtml
4）http://news.ifeng.com/photo/detail_2011_11/14/10649018_1.shtml
5）http://www.annabel-lee.com/jp/about/about02.html.
6）1849年に砂金を求めて全国からサンフランシスコに殺到した荒くれ者は「フォーティーナイナー（49er）」と呼ばれた．プロ・フットボール・リーグ（NFL）の「サンフランシスコ・フォーティーナイナーズ」は，この歴史的呼称にちなんで付けられた名称であり，選手がかぶるヘルメットの金色は砂金の象徴である．
7）http://www.mcdonalds.com.

8）D.ハルバースタム（金子宣子訳）『ザ・フィフティーズ』（新潮社，1997年）.
9）同書.

# 第5章

## Global Topics
## 信仰・思想

## ヨーロッパ

### はじめに——ヨーロッパのキリスト教の多様性

ヨーロッパというとまずはキリスト教であると考える人が多いだろうが，そもそもヨーロッパの地においてキリスト教が導入された後，主導的で安定した地位を築くまで実に長い年月がかかっているし，またキリスト教が中心的な宗教としての地位を築いた後もさまざまな内部的対立がおこり，数多くの宗派，会派を作り出して現在に至っている．

主要なものだけでも，まずはローマ教会を頂点とし，教皇の権威の下ヨーロッパの西のラテン語圏を中心に展開してきたカトリックがあり，さらにヨーロッパの東の地域，主に旧東ローマ帝国のギリシア語圏を中心に発展し，後にはブルガリア，ロシアなどをはじめとする一部のスラブ語圏に展開して現代に至る正教の諸教会，16世紀に教会の改革をめぐってカトリックと袂を分かち，独自の道を歩むことになったプロテスタント諸派やイギリス国教会などがある．このようにヨーロッパのキリスト教といっても一枚岩ではないことを意識することが重要である．

また宗教の問題を考える上で，その宗教や宗派がどういう教えを持っているか，何を勧め，何を禁じているかについて知ることはもちろん重要であるが，そうした教義のリスト，信仰箇条を幾つ並べても，それだけでは地域の理解にはつながらない．ひとつの信仰箇条を共有するといってもその仕方はさまざまであり，やはり基本的にはその共同体で昔から敬われ，地域の環境と結びついた形でさまざまな儀式や習慣として根付いているものこそが観察の重要な対象になるのである．

### (1) ヨーロッパと三つの一神教

さらに歴史的に見れば，ヨーロッパのキリスト教の歩みは，同じ一神教であるユダヤ教そしてイスラームと極めて密接に結びついている．ヨーロッパのキリスト教があたかも自立的に形成され発展してきたもののように考える限り，現代における宗教をめぐるさまざまな問題を的確に捉えることは難しいだろう．

この三つの宗教の対立とその解決をめぐって，古くから語り伝えられた話として，三つの指輪の物語というのがある．三つの一神教の間の行き来が頻繁であった地中海世界では古くから共有されていたテーマであり，さまざまなヴァリエーションがあるが，最も有名なのは14世紀のイタリアの優れた学者で作家であったボッカッチョが『デカメロン』という作品の中に登場させているものであり，その内容は次のようなものである．

バビロニアの皇帝サラディンは，金策に困り，アレクサンドリアで高利貸業を営むユダヤ人メルキセデクから，力を使わずに金を借りようとして，意地の悪い質問をする．学識があり知恵者と評判のメルキセデクなら，ユダヤ教，イスラーム，キリスト教の三つの教法の中で何れが真実の教えかを言うことができるだろう，と．

サラディンの仕掛けた罠に気付いたメルキセデクは次のような喩え話によって答える．昔，あるお金持ちの男がおり，その莫大な財産の中にとりわけ高価で美しい指輪があったので，彼はそれを自らの家系の誇りとし，子孫代々引き継いでいくこと，その指輪を譲り受けた者こそが正統の相続人となり，他の者たちから家長としての尊敬と奉仕を受けるべきことを命じた．こうして指輪は子孫によって引き継がれ，最後にその家系のある男の手に渡った．さて，その男には三人の息子があり，三人とも勇敢で忠実であり，父としてその三人を同じように愛していた．息子達は皆，家に伝わる貴重な指輪の由来を知っていたので，父親にその指輪を自分に引き継いでくれるようそれぞれ懇願した．息子三人を同じように愛していた父親は，三人を同じように満足させるために，秘かに腕のいい細工師に頼んで例の指輪と全くそっくりなものを二つ作らせた．それらはあまりにも素晴らしい出来栄えで，頼んだ本人すら見わけがつかなくなるほどであった．死に臨んで，男は三人の息子を別々に呼び，それぞれに秘かにひとつずつその指輪を与えた．さて，父親の死後，三人の息子は相続権と家長権を得るために，互いに相手を否定し，証拠として父親から授かった指輪を持ちだして見せた．ところがそれらの指輪はどれも全く同じであり，どれが本物なのか誰にも見わけがつかなかった．結局誰が父親の本当の相続人であるかの問題は残り，現在に至るまで決着がついていない．

ここでメルキセデクは結論を述べる．父なる神から与えられた三つの教法についても，同様のことが言える．各々が相続権，真の律法，真の戒律を持っていると主張するが，そのうちの誰が実際にそれを持っているかについては指輪と同様，未解決であると．

メルキセデクの見事な返答に感心したサラディンは，罠をかけることは止め，率直に金を無心することにした．メルキセデクの方も進んで用立てしたので，サラディンは後に全額を返済するとともに，彼を友人として遇し，高い地位と名誉を与えたという．

この話は，三人の兄弟とも言える一神教がそれぞれ自らの正統性をめぐって争うことの愚かさを指摘し，宗教的寛容を説く逸話として引き合いに出されるが，この話が含むものはそれだけであろうか．この話は必ずしも解決を提示しているのではなく，むしろこの先ずっと抱えていかなければならない問題の困難性，つまり三つの指輪のどれが正しいか分からないということ，少なくとも当事者たちによっては永遠に解けないということの重みと，それに対処するためのよき知恵の得難さを示しているともいえる．

### （2）フランス革命と「政教分離」

　18世紀末に起こったフランス革命は，その後の近代ヨーロッパの歩みを決定づける大事件であった．この革命によって絶対王政が倒されただけでなく，その抑圧的なシステムを長い間支えてきた勢力として教会もまた厳しい批判の対象となった．それをきっかけに市民による民主的な政治の領域と宗教の領域をはっきりと分け，公共の空間から宗教色を排除しようとする独特の「政教分離」が革命以降のフランスのひとつの重要なアイデンティティとなっていく．つまり，既存宗教勢力の介入なしに共同体の世俗的重要事を決定していく権利を勝ち取ったことが，ヨーロッパの自由な市民社会の出発を示す決定的な要素のひとつであるとされたのである．ところが，これによってキリスト教の評価は低まるどころかむしろその逆で，こうした「政教分離」を一応受け入れ始めたキリスト教こそが本当の自由で人間的な社会にふさわしい「近代的」宗教であり，それに対して，聖俗の分離を認めず，宗教的法規が一般市民の生活のかなりの部分にも及んだままであるイスラームやユダヤ教はより遅れた不完全な宗教だとみなす傾向を一部で生んだのである．

### （3）現代ヨーロッパの新たな問題

　しかし，第二次世界大戦時に未曾有のユダヤ人大虐殺を引き起こし，戦後にはイスラームを信仰する大量の移民を迎えることになったヨーロッパにとって，「近代的」キリスト教やフランス型の「政教分離」だけでは，ユダヤ教やイスラームの信仰を持つ人びとと共生する環境を作ることができないことがますます明らかになってきた．

　それを典型的に示すのが，フランスで頻繁に話題となるムスリム女性のスカーフ着用問題である．「政教分離」の論理からみれば，学校や公官庁などでスカーフを着用することは，公の場で宗教色を前面に出すことにあたり，当然控えるべきでことある．しかし，スカーフ着用を禁止すれば，それは当人にスカーフの着用を命ずる宗教規定の違反を強制することになり，それによって当人の信仰の自由を著しく傷つけることになる．そこで「イスラームは女性蔑視の宗教」だという議論を展開して，宗教としてのイスラームを批判しても解決にはならない．ましてやフランス国籍を持ち，それなりに市民的義務を果たして生活している人に対し，スカーフ着用のみを理由として追放を宣告することなどできない．

　それでは異なる宗教共同体がトラブルを避けるために，棲み分けをし，お互い出来るだけ接触の機会を少なくすれば上手くいくかといえばそうでもない．接触が少なくなることによって対立が減少するどころか，逆に相互理解の機会が失われることでさらに大きく危険な対立を準備することになってしまう可能性もある．これはユダヤ教，キリスト教，イスラームの間の問題だけではなく，ヨーロッパの長い歴史の中で同じキリスト教内の異なる宗派，会派の間でも起こってきたし，これからも起こりうることである．

　トルコのEU加盟の可能性の是非をめぐってなされるさまざまな議論においても，統合の主要な関心事である経済的利益の問題，移民問題，人権問題，EU加盟国のギリシアとの紛争問題の他に，トルコの加盟によってEUにおける宗教と社会の関係にどのような変化がもたらされるかが大きな問題となっている．上でも触れたように，ヨーロッパは歴史的に単独でキリスト教世界として

存在してきたわけではなく，ユダヤ教やイスラームという宗教的な対抗軸があってこそのヨーロッパでありキリスト教世界であった．とりわけ中世から近代に至るまでのキリスト教ヨーロッパの自己意識の形成においては，イスラーム圏である隣国トルコの存在は極めて重要であり，まさにトルコあってこそのヨーロッパであった．

　仮にトルコがEUに統合された場合に，宗教と社会の関係はどのように整理されるのであろうか．宗教面では双方とも可能な限りの歩みよりを見せるのか，それとも徹底的な棲み分けを行うのか，それとも統合は根本的に不可能とされるのか．新たな時代のメルキセデクの知恵が問われている．

## アジア・太平洋

### はじめに

　中国においてグローバル化（中国語で「全球化」）の語が多用されるようになったのは，WTOへの正式加盟交渉が始まってからである．1978年から始まった改革開放政策が経済面の，欧米先進国に倣った改革であり，欧米先進国への開放であるからには，WTO加盟は当然の目標であり帰結であった．ただし，中国政府はやみくもに経済の改革開放を目指したわけではなく，欧米資本主義に伴う価値観の流入に対しては，体制の危機につながりかねないとして常に警戒を怠らず，WTOへの加盟も「機会と挑戦」，つまり利益をもたらすと同時にある種のリスクも伴うものと認識してきた．中国政府にとっては，グローバル化は経済面だけで止めておきたいという思いがあったが，影響の及ぶ範囲を経済面にのみ限ることが不可能なことは，誰の目にも明らかである．それでは，中国はグローバル化にどのように取り組むべきだと考えているのだろうか．

### （1）グローバル化時代の「文化安全」

　ある論者は中国の近代化はグローバル化を目的とすると主張し，長期的に見れば文化の特殊性は文化の普遍性の中に融合していくとする．グローバルな人類普遍文明の創出を唱えているのだが，それは決して西洋文明の普遍化ではない．文化のグローバル化は恩恵だけでなく，価値観の混乱などの深刻な危機をももたらすが，それを救い，人類の調和を実現する可能性をもつのは「天人合一」の伝統的な中国哲学だと考えるのである．だから，「グローバル化とは中国文化の再建」でもあるのだ．これほどでなくても，他に文化のグローバル化を肯定的に捉える論者は少なくない．彼らは，グローバル化が進めば人類各民族が「多元文化を受け入れ諸文化間に内在的緊張がない国際秩序が出現するはず」と予想し，グローバル化が国際紛争の可能性を低下させることを期待する．ただし，大方の論者は諸文化の融合までを期待するわけではなく，多様な文化が共存する世界を思い描き，そしてその中で中国文化の保全と発展を模索するのだ．政権のブレインである王滬寧は90年代前半に「先進国の文化覇権に対し，途上国は文化主権を擁護する闘争を行わなければならない」と説き[1]，それに呼応する議論がそれ以降，特に21世紀に入ってから続々と出てきている．今や

「文化安全」(「文化防衛」あるいは「文化の安全保障」)が,完全にひとつのキーワードとなっている.グローバル化と「文化安全」の問題を扱った論文を,試みに中国の学術データベースで検索してみよう[2].同一人の論文を含めないならば,2012年3月現在,引用された回数の多い上位三篇の論文の題目は以下の通りである(原文中国語).

1. 胡恵林「文化産業の発展と国家の文化安全——グローバル化世界における中国文化産業発展に関する問題についての考察」(『上海社会科学院学術季刊』,2000年) 被引用回数91回
2. 石中英「国家の文化安全を論ず」(『北京師範大学学報(社会科学版)』2004年) 被引用回数77回
3. 韓源「グローバル化世界おける我が国の文化安全を確保するための戦略的思考」(『毛沢東鄧小平理論研究』2004年) 被引用回数57回

次にダウンロード(中国語で「下載」)回数の多い上位三篇を見て見よう.

1. 万是明「グローバル化時代における中国的特色を有した社会主義文化建設」(華中師範大学博士論文,2006年) 下載2855回
2. 鄧顕超「中国文化発展戦略研究」(中共中央党校博士論文) 下載2847回
3. 劉志国「グローバル化世界における中国伝統文化の現代的転換」(山東大学博士論文,2007年) 下載2561回

グローバル化の中での中国文化の「安全」つまり防衛を論じるこれらの人びとは決して守旧的な老人世代ではない.後者三篇がいずれも博士論文として執筆されたことからわかるように概ねは若い人びとであり,そのダウンロード回数の多いのを見ても,同様の問題意識を持つ若い人びとが多数いることが見て取れる.

### (2) タイムズ・スクウェアの孔子

まさにこの趨勢と呼応して,2011年10月の中国共産党第17期中央委員会第6回全体会議(第17期6中全会)では,「文化体制改革の深化,社会主義文化の大発展・大繁栄の推進についての若干の重要問題に関する決定」が審議可決された.国策の方向を決定する中央委員会全体会議で,「文化体制改革」が主要テーマとなるのは,史上初めてのことである.これまでも中国政府は文化産業の育成に取り組み,第十一次五カ年計画(2006–2010年)期間中には,文化産業が急速に発展し,成長率は年平均15%を超えたと伝えられている.第17期6中全会の決定によってもこの路線は今後も堅持されていくと見られる.では国家の主要政策として打ち出された文化振興策の文化の中身は何なのだろうか.第17期6中全会開会の当日に中国共産党機関紙『人民日報』に掲載された「文化強国的"中国道路"」はこのような書き出しで始まる.

　2011年10月1日,アメリカ・ニューヨークのタイムズ スクウェア.巨大な屋外液晶パネルに映し出された水墨画アニメの中国の先哲孔子が,にぎやかに行き交う人びとの群れに溶け込んで一体となっている.中国と世界,伝統と現代とがここで交わっている.

このまれに見る光景は，孔子の背後にある五千年の中華文化が新しい世紀に占める方向と位置であると見なせよう．世界の横軸の上では，悠久の歴史をもつひとつの民族がグローバル化時代に自身の座標を確立し，歴史の縦軸の上では，ひとつの偉大な文化が盛衰栄辱の苦難を経て，復興へとまさに帆を挙げてこぎ出だそうとしているのである．（任仲平）

　第17期6中全会は社会主義文化の大発展・大繁栄のための決定を下し，上の文章はその思想を一般に告知するために書かれたものだ．筆者任仲平はおそらく「人民日報中央評論部」の筆名であり（任仲平は人・中・評と同音），この文章は共産党中央の意思そのものと見なしてよい．当然，文中には頻繁に「社会主義の価値体系」「社会主義精神文明の建設」「中国的特色をもった社会主義文化の理論体系」などの表現が出てくる．しかし，社会主義云々は下ろすに下ろせない看板だから掲げているだけの話で，タイムズ スクウェアに孔子を登場させたように，実はグローバル化する市場社会において中国の伝統思想・文化を継承し振興することが主眼なのである．そればかりか，むしろそうすることこそが社会主義の「本質的要求」であり，「発展の方向」であるとすら主張するのだ．かつて儒教を始め，伝統文化を封建の毒草・残滓であると捨てて顧みない時代のあったことを思えば，この豹変ぶりの理由を確かめぬわけにはいかないだろう．

### （3）君子豹変の理由

　第一には何と言っても中国をとりまく情勢の変化，すなわちグローバル化に対応するためである．第二には国内事情のためでもあるが，本稿の目的とはずれるので，ここでは触れないでおく．共産党政府もグローバル社会における「軟実力（ソフト・パワー）」の必要性を痛切に認識しているのである．それはたんに文化資本として小説，映画，アニメなどを輸出して経済発展に資するだけの話ではない．それ以上に文化は安全保障に関わる問題だと捉えているのだ．文化的製品の輸出入がたとえ互いに自由であるとしても，実際には先進国と途上国の間には大きな格差が存在する．世界の図書の85％は先進国から途上国へと輸出され，全世界で製作される映画のうち，アメリカ映画は量的には10％程度に過ぎないが，放映時間にすれば大半を占めると言われている．途上国にとって，この極端に不均衡な状態が意味するのは，先進国の価値観の一方的流入に他ならない．しかも大衆が娯楽として文化製品を楽しむ間にじわじわと浸透し，いつしか確たる根拠もなく先進国の生活方式，社会制度，価値観を肯定的に感じるようになってしまう恐れがある．それに対抗するため，近年中国では儒教のさまざまな形での復興を図る動きが活発だ．2004年（甲申）には，文化界の長老五人が発起人となり，72人が署名した「甲申文化宣言」が出されている．それはグローバル化の中での文化の多様性と儒教の価値をあらためて説いたものなのである．また今や世界に広がる孔子学院（中国文化の宣伝教育機関）が創建されたのもこの年だった．儒教復興を主張する人びとの立場，考え方は千差万別だが，その契機がグローバル化であることは一致しているのである．

### （4）外国アニメ放映規制の目的

　ここに中国の危機感を示す興味深い実例がある．2006年9月，中国政府は夕方の「ゴールデン・

タイム」に外国製アニメの放送を禁じる通達を出した．当時中国で放映されていたアニメの9割が日本製であったから，事実上日本アニメ禁止令とも言えるもので，その意図をめぐって日本側ではさまざまな憶測が乱れ飛んだ．しかし中国高官にインタビューした遠藤誉によれば，日本側で叫ばれたような反日的理由からではなく，むしろ「アメリカに対して向けられたもの」だという．なぜなら，「(日本アニメには) 思想性とか，宗教性とか，他の文化圏の人間を説得しよう，あるいは感化しようといった，意図的な中身，目的といったものが」ないが，「アメリカのアニメには思想性と目的がある」からである．たとえばディズニーが中国の伝説をアニメ化した『花木蘭（MULAN）』という作品がある．これは「中国人の心を捉えながら，そこに人権主義や民主主義を織り交ぜ，思想的侵略性を以って中国の若者の精神文化を洗脳しようという意図が読み取れ……若者たちは，物語のおもしろさと身近さに惹かれて見ているうちに，気がつけばアメリカの精神性をしっかり身に付けていることになる」からとの解説だったのである[3]．そうなってしまっては，価値観念の主導権を奪われてしまったも同然である．ちなみに先の中国高官は日本を論評して「アメリカの言いなりになりすぎて」「自尊心がなく」「国際的戦略といった大局的視点をもちえない国」だと述べているが，彼の目には日本が前車の轍に見えているのかも知れない．

## アメリカ

　加速するグローバリゼーションの中で，アメリカ人の信仰や思想にもさまざまな新しい動きや傾向が現れている．本章では，宗教観，社会・生活観という二つの分野に焦点を当て，国民の日常生活における信仰や思想の現実について考察してみたい．

### (1) 宗　教　観
　アメリカにおける主な宗教の人口比率は，2008年の統計（小数点第2位四捨五入）で，キリスト教76.0%，ユダヤ教1.2%，イスラーム教0.6%，仏教0.5%，ヒンドゥー教0.3%，ネイティブ・アメリカン0.1%，不可知論0.9%，無神論0.7%，無宗教13.3%，無回答5.2%となっている[4]．キリスト教信者に限ると，以前の統計では1990年が86.2%，2001年が76.7%であった．年度によって変化率は異なるが，キリスト教徒の減少は歴然たる事実である．合衆国民にはピルグリム・ファーザーズを父祖として仰ぐ伝統があり，現在でもキリスト教徒が圧倒的な多数派を構成する．信者の減少という最近の動向は，アメリカのキリスト教徒にとって深刻な問題となっており，信仰の強化と信者獲得のための催しや施設建設が各地で行われているが，こうした活動は政治や思想と関連することが多く，それゆえ他の宗教や世界観との関係に，さまざまな課題を新たに投げかけている．
　第1章で紹介した『30デイズ』シリーズの中に，「イスラム修行を30日間」および「無神論者と30日間」という2編のドキュメンタリーがある．これら2編はアメリカの宗教をめぐる上述の問題を，部分的ではあるが鮮明に浮かび上がらせる．
　「イスラム修行を30日間」では，敬虔なキリスト教徒の男が全米最大のイスラーム教徒の町ミシ

ガン州ディアボーンに行き，パキスタン系夫婦の家庭で30日間，生活と宗教活動を共にする．アラビア語を知らない主人公は，祈りの言葉もコーランの教義も理解できないため，礼拝に参加できず，苦しむ．彼は状況を打開するためにアラビア語を習い，イスラーム教徒の服装で市民にアンケートを行ったりして，イスラーム教に対する理解を深めていく．2001年9月11日の同時多発テロ以来，アメリカ人にはイスラーム教徒に対する警戒心が高まっているが，こうしたステレオタイプ的な宗教観と，主人公の中で深まっていく人間的共感との間における大きな隔たりは，われわれに多くの考える材料を提供する．

一方，「無神論者と30日間」では，無神論者の主婦と熱心なキリスト教徒一家の共同生活，および彼女と教会信者たちとの討論などを通して，保守派のキリスト教徒と無神論者を含む他宗教信者との間に横たわる溝の深さ，および，異なる宗教信者間の相互理解の必要性が，浮き彫りにされる．アメリカ社会は，「サラダボウル」や「モザイク」の比喩が象徴するように，きわめて多様な民族的背景，宗教，思想をもつ人びとによって構成されている．アメリカ国内においてグローバリゼーションは，そうした多様性ゆえの豊かさが発揮する強みと同時に，拡散化という負の現象としても現れる．それを克服し，国家基盤をより堅固にするためには，共存共生を積極的に推進することが必要である．以上の観点から見ると，「無神論者と30日間」の中で紹介される，神に祝福された存在として人類は恐竜の時代から存在したと説く「BC ツアー」（BC とは"Biblically correct"の略）や，殉死した警察官のために十字架（キリスト教の象徴的墓標）を立てることの憲法上の是非をめぐる議論など，科学や政治との関連においてアメリカのキリスト教が抱えているさまざまな課題は，非常に興味深く，また重要である．

## （2）社会・生活観

合衆国民の社会・生活観を考える上で，真っ先に挙げられるテーマは，銃規制問題と移動性（モビリティ）であろう．これらは一見，異質であるような印象を与えるが，国民の社会・生活観の根底部において同一の基盤を有する．

銃規制は，合衆国社会において常にもっとも「熱い」問題であるとともに，もっとも複雑で解決困難な問題である．1992年にルイジアナ州バトンルージュで起きた日本人留学生射殺事件や，1999年にコロラド州のコロンバイン高校で起きた銃乱射事件をはじめとして，アメリカではしばしば銃の乱射や誤射による殺傷事件が発生する．2014年12月に起こった白人警察官による黒人青年射殺事件と，それに続いて連続的に起こった白人対黒人の発砲事件や人種的緊張は，この種の事件の最近の例として記憶に新しい．そしてその多くの場合に，被害者と加害者の双方が若者である．こうした事件が起こるたびに，銃規制の強化を求める声が上がり，白熱した議論を呼ぶが，有効な解決策はまだ得られていない．その背景にはアメリカ合衆国の成立をめぐる歴史的事実と，それに基づいて定められた合衆国憲法の条文がある．イギリスの植民地だったアメリカは，市民が自ら武器を取って宗主国イギリスと戦い，独立を獲得した．すなわち，国家としての根幹が市民の武器によって成立した国なのである．合衆国憲法は修正第2条において，「規律ある民兵は，自由な国家の安全にとって必要であるから，人民が武器を保有しまた携帯する権利は，これを侵してはならない」

と高らかに宣言している．映画『ボウリング・フォー・コロンバイン』で上記のコロンバイン高校乱射事件を採り挙げ，一般市民の銃所持禁止を訴えるマイケル・ムーア監督をはじめ，アメリカの知識人には銃規制強化を求める者が多い．だがその一方で，独立戦争で自ら武器を取り，西部開拓では自分が手に入れた土地や財産を自分の力で守った経験を，集団的記憶として共有している合衆国民には，「最後に頼れるのは自分自身だけだ」という強迫観念的な信条があり，国民的美質とされる自助と勤勉の精神も，また，それに基づいて自ら道を開拓し目的を遂げるという「アメリカンドリーム」の概念も，すべてこの信条と表裏一体で結合しているのである．銃規制問題の解決を困難にするもっとも重大な要因は，まさにこの一点にある．

　一方，移動性は，アメリカ人の生活観の根本を形成する概念であり，信条である．これは，地理的な移動だけでなく，社会的な移動においても当てはまることであり，地理的移動を水平的で拡張的な動きだとすれば，社会的移動は垂直的で上昇的な動きとして解釈できる．水平的移動については第1章でも簡潔に触れたが，大陸東部の大西洋岸から始まったヨーロッパ系移民によるアメリカ合衆国の歴史は，1890年のフロンティア消滅宣言にいたるまでの期間，「明白な天命」に導かれて西へ西へと領土を広げていく西漸運動の歴史であった．彼らには，もし自分が今いる土地で満足できなければ，西部の新天地に行き，そこを開墾することによって，正直な努力に見合うだけの報酬が神から与えられることが約束されていたのである．己の努力によって新天地で財産をつくるという希望と信念は，合衆国民の心の最深部に強く植えつけられていたので，フロンティアが消滅し西部開拓が終わった後になっても，それは残った．人生で新規まき直しを図るときに，アメリカ人は年齢性別を問わず，躊躇なく土地や環境を変える．むやみに変えすぎるのはもちろん，よくないと批判されるが，漫然と同じ場所や環境にとどまり続けることは好ましく思われない．「転石苔を生ぜず」（A rolling stone gathers no moss.）という諺がしばしば日米間で反対の意味に解釈されることは，有名である．

　アメリカの自動車文化にも，国民の移動性の特徴が色濃く反映されている．20世紀中葉まで，ヨーロッパとアメリカは自動車の2大先進地域として世界をリードしたが，両地域の自動車文化には大きな違いがある．すなわち，ヨーロッパでは伝統的に，自動車は人間の四肢の拡張として，手脚をはるかに超える運動能力を人間に与える機械だと見なされてきたのに対し，アメリカでは自動車は，人間を目的地まで運ぶ強力で頑丈な移動空間であり，場合によっては住居の代替物ですらあると見なされているのである．ともに人間を運ぶという点で両者は共通するが，ヨーロッパのそれにおいては走行機械としての運動性能の高さと躍動美が重視され，よりスポーツ的であるのに対し，アメリカのそれにおいては，運動能力とともに（あるいはそれ以上に），すぐれた居住性や所有者自身の社会的存在の誇示などの要素が重視される．図版雑誌的な本も含め，アメリカには自動車文化を扱った書物が数多く出版されており，そのほとんどが所有者のライフスタイルや人生観などを反映する必須の道具として，彼らの自動車を紹介している．それらは大幅に改造されていることも多く，時には砦や柵を連想させるほど武骨な外観を呈している．こうした事実の中にも，アメリカの自動車が，西部開拓期に人びとの夢を乗せて荒野を走った幌馬車の後身であることが，明確に見て取れるのである．

## (3) ま と め

　グローバリゼーションは，アメリカの強大な経済力がその主要な推進源のひとつであることから，しばしばアメリカナイゼーションと同一視される．第2章でも述べたように，2度の世界大戦を通じて超大国となったアメリカは，戦後資本主義社会の盟主として君臨し，大量の製品を世界市場に送り出した．アメリカの経済力と消費文化を色濃く反映したこれらの製品は，他国民からアメリカ的な豊かさ・自由・民主主義の象徴として歓迎され，世界中に浸透していった．そしてこの流れは，20世紀末から各地で起きた共産主義体制の崩壊により，今日，加速化の一途をたどっている．

　注目すべき点は，このグローバリゼーションという現象が，アメリカ国内においては常に双方向的な運動として現れていることである．すなわち，自国の経済・文化・諸制度を外部世界に拡張させようとする巨大な遠心力が働く一方で，それと同じ強さの求心力が反作用として生じ，国民の国家意識とアイデンティティの強化を目指す，絶え間のない意識運動を発動するのである．その背景には，アメリカが移民で構成された国家だという事実がある．もともと先住民（インディアン）が暮らしていたこの地には，大航海時代以降，イギリス，フランス，スペインなどからの植民者をはじめ，合衆国建国後も北・西ヨーロッパ，南・東ヨーロッパ，アジア，ラテンアメリカなど，さまざまな地域から多数の移民が流入した．加えて，アフリカから強制的に輸入された奴隷のような極端な「移住」の例もあった．当然ながら，移住者たちが持ち込んだ文化や生活様式は多様であり，また境遇や意識も大きく異なっていた．このように複雑な現実を抱えたアメリカにとって，対外的な国力の増強とともに，対内的には，全国民のアイデンティティの結集点となる鮮明な国家概念を確立し，維持強化することが，最優先の課題であった．かつて南北戦争で国家分裂の危機を経験したことが，この課題をほとんど絶対的なものにしているといってもよい．信仰・思想の具体的分野である宗教観および社会・生活観には，こうした特色が殊のほか鮮烈に現れるのである．

注
1）以上の90年代の思想状況の整理は砂山幸雄「中国知識人はグローバル化をどう見るか――『文明の衝突』批判から自由主義論争まで――」，現代中国学会編『現代中国』（第76号，2002年）に負っている．
2）調査したデータベースは中国知網（http://www.cnki.net/）である．
3）遠藤誉『中国動漫新人類』（日経BP社，2008年）274～276頁．
4）Institute for the Study of Secularism in Society and Culture, Trinity College, Hartford, CT.

## コラム1 地球環境と京都議定書

1997年12月，国立京都国際会館で第3回気候変動枠組条約締約国会議が開催された．そこで採択されたのが京都議定書（Kyoto Protocol）である．各国の諸事情のため，ようやく正式な発効にこぎつけたのは2005年2月であった．2011年11月現在で192カ国・地域が締約している．

地球温暖化現象は，世界が直面している深刻な地球環境問題のひとつであり，国際社会の一致団結した取組みの強化が急務となっている．京都議定書は，地球温暖化の原因となる温室効果ガスのうち6種についてその削減率を1990年を基準として定め，各国の協力のもと，約束期間内に合計排出量を少なくとも5％削減することを目標に定めたものである．

そもそも温室効果ガスは，石油や石炭などを使う際に排出される $CO_2$ などのことであって，産業活動・経済への影響と強く結びついた問題だ．京都議定書は加盟国を日欧などの「先進国」と，中国など「途上国」の2グループに分け，先進国により厳しい削減目標値を課したのだが，それは温室効果ガスという過去から累積した負の遺産に対して，それを排出することで発展を遂げて来た先進国と，これからあらたな経済発展を目指そうとする途上国が，同等の責任を負うのは不平等であるという考えにもとづく．

世界政府を想定したような枠組みを作り，各国に排出量目標をトップダウンで割り当てたという点で京都議定書は画期的であるが，さまざまな問題をはらんで常に意見の対立にさらされてきた．締約国の $CO_2$ 排出量の割合は，実際には世界の総排出量の3割弱にしかならず，その一方で世界全体の排出量の約2割を占めるアメリカ合衆国が経済への影響を懸念し議定書から離脱していることなどから，この議定書の実効性を疑問視する声があがっているのだ．また締約当時は開発途上国とみなされていた中国やインドが，その後急速に経済的発展を遂げ，今や世界有数の温室効果ガス排出国となっているにも関わらず，それに相当する義務を負っていないことの妥当性を問う声もある．

京都議定書が2012年末で第一約束期間を終えたのちの国際協力の在り方に関する交渉は，いまだ合意を見いだせておらず，今後も多国間協議の試練が続くことが予想されている．日本については，削減目標値は1990年度比6％と定められていたが，東日本大震災後の原発発電量の急激な減少などにより，最終的な達成は非常に厳しい状況となった．日本の外務省はそのホームページ上で「世界全体での温室効果ガスの排出削減を実現するためには，すべての国が排出削減に取り組む必要があり，先進国が大幅な排出量の削減を達成することによって世界全体の取組を主導する必要があるが，同時に，途上国，特に排出量の大きい主要途上国は，その責任と能力に応じて，排出削減のための行動をとる必要がある」との立場を表明している．京都議定書を現状のままで延長することに慎重な日本とは対照的に，欧州連合（EU）は再生可能エネルギーの導入拡大などによって，温室効果ガス排出量を2050年までに1990年比で80〜95％削減するという意欲的な目標を掲げ，その実現に向けての計画を2011年3月に発表し，京都議定書の延長にも前向きの姿勢をみせている．

## コラム2  多国籍企業

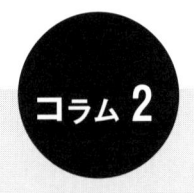

多国籍企業（Multinational Corporation, MNC）ということばが使われ始めたのは1960年代に入ってからであり，それは複数の国や地域に生産や販売の拠点を持ち，世界的な規模で活動を展開している大企業を指す．国連貿易開発会議（United Nations Conference on Trade and Development, UNCTAD）の世界投資報告書に掲載されているMNCは，機械製品の製造をはじめ，食品，医療品，資源，金融，メディア，流通業など，あらゆる経済産業分野にまたがっている．たとえば，トヨタ自動車，アップル，コカコーラ，ロレアル，ヒルトン，エクソン，VISA，ソニー，三井物産などは一般的に知名度の高いMNCである．本国以外で生産活動や事業の一部をおこなう企業はMNCという呼称が生まれる以前から存在していたが，60年代に入るまではMNCの大多数はアメリカの企業であった．第二次世界大戦後，アメリカの軍事的，経済的覇権，いわゆるパックス・アメリカーナのもとでアメリカの企業が積極的に海外に進出するようになったからである．その後，西ヨーロッパや日本の企業も，資源，原材料の調達，安価な労働力，開拓できる新たな市場を求め，海外に活動拠点をもうけるようになった．近年の海外資産残高で見るMNCのランキングでは依然としてアメリカの企業（General Electric）がトップを占めているが，フランス，ドイツ，イギリスなど，ヨーロッパに本社を置き，それに日本のMNC（トヨタ自動車，本田技研工業，三菱商事，ソニーなど）を加えると，企業数という点からすれば，アメリカのMNCの数を大きく上回っている．さらに80年代後半からの中国経済の急激な発展に伴い，中国のMNCや韓国，シンガポール，メキシコなどの新興工業国，21世紀に入ってからは特に経済発展の著しいブラジル，ロシア，インド，中国（各国名の頭文字を用いてBRICsと呼ばれる）を母国とするMNCも従来のリストに名前を連ねるようになった．同時に資源が豊富で巨大な新興市場となるBRICs諸国は欧米や日本のMNCにとって格好の進出先とも見なされている．このように，今日において，地球上のほぼ全ての地域がMNCの活動と何らかの関係があると言える．MNCは経済グローバル化促進の主要な担い手であり，国際関係におけるアクター（行為者）である．こうした地球規模におけるヒト，モノ，カネの相互依存関係は国家間の国境という枠を越えて顕著になってきている．しばしばMNCが超国家企業（Transnational Corporation）とも呼ばれる所以である．しかし，MNCの活動発展は文化摩擦，環境破壊問題，人権問題など，経済分野をはるかに越えた領域の問題にまで影響を及ぼし，80年代の後半から盛んに叫ばれるようになったグローバル化の限界や問題を露呈することにもつながった．

# 第Ⅱ部 地域文化の多様性

# 第6章

# ヨーロッパの地域文化

## 1. ヨーロッパ文化の四つの特徴

　ホメロスの『イーリアス』(14; 312-328) で，ギリシア神話の最高神ゼウスが口にする女の名前，エウローペーが「Europa ヨーロッパ」という言葉の語源とされている．この語は時を経て，古代ギリシアの歴史家ヘロドトスの『歴史』(BC450?-420?) やクセノポンの『アナバシス』(BC400?) に

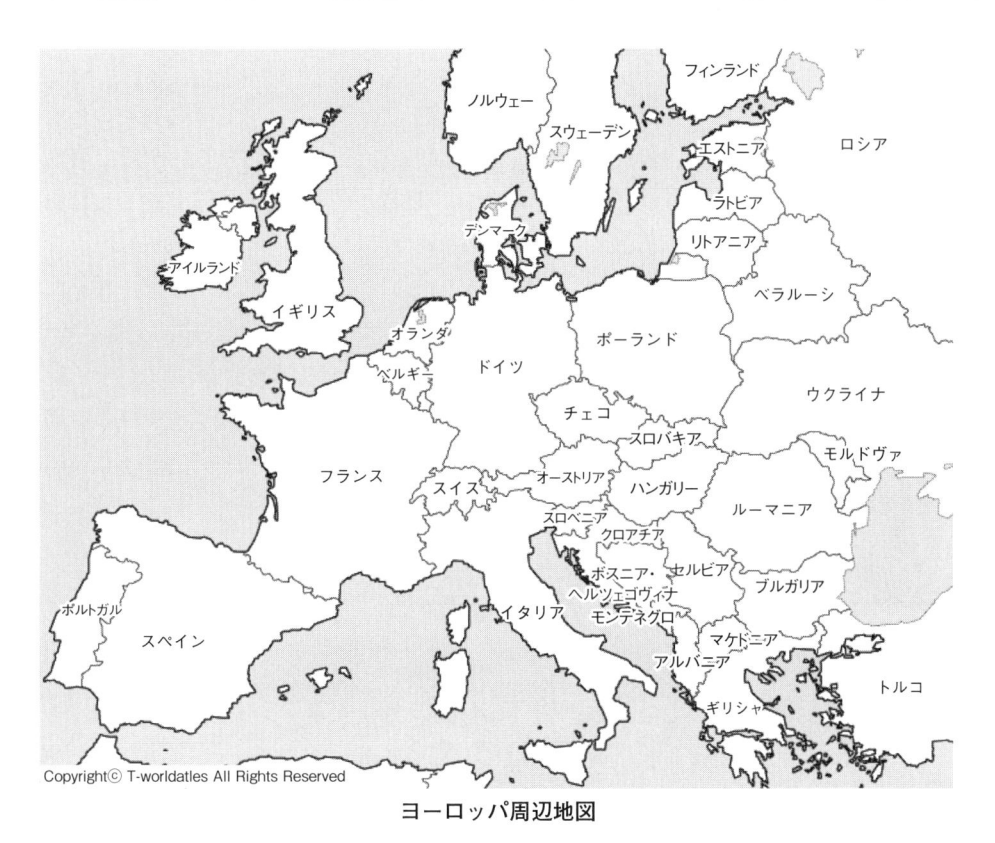

ヨーロッパ周辺地図

おいて,「ペルシア」に対してダーダネルス海峡とボスフォラス海峡の北側を指す名称として用いられ,ローマ帝国の地理学者ストラボンの『ゲオグラフィカ』(BC 7?)では,「ヨーロッパ」「アジア」「リビア」の三大陸に分割された世界のなかで,後二者と比較して最も人類史に貢献している大陸として位置づけられる.帝国滅亡後,ラテン中世の時代,「ヨーロッパ」は,ビザンツ(ギリシア語圏)やイスラーム(非キリスト教徒)に対し,キリスト教化した西側ラテン語世界の総称として用いられるようになり,十字軍の時代には「オリエント」に対する「ヨーロッパ」,さらにギリシア・ローマ文化の再生＝「ルネッサンス」としての「ヨーロッパ」,「オスマントルコ」に対する「ヨーロッパ」として定着していった.大航海時代が始まると「アメリカ」「アフリカ」「インド」「極東」に対する概念としての「ヨーロッパ」はますます強まり,多くの「ヨーロッパ人」および「非ヨーロッパ人」の思考を支配してきたといってよいだろう.

　だが上に挙げたように「ヨーロッパ」が意味する領域や対象は時代とともに移り変わっている.それは,特定の地域や民族を固定する概念ではなく,つねに敵対概念たる「非ヨーロッパ」に対してそのつど唱えられる概念なのだ.「ヨーロッパ」とは,力と力のせめぎ合いから生じる境界線の「こちら側」を総称するときに用いられる便利な言葉であって,なにか「こちら側」のメンバーすべてに共通し「あちら側」のメンバーには存在しないような,不変の実体があるわけではない.しかしユーラシア大陸の西端で,北は北極海と南は地中海の間,東はウラル山脈と西は大西洋の間に広がる半島の数千年にわたる歴史のなかから,次の四つの特徴を抽出することが出来る.

## (1) 遊 牧 性

　ひとつは,ヨーロッパ民族の本質が「移動」と「越境」にあること,すなわち特定の土地に縛られないことである.たとえば2012年のヨーロッパを見よう(見返しの地図を参照).異なる言語の大小の国々がひしめきあっている.しかし1989年,1939年,1913年……と近い過去に遡るだけで,国境はまったく異なってしまう.さらに古くはゲルマン民族の大移動(4～5世紀,図6-1),ヴァイキングやマジャール人の大移動(9～10世紀,図6-2),十字軍遠征(10～13世紀)など,ヨーロッパから北アフリカや中近東にまで渡る縦横無尽の移動と,それに因って生じた民族的交雑を考えれば,現在存在する民族国家のどれひとつとして,もともとその場所に住んでいたわけではなく,どの民族も純粋の単一民族ではありえない.国境線は,民族の移動と越境,つまり人やモノの流動がぶつかり合って生じた一時的配置にすぎないのだ.日本列島に日本人が住んでいる,つまり自然条件＝海岸線が国境線を画定している環境とは異なり,ヨーロッパにおいて国家や民族を規定するものは予め存在する土地ではない.たとえば,日本人にとって「所有」は土地(不動産)の所有に固く結びついている.しかし土地に縛られないヨーロッパ諸民族にとって,「所有」はまず人(奴隷)ないし動産(宝石など)の所有であった.

　民族と民族の力(軍事と言論の力)がせめぎ合う境界線として国境が引かれ,とりあえずの国家が場所を占める.国境線は越えてあたりまえ,動いて当然のものである.イギリスにイギリス人が住んでいるのではなく,それが地理的にどれほど大ブリテン島から遠くとも,イギリス人が他民族に抗して住む場所がイギリスなのである.ヨーロッパは,時代ごとのさまざまな越境と移動から形成

第6章 ヨーロッパの地域文化　73

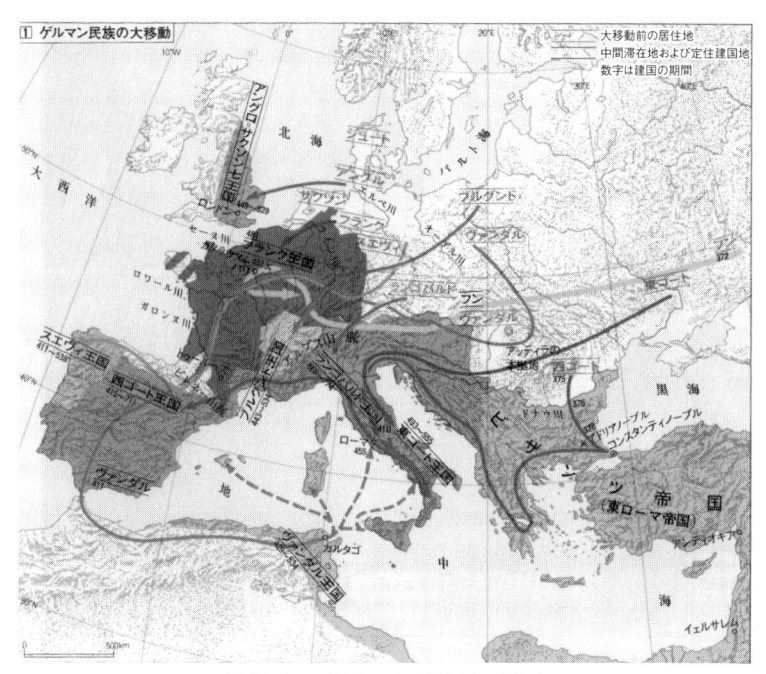

図6-1　ゲルマン民族の大移動
出所:『山川世界史総合図録』山川出版社, 1994年.

図6-2　ヴァイキング, マジャール, イスラームの侵入
出所:図6-1に同じ.

されてきた．移動と越境はヨーロッパ文化に一貫してみられる本質である．文化，宗教，経済活動などヨーロッパのあらゆる文化・社会現象は，国境とは異なるレベルのネットワークを全ヨーロッパ的に拡げて交流する．たとえばそれは，中世以来の修道院や大学間の交流，文化的・経済的中心都市に集まる諸外国の芸術家たちであり，サンチャゴ・デ・コンポステラ（スペイン）やルルド（フランス）への巡礼の道であり，北海から黒海までつながる河川と運河のネットワークである．従って，現代のヨーロッパの地域文化を「国」別に論ずることにあまり意味は無い．

### （2）アイデンティティ・ポリティクス

　ヨーロッパの国家や民族が，流動的な力と力がぶつかり合う場所に生まれてきたこと，つまりそこには確固とした地盤が本質的に不在であることから，逆に，ヨーロッパ文化とは，自分たちの国家や民族は，いったい何をもって国家であり民族であり得るのか，自分たちの文化や言語の境界線はどこにあるのかと，「アイデンティティ」を絶えず問い続ける文化だと言える．このアイデンティティへの意志が，ヨーロッパ文化の第二の特徴である．

　アイデンティティへの意志は，ヨーロッパの言語分布に大きな影を落としている．とりわけ18世紀以降の国民国家の成立と共に，国民の言語の統一が強化され，いくつもの方言や少数民族の言語（オック語，ブルトン語，バスク語……）を切り捨てたうえにフランス語やドイツ語といった「国語」が成立した．しかし，言語にきりの良い明確な境界線などあるはずがない．低地ドイツ語方言からオランダ語にいたる言語のグラデーションのあいだに区別の鋏を入れるのは，国家の政治力に過ぎない．他方で，ドイツとポーランドの国境地帯（シュレージエン地方）はドイツ語とポーランド語の二言語併用地域であったし，同様にドイツとチェコの中間のズデーテン地方，ドイツとフランスの間のアルザス，ロレーヌ，ザール地方はそれぞれドイツ語とチェコ語，ドイツ語とフランス語のバイリンガル地域であった．つまりひとつひとつの「国語」が画定されて切り分けられた反面，二言語，三言語併用の環境は，ヨーロッパの大きな特徴となった．現在は，第二次世界大戦後の英語優位の環境が一般化して，隣国の言語との二言語併用習慣は少なくなってきているが，それでもベネルクス三国やスイス，デンマークといった小国に見られる複数言語環境は特記すべきものである．

　また，ヨーロッパのアイデンティティ・ポリティクスは歴史的につねにひとつの影を従えていた．それが「ユダヤ人」である．ヨーロッパとはそのアイデンティティの内奥に常に「他者」を抱え込んできた文明でもあるのだ．ユダヤ人は，特に学問・芸術の分野でその本質的な担い手でありながら，ヨーロッパのアイデンティティからは常に排除されてきた．レコンキスタの過程で生じたユダヤ人追放令（1492年），1880年代の帝政ロシア末期に吹き荒れたユダヤ人迫害「ポグロム」（ロシア語で「破壊」），「ユダヤ人問題の最終解決」を図ったナチス・ドイツが，アウシュヴィッツ＝ビルケナウ強制収容所などにおいて600万人ともいわれるユダヤ人を虐殺した「ショアー／ホロコースト」，キリスト教による弾圧や改宗の強制，あるいは社会不安のたびに間歇するユダヤ人陰謀説など，ユダヤ人への差別や虐殺には長い歴史がある．

　他方で，ユダヤ人たちは，紀元70年のエルサレムの神殿崩壊以後，ディアスポラ（ヘブライ語で離散・流謫）のなかで唯一神を信仰し，聖書と聖典タルムードと律法を基礎にユダヤ教の伝統文化を

継承してきた共同体でもあった．が，そのアイデンティティを堂々と主張する権利は，近代にいたるまで認められなかった．かつて詩人ハイネが「ヨーロッパ文化への入場券」を手にした（＝キリスト教へ改宗した）ように，19世紀半ば以降に各地で進んだユダヤ人「解放」（市民権付与）は，実質的にはキリスト教ヨーロッパへの「同化」強制であった．その「入場券」も，いったん事が起これば無効にされるという被差別の現実のなかで，ユダヤ人はユダヤ性＝ユダヤのアイデンティティを強く意識せざるを得ず，やがて自律的にそれを規定し，決定し，解放することが近代ユダヤ人の課題となった．19世紀末，ユダヤ人の「ナショナル・ホーム」を建てるというシオニズム運動もそうした機運の下で生じたのである．それは当初は少数意見にすぎず，ユダヤ人内部にさえ反発があったが，ディアスポラをめぐる神学的解釈やナショナリズムを媒介としつつ，ロシアのポグロム，フランスのドレフュス事件，ドイツのナチス政権成立などを通じて高揚し，1948年，パレスチナにおけるイスラエル建国という形で具現した．しかしそれは今日にまで続く中東紛争の端緒でもあった．

　さらに，近代の植民地主義（後述）においてアイデンティティへの意志は，自らとは異質な他者すなわち非ヨーロッパ地域のアイデンティティをも絶えず問うことにつながる．つまりヨーロッパ文化は，境界線を確立し，その「こちら」と「あちら」のアイデンティティを決定しようとする意志に貫かれている．その際，ヨーロッパ文化は自らをアイデンティファイすると同時に，他者を「自らとは異なる者」としてアイデンティファイすることになる．「自らとは異なる者」には，たいていの場合，自分なら絶対にしないこと，すなわち無関心であるか否定的な価値が投影されるから，ヨーロッパのアイデンティティへの意志は，自動的に非ヨーロッパを否定的あるいは対照的にイメージするであろう（オリエンタリズム）．ヨーロッパ文化が自他のアイデンティティを確定しようという文化である以上，それと交流した非ヨーロッパ地域の人間は，自分がそもそも何者であるかをヨーロッパに対して言明する必要に迫られるが，このとき，非ヨーロッパ人側が，ヨーロッパによる否定的ないし対照的な規定に影響される現象が見られる．たとえば，ヨーロッパ文化と対峙した日本人が，自らの文化的アイデンティティを禅や茶道といった「伝統文化」あるいは日本に特殊な「オタク文化」「アニメ文化」に見出したりするのは，ヨーロッパ側からのこのような規定を受け入れた＝西洋化したからである．アイデンティティへの意志は，非ヨーロッパを否定したり自己の内へ回収したりするものではなく，むしろ一方的に「非ヨーロッパ」という項目を確立し，その上でヨーロッパ＝普遍 対 非ヨーロッパ＝特殊という非対称的な二元論を護持することで支えられる．言い換えれば，二つの対立項が入り混じること——非ヨーロッパ人が部分的にヨーロッパ的だったりすること——はタブーである．

　だが社会の奥深くにまで移民文化（後述）が根を下ろした現在のヨーロッパにおいて，あるいはたとえばアニメ「アルプスの少女ハイジ」が多くのヨーロッパ人の幼年期の記憶になっている時代に，このような二元論はもはや通用しにくい．ヨーロッパ文化の第二の特徴は変化を迫られていると言える．

## （3）言論＝ロゴス主義

　第一の特徴が国境線をすり抜けるグローバルな流動体としてのヨーロッパ文明に関係し，第二の特徴が，現実としての流動体に対して理念としてのアイデンティティを画定するとすれば，第三の特徴は，そのアイデンティティ同士，国と国がぶつかり合う瀬戸際，つまり国・際的＝インター・ナショナルな場面に関係している．それは言葉の力（ロゴス）に対する圧倒的な信頼である．「初めに言葉(ロゴス)があった，言葉は神と共にあり，言葉は神であった（ヨハネ福音書冒頭）」「金よりも鉛が，しかも銃弾の鉛よりも活字の鉛のほうが世界を変えた．（リヒテンベルク）」インターナショナルな力関係は軍事力（＝本音）によってのみならず，それ以上に，自らの正当性と相手の不当性を，ひとつひとつ論理的かつ説得力を持って言語化する（＝「普遍」的建前）飽くことなき努力によって支えられている．西洋史に見られるあらゆる戦争や外交交渉は，本音と建て前，アメとムチ，脅迫と譲歩を巧みに交替させる言論戦争でもあった．軍事力経済力を行使するためには言論の力が不可欠であり，また，そこで劣っている国々こそ，せめて言論戦争で「負けない」ように踏みとどまらねば，たちまち国として消滅してしまうからである（たとえば，ポーランド分割）．良い例が国際連合であろう．国連はそれ自体では軍事力も経済力も持たないひ弱な組織に他ならないが，だからこそ，環境問題にせよ外交問題にせよ，建前つまり言論の力が大きく作用し，結果的に世界を動かす場所でもある．言葉の力が人を動かし，社会を動かしていくのだという確信は，現在に到るまでヨーロッパ文化の核心をなしている．

## （4）「東」と「西」

　先に述べたように「ヨーロッパ」という言葉の内実は，時代によって異なる．その最古層となるのは，ストラボンの念頭にあった「ヨーロッパ」，すなわち現在のヨーロッパがむしろ北の辺境地帯に当たる，紀元1世紀頃の地中海世界である．ギリシア語を共通語とするこの世界から，キリスト教が生まれ，原始キリスト教団が結成され，2世紀には聖書が編纂されてくる．以後数世紀にわたって北欧から東欧まで異なる民族が，キリスト教の布教とともにそのさまざまな聖人や図像や物語を共有することで徐々に「ヨーロッパ」を形成していった．キリスト教は380年に帝政ローマの国教となり，帝国は395年に東西に分裂して，やがて地中海世界としての「ヨーロッパ」は，西方カトリック教会（ラテン語）の系統と，ビザンツ帝国のギリシア正教会（ギリシア語）の系統に分かれていく．西ローマ帝国がゲルマン民族の侵入によって崩壊すると，西ヨーロッパは教皇のキリスト教的権威と群雄割拠する諸侯のパワーバランスの場となり，それを統治したフランク王国のカール大帝時代には「ヨーロッパ」は，西ヨーロッパのラテン語を共通語とするキリスト教世界を意味するようになった．他方，東ローマ帝国はビザンツ帝国としてさらに1000年以上にわたって存続するが，イスラームの侵入に絶えずさらされ，最終的には1453年オスマントルコに滅ぼされると共に，ギリシア正教会はロシア正教会へと受け継がれる．

　つまり「キリスト教世界」の母胎となった正統「ヨーロッパ」は，西ローマ帝国～カトリック～ラテン語中世～プロテスタント～ルネサンス～近代……という経路を辿る西ヨーロッパ（ほぼ英独仏伊などウィーン以西の地域）と，東ローマ帝国～ビザンツ帝国～ギリシア語中世～ギリシア正教～イ

スラームの脅威〜トルコの侵略〜ロシアによる継承という経路の東ヨーロッパ（ロシア，東欧，バルカン，トルコのヨーロッパ側）の 2 系統に分かれる．西ヨーロッパから見て，ロシアやバルカン半島やトルコは「あちら側」の「非ヨーロッパ」であったが，やがてロシアが近代化して強国となると，東ローマ〜ビザンツ系統の正統「第 3 のローマ」を建前として南下政策を採り，バルカンやオスマントルコに東進していた西ヨーロッパ諸国と対立するようになる．それが第一次世界大戦の背景となったのであった．また，第二次世界大戦後の冷戦体制においては，西側の資本主義圏と東側の共産主義圏が対立したが，この東西対立も，直接的な影響はないにせよ，古い西ヨーロッパ系と東ヨーロッパ系の 2 系列をなぞっている．

## 2 「ヨーロッパ」を理解する上で重要な概念と歴史

### （1）個人と自由

　近代ヨーロッパのアイデンティティの中核には，「自由」な「個人」という概念がある．これらの概念は古代ギリシアから中世キリスト教神学，そしてルネサンスや宗教改革における議論を経由して近代にいたる長い歴史をもっているが，「主義 (-ism)」を付けた個人主義 (individualism) や自由主義 (liberalism) の出自は意外に新しい．その成立を理解するためには，18 世紀来の啓蒙主義を理解する必要がある．個人や自由に価値をおく思想は，啓蒙主義のなかで醸成されたものだが，その一方で，個人主義や自由主義は，もともと反啓蒙主義の側からの批判的呼称であった．

　啓蒙（英 enlightenment ／ 仏 lumières ／ 独 Aufklärung）とは，その字義通り「光」をあてることを意味する．光とは人間の内なる理性を指す．この理性の光によって「蒙きを啓く」．世界は幾何学的・合理的に説明することが可能であり，合理的理性に準拠して無知蒙昧を払拭すれば，人間社会は進歩してゆく——これが，啓蒙主義の世界観である．これによれば，非合理的な宗教は迷信であり，共同体の古い習慣は無意味となる．理性は自然科学に代表される普遍的真理の世界と関与するのであり，個々の地域の文化は，まだ特殊の段階に留まっていて普遍性にまで到らない「遅れた」段階とみなされる．保守的な反啓蒙主義者たちは，この考え方のうちに共同体の伝統を無視する攻撃性を察知し，それは利己的＝個人主義で無秩序＝自由主義だと批判したのだった．

　個人主義や自由主義をめぐる価値の転換が生じたのは，同じく啓蒙主義に対抗して登場した 19 世紀ロマン主義においてである．ロマン主義者は，利己的な個人主義や自由主義が共同体の価値を崩壊させるという危機感を保守主義者と共有していたが，保守主義者の「共同体」が神聖ローマ帝国やアンシャン・レジームなど旧来の身分制社会だったのとは異なり，ロマン主義者のそれはフランス革命の理念「自由・平等・博愛」の共和国であった．ロマン主義は，精神に対する身体，理性に対する感情など，啓蒙主義の合理的世界観が抑圧した価値を対置し，両者のバランスの取れた自由な個人にこそ普遍的人間性が具現しているとして「個人主義」を評価したのである．

　啓蒙主義は，「自由」な「個人」であるとはどういうことかという問いを近代人に突きつけたと言えよう．カントは『啓蒙とは何か』（1784 年）で次のように述べた．「啓蒙とは，人間が自分の未

成年状態から抜けでることである．〈中略〉啓蒙を成就するために必要なものは，自分の理性を公的に使用する自由である」．「自由な個人」とは，「公」，すなわち他者や共同体や公共性とどのような関係を結ぶのかという問いと不可分なのだ．

　植民地支配，世界大戦，民族大虐殺の世界史を踏まえて，いま「個人」と「自由」について考えるとき，この問いを蔑ろにはできない．「なぜ人類は，真に人間的な状態に踏み入る代わりに，一種の新しい野蛮状態へ落ち込んでいくのか」——Th. アドルノ＋M. ホルクハイマーの『啓蒙の弁証法』（1947年）の一節は，理性が理性に従うがゆえに暴力へ転化するという逆説を指摘する．人は普通，理性こそが暴力を回避するための砦であると考える．しかしある文明の理性（たとえばヨーロッパ文明）が，自ら普遍性を任じて「その理性にとっての他者」（たとえばアジアやアフリカの文明）を否定し，その普遍を強制するならば，この理性こそが他者への暴力の原因ではないか．近代ヨーロッパの理性が，19・20世紀の暴力を阻止できなかったのは，そこに「他者」への配慮や責任が欠けていたからである．ヨーロッパ言語の「責任」（英 responsibility／仏 responsabilité／独 Verantwortung）の原意はいずれも「応答」を意味する．かつて啓蒙主義が提起した「個人」「自由」の思想を，21世紀のいまわれわれは「他者」への責任＝応答の思想とともに考え直さねばならない．

### （2）植民地主義

　非ヨーロッパ地域の「他者」たちに対して，啓蒙の暴力が最も如実に発揮されたのが植民地主義である．暗黒の非ヨーロッパ世界に「光」を当て，「遅れた」人びとに対して「自由」な「個人」の価値を啓蒙すること——この「文明化の使命」こそ「白人の責務」であるといった建前（「人種主義」）を最大限に利用して，19世紀～20世紀にかけてヨーロッパは世界中を「近代化」する帝国主義の時代を迎えた．

　その先陣をきったのは15世紀末，大航海時代のスペインとポルトガルであった．スペインは，1492年のコロンブスによるアメリカ「発見」の後，現在のラテンアメリカ地域で先住民征服にのりだした．ポルトガルは，16世紀初頭にインド洋や東・南アジアに進出すると，マカオを中心に中国や日本相手に貿易を行った．

　16世紀末，スペインとポルトガルに対抗して，オランダ，イギリス，フランスは「東インド会社」を通して組織的な通商を開始した．オランダはインドシナ半島やマレー諸島の一帯，今日のインドネシアで香料の生産と貿易の独占体制をしき，英仏を排除した．その結果，イギリスとフランスはムガール帝国が支配していたインドに進出し，競うように勢力を拡大したが，「プラッシーの戦い」（1757年）でイギリスが覇権を確立，以後200年にわたってインドを支配した．イギリスは17世紀からカリブ海地域で，アフリカから連行した黒人奴隷を使って砂糖生産のプランテーションを展開していた．それは膨大な利益をもたらし，カリブ地域は19世紀以前のイギリス帝国に極めて重要な存在となった．また，同じ白人の国であるアイルランドを16世紀中頃より植民地として支配し，特に宗教的差異を理由に（アイルランド人はカトリック），20世紀前半までの長期間，厳しい搾取と抑圧の対象にした．18世紀末の北米植民地の独立，19世紀前半の帝国内の奴隷貿易廃止という歴史的展開のなかで，イギリス帝国の中心はアメリカからインドへと移った．19世紀を通してイギリ

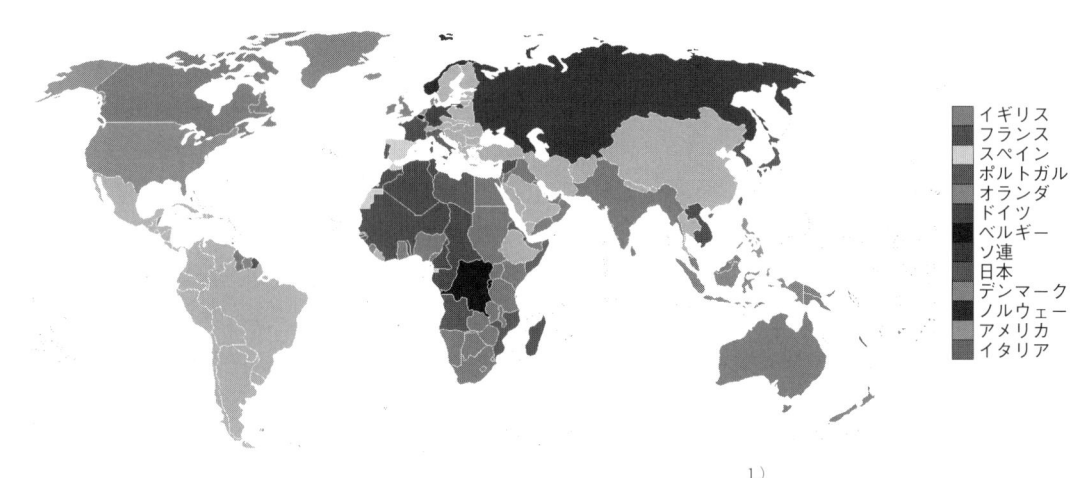

図6-3　1920年時点における世界の植民地[1]

スはインド支配を強化するとともに世界の他の地域へも領土や影響圏を拡大し，史上稀にみる大植民地帝国を形成した．

　一方，インドでイギリスに敗れたフランスは，19世紀半ばに北アフリカのアルジェリアを植民地化するとともに，1880年代には安南（今日のベトナム北部から中部）等を獲得して仏領インドシナを形成した．また，アフリカを横断する形で今日のコートジボワール，ニジェール，チャド，中央アフリカ共和国，マダガスカルなどを植民地化し，20世紀始めまでに広大な帝国を築き上げた．

　19世紀後半に工業大国として台頭するドイツは，国家統一の遅れから，英仏に比べると海外領土の獲得はアフリカのナミビアやタンザニア大陸部，ニューギニアなど小規模に限られた．それらの領土も，第一次世界大戦敗戦の結果，英仏および日本等に割譲され，ドイツ植民地帝国は消滅した．英仏に先を越されたロシアの領土拡大は周辺地域に限られ，19世紀に西・中央アジアおよびシベリアと極東アジアに進出する道をえらんだ．

　特に19世紀半ば以降，「人種主義」のイデオロギーに正当化された植民地支配の拡大とともに，多くの白人が南北アメリカ，アジア・太平洋，そしてアフリカの一部（南アフリカなど）に移住していった．植民地統治の結果として鉄道や治水施設などのインフラが整備され，近代的な教育制度が導入されるケースが見られたのは事実である．しかしその目的は，現地人社会の発展ではなく，植民地をより効率的に搾取し，本国の経済的利益を最大化する点にあった．実際，多くの植民地は，本国経済のために限られた種類の産物を生産する「モノカルチャー経済」を強いられ，今日に至るまで低成長にあえぐことになった．

　19世紀後半になると，ヨーロッパの帝国主義に抵抗する思想が現地人の知識人層から生まれ，やがてそれは民族主義運動へとつながっていった．植民地主義への叛乱を恐れた統治者たちは，内部の（たとえば宗教的な）対立を巧みに利用して現地人社会の分断をはかり（それは現代まで続く「北アイルランド紛争」「パレスチナ問題」「カシミール紛争」などの歴史的原因となった）帝国の延命を試みたが，最終的に運動の激化を食い止めることはできなかった．インドではモハンダス・カラムチャンド・ガンディー（マハトマ・ガンディー）が民族主義運動に大衆を動員することに成功し，1947年，ついに

イギリス支配を終わらせる．その後民族主義運動はアフリカや東南アジアなどでも活発化し，1950, 60年代には多くの被支配社会がヨーロッパ各国から独立を果たし，諸帝国は解体していった．しかし，人種主義，紛争，旧植民地の低開発といった問題は21世紀のいまも未解決であり，そうした問題を検証する「ポストコロニアル研究」が，1970年代後半，主に英語圏から興り，現在では全世界で研究されている．

### （3）社会主義とソヴィエト

　フランス革命の理念は自由主義と個人主義を生んだだけではない．そこからは社会主義というもうひとつの概念が生じ，それはやがてロシア・東欧――ヨーロッパの東の系統――において社会主義諸国を成立させた．19世紀に入ると「自由・平等・博愛」のあいだの矛盾・対立があらわになる．絶対王政や封建的身分制度からの「自由」は，18世紀以来の産業革命と相まって，資本主義市場を急速に発達させた．商取引の自由は，農民が地縁から脱出し都市労働者になる自由であるとともに，自由競争市場で敗れた者が苦境に陥るのは自己責任であり，故郷の伝統的社会の互助精神＝「博愛」が都市には無いことを意味した．こうしてアンシャン・レジームの解体によって成立した自由市場は，人びととのあいだに「平等」をもたらすどころか大量の貧困層を生じさせ，格差を拡大させる結果を生んだ．

　このような事態を背景に19世紀前半から社会主義の思想が興り，それは世紀後半にマルクスとエンゲルスのふたりによって大成される．個人による自由競争市場を廃し，商品生産を個人ではなく社会全体の管理下に置くことで，近代社会の不平等を解消しようというのがその基本的発想だ．近代社会では身分に代えて，資本家と労働者という「階級」間の格差が固定化しており，資本家が独占している工場などの生産手段を奪取すべきだとして，マルクスとエンゲルスは労働者たちに団結を呼びかけた．

　しかし，たまたま職場の同僚にすぎない者同士が，運命を共にする同志として団結できるだろうか．生産活動の主体を個人から「社会」という集団へ移そうとする社会主義にとって，その集団をどうまとめるか――「博愛」をどう成立させるか――が最大の実践的課題となる．サン＝シモンら初期の社会主義思想家は，キリスト教的な隣人愛に集団統合の原理を求めた．これを「空想的」と批判したマルクスとエンゲルスは，宗教を否定し，資本主義社会の不平等を自覚した労働者の「階級意識」が団結の基盤となると期待した．が，人びとをまとめるのはそういう理詰めの認識ではなく，むしろ「隣人愛」のような，なんからの情念であることが，その後の社会主義の歴史で明らかとなる．

　世界初の社会主義革命であるロシア革命が，1917年，第一次世界大戦中に起こったことは重要である．マルクスらは，国境を越えた労働者の団結を望んで社会主義者の国際団体「インターナショナル」を組織した．しかし大戦前夜の緊張のなかで各国の社会主義者たちは自国の利害を優先し，インターナショナルは崩壊した．労働者の団結が国家というまとまりに敗れたのだ．ソヴィエト連邦もまた，社会主義体制をまとめあげるために，戦争中の国家の一致団結を利用した．革命を担ったレーニン率いる共産党は，議会を解散して一党独裁を確立し，列強による干渉のなか内戦を勝ち

抜くため，全工場の国有化や物資の徴発を含む「戦時共産主義」を断行したが，その手本となったのは，大戦中のドイツにおける総力戦体制であった．内戦勝利後もソ連ではその体制が常態化する．レーニンの死後，後を継いだスターリンは，ソ連の内外に存在する「人民の敵」への憎悪や恐怖という情念を利用し，多くの人びとを「敵」として「粛清」することで体制を維持しようとした．博愛とはかけ離れた情念が，社会主義の実践を支えたのである．

　社会主義の根本には，「個人」が「自由」に競争する資本主義が生む不平等に対する疑いがある．それは資本主義国家でも同じであって，とりわけ1929年の世界恐慌で自由市場の危険性が認識されると，国家が市場を部分的に管理することが一般的になる．社会主義運動のなかでも，資本主義の暴力的打倒を目指すのではなく，議会政治のなかで少しずつ改良していこうとする「社会民主主義」が強まり，ドイツやフランスでは長期政権を担った．実際，ソ連自体も穀物や石油の輸出など資本主義国と大規模な通商を行っていたわけで，資本主義と社会主義は必ずしも二者択一ではない．それは，ソ連崩壊以降，社会主義国家が大幅に減った現在のわれわれにも，社会主義が過去の遺物ではないことを意味している．

### （4）ヨーロッパ文化と「芸術」

　自由，平等，博愛，個人主義などと並んで，ヨーロッパが自らを規定する，極めて強力なイメージのひとつが芸術である．それは芸術が，人間の最も純粋な，つまり汚れた政治経済から独立した「普遍」的本質のひとつと見なされているからである．しかしこのような芸術概念は，ヨーロッパが自らのアイデンティティのために必要としたフィクションに他ならない．著名な美術館やコレクションを思い浮かべるだけでも，その芸術がキリスト教権，王侯貴族，財閥と切り離してありえないことは明らかである．

　ヨーロッパのアイデンティティは，血塗れの歴史を免罪する「芸術」という普遍性を独占する点にあった．それはポストコロニアル研究（(2)参照）が現れて久しい現在においてもそうである．純粋な普遍的価値である芸術は，最も強力な政治的・経済的・文化的アイデンティティなのであり，だからこそヨーロッパはそれを絶対に手放さず，他の文化圏にそれを認めることもない．

　無論，アフリカにもアジアにも，アメリカにもオセアニアにも古くから芸術はあった．また，シノワズリーやジャポニスム，オセアニアやアフリカの民族の彫像が，ヨーロッパの近代芸術に多大な影響を及ぼしたことも事実である．が，それらは人類学的標本あるいは特殊工芸品として博物館や万国博覧会で展示されたのであり，たとえば日本の葛飾北斎（1760?-1849）が，同時代人であるウジェーヌ・ドラクロワ（1798-1863）やフランシスコ・デ・ゴヤ（1746-1828）と等しい扱い——たとえばルーブル美術館での大展覧会など——を受けることはない．この意味で，音楽も彫刻も絵画も写真も映画も「ヨーロッパ」の芸術なのである．それ以外は，民族音楽，人類学的資料，記録写真，記録映画であって「芸術」ではないのだ．

　80年代以降，ポストコロニアリズムの考え方が現代芸術の世界においても広まるにつれ，またヨーロッパ内部から移民の出の作家達が頭角を現すにつれ，極端にヨーロッパ中心主義的な態度は見られなくなった．たとえば，国際的な展覧会やアートフェアにおいて，アーティスト，キュレイ

ター，コミッショナー，ギャラリストといった主要な登場人物たちの間に国や地域，エスニシティやジェンダーの偏りがあれば是正されるだろうし，非ヨーロッパ圏の芸術家や各地域の個々の美術史も多く参照されるようになってきてはいる．しかし現代芸術の世界は圧倒的に英語，次いでアルファベットの世界であり，また，非アルファベット圏の芸術が参照されるとしても，それは往々にして特殊美術史（非ヨーロッパ地域）の普遍的美術史（ヨーロッパ）への合併吸収という形を取っており，形式的な平等主義の反面で芸術という「普遍」の独占自体は揺らがない．グローバリゼーションの進行によって，近代ヨーロッパのアイデンティティは次々にグローバル化し，つまりヨーロッパを離れていった．残された最後のアイデンティティが「芸術」なのである．

## 3. 移民と多文化社会

　最後に，現在のヨーロッパに目を向けてみよう．戦後，独立した旧植民地の紛争を逃れて，あるいはより豊かで安定した暮らしを求めて，大量の非白人「旧国民」がヨーロッパの本国へ移動した．また戦後復興の中，労働力不足から大量の外国人労働者が流入し，彼らもまた自国へ帰ることなくヨーロッパに根を下ろした．それから数十年，ヨーロッパは非ヨーロッパ系移民が世代を重ねヨーロッパ人として共存する多文化社会となった．

　しかし「移民」とは誰のことだろうか．国際的に合意された「移民」の定義はないと言われている．国連による「通常の居住地以外の国に移動し，少なくとも12カ月間当該国に居住する人のこと」（国連事務総長報告，1997年）という定義には，植民地支配や戦争に起因するものから，就労を目的とするもの，留学や長期滞在までの幅広い移住の形態が含まれる．一方，国際移住機関（IOM）による移住の定義は「国内移動を含め，自発的に他の居住地に移動すること」となっている．その影には，人身取引などの重大な人権侵害にかかわる人の移動があることも軽視できない．このように「移民」は多種多様であり，現代社会を語るうえで欠かせない存在である．

　人の移動は，移動先での定住化をもたらし，その社会のあり方に少なからぬ影響を及ぼしていく．政策としての多文化主義があろうとなかろうと，私たちは多文化という現実を日々目の当たりにしている．それは，決してバラ色の現実ではない．「多文化社会」とは，人びとが，時に厄介な多様性というものとどう向き合い，折り合いをつけるのかを真剣に考えねばならない社会である．ここでは「移民＝マイノリティ」「国民＝マジョリティ」としたうえで（ただし移民の存在自体がこうした定義づけや区分を揺るがすものだが），「多文化社会」が抱える課題を三つの視点から考えてみたい．

　まずマジョリティにとっての課題がある．マジョリティに位置づけられた人びとが，多文化社会と主体的かつ豊かなかたちで出会うためには，マジョリティのあり方そのものを問い直さなければならない．今まで自らにとって当たり前であったことが，実は国家や制度やさまざまな権力関係によって保証されたものであること，そして，その「自明さ」が，異なる立場に置かれた人びとに対する暴力として作用しうると自覚することである．そのためには「想像力を養う」という作業が不可欠になるだろう．

それに対して，マイノリティにとっての課題もある．マイノリティに位置づけられた人びとにとって，マジョリティの言語・文化への参入およびそれらの「獲得」は，自己の生活基盤を保障する重要な手段となる．とりわけ言語は生活における必須条件であり，それが充分に機能し得ない時には，言語を媒介とした諸権利にアクセス出来ず，言語を根拠としたマイノリティの社会的領域からの排除をもたらして，自らの健康や生命の危機にかかわることさえある．他方で，マイノリティ固有の言語・文化の継承は，自らのアイデンティティを多言語・多文化社会とのかかわりにおいて存立させていくのに重要な役割を果たす．それは，「真の母国語」や「真の伝統文化」なるものが存在し，またそれを追求・体現することが必要だという意味ではない．移動の経験や定住化の促進，あらたな世代の登場などが，すでにマイノリティにとっての言語や文化を本国におけるそれとは異なるものへと変質させてきている．それこそが，言語・文化の持つダイナミズムであり，多文化社会が持つ力の基盤となるのだ．

そして，マジョリティとマイノリティの関係性をどのように批判的に捉え直せるかという課題である．日常生活のあらゆる場面において，さまざまな背景をもった異なる人びとが出会うとき，そしてそれがごく当たり前の風景となったとき，多文化社会は人びとに実感されるものとなるだろう．しかし，そのような差異の日常化が進行すればするほど，自分たちこそが本来の基準であり，普遍であるとする主張が根強く残っていることが明らかになる．ここには，特にマジョリティの側に強くあらわれる不安・恐怖という問題がある．この不安や恐怖は，人種主義という暴力の原動力となり，世界各地で顕著な移民排斥の動きなど，時には強硬な反動を引き起こしもする．こうした問題を直視し，不安や恐怖が他者への攻撃へと転じない回路を模索することなくして，多文化社会にむけての試みが本当の意味で花開くことはないだろう．

そして忘れてはならないのが，ヨーロッパの事例のみならず日本もまた，移民と多文化社会を考える重要な現場であるということだ．ヨーロッパで先行して生じている問題を，日本を舞台に考えることは，自分が当事者であることを実感するシビアな作業である．けれどもそれなくして，「移民と多文化社会」を考える意味がどこにあるだろう？

21世紀の現在，多文化社会の現実のなかで，そして地域紛争，経済危機，環境問題といったグローバルな諸問題に直面して，ヨーロッパを形成してきた特徴やアイデンティティは確実に変化しつつある．他方で，ヨーロッパの人びとの精神に深く根を下ろした「アイデンティティ」は容易に変化するものではなく，「移民」や「異文化」に対する心理的距離もそう簡単に埋まるものではない．9・11以降，その距離はむしろ開いているようにすら見える．ヨーロッパは啓蒙主義以来の「普遍」的思考の否定性と有効性を秤にかけながら，そして変わっていく現実と変わろうとしない心情のあいだの矛盾を抱えながら，ポストコロニアルな多文化社会を受け入れつつある．ヨーロッパの地域文化とは何か？　それはいままさに進行中の問いなのである．

注

1）http://en.wikipedia.org/wiki/File:World_1920_empires_colonies_territory.png

## コラム 3　ヨーロッパとイスラーム

　「ヨーロッパ」とは幻想の産物であるともいえる．ある人びとが「ヨーロッパ人」を自称するために，そのつど必要とする変幻自在の「鏡像」のようなものである．そう考えた時，その鏡の素材としておそらくもっとも大きな力を持っているのが「イスラーム」の存在であろう．実際，ローマ帝国が築いた地中海世界が崩壊したときから「ヨーロッパ」が誕生した，というヨーロッパの起源にかんする教科書的理解は，実は 7 世紀にはじまるイスラーム世界の急速な拡大と表裏一体である．また，イスラームの拡大に対する防衛（トゥール・ポワティエ間の戦いからウィーン包囲まで）・攻勢（十字軍遠征・レコンキスタから植民地化によるイスラーム世界の解体まで）・交渉（フランス王とトルコ皇帝との条約をめぐる16, 17世紀の論争から，トルコ共和国の EU 加盟をめぐる最近の論争まで）のそれぞれの歴史的過程は，宗教的な意味だけでなく，政治的，経済的，文化的に「ヨーロッパ」統一を醸成していったのだといえる．ヨーロッパが自らのルーツのように考えているヘレニズム文明とのつながりも，イスラーム世界の媒介（イブン・シーナー（アヴィケンナ），イブン・ルシュド（アヴェロエス）などの古代ギリシャ思想研究）がなければ成立しない「物語」であることも忘れてはならない．

　同時にまた，イスラームの存在は，つねに，「ヨーロッパ」という幻想にとっての脅威（すなわち，批判的契機）でもありつづけている．上述のように，「ヨーロッパ人」は，イスラームを暴力的で野蛮な「外部」として排除したうえで防衛・攻勢・交渉といった関係を持つことによって「ヨーロッパ」という鏡像を成り立たせてきた．だがその一方で，征服や移民の歴史を通じて，その「内部」にイスラーム社会を根づかせてもきたのである．今日，西欧諸国のほとんどで，ムスリム人口はキリスト教徒に次いで二番目の地位を占めている．それにもかかわらず，イスラームは「外部」にあらねばならない，という要求は実はヨーロッパ人の中には根強い．それは，さもなければ「ヨーロッパ」の鏡はもろくも砕け散ってしまう，という不安の裏返しに他ならない．「ムスリムは，世俗的ヨーロッパの中に明らかに存在している．しかし，ある重要な意味において，不在のままである」（T. アサド）などといわれるのもこのためである．このようなイスラームの「外部」化（「イスラモフォビア」＝イスラーム嫌悪・恐怖）は，事件へと発展することもしばしばだが，それらは決まって，世俗的共和主義原理の無視（フランスにおける「スカーフ禁止法」(2004) をめぐる論争）であったり，言論の自由への攻撃（ラシュディ『悪魔の詩』事件 (1989) やデンマークにおける預言者ムハンマド風刺画事件 (2006)) であったりと，「ヨーロッパ的価値」への脅威として表現される．これらが「ヨーロッパ」という鏡像に固執するヨーロッパ人の不安が裏返しの形で噴き出したものだからだともいえよう．創造的かつ批判的な「ヨーロピアン＝イスラーム」社会・文化の醸成こそが，ヨーロッパ人が抱えるこのような不安を取り除く根本的な治療法として最も望まれているといえよう．

## コラム 4　言語政策

　言葉や文化は国家や国境が発明される何万年も前から存在していた．近年になって国家というものが発明され，言葉の分布とは関わりなく政治的・軍事的事情で国境線が引かれ，一国が複数の言葉や文化を抱え込み，それを国家が管理するようになったとき，言葉は政策の対象となった．近代においてそれは単一言語内での方言の撲滅や統一的標準語の創出，支配民族の言語による統一といった形をとって現れてきている．

　たとえば，18世紀末のフランスの革命政府は，「フランス語こそが革命に相応しい言語」であるとして，地域語（ブルトン語，プロヴァンス語，バスク語，カタロニア語，コルシカ語，オック語，フラマン語など）の撲滅を目指し，国内の言語をフランス語で統一しようとし，さらにその後獲得した海外植民地においても，植民地の住民をフランス語・フランス文化に同化させる政策を遂行した．

　同様にプロイセン／ドイツ帝国も18世紀末にポーランド分割により獲得したドイツ領ポーランドにおいて，ゲルマン化政策をとり，住民の母語を学校を通じてドイツ語に置き換えようとしたのであった．このような同化主義的言語政策の背景にあったのは，一国内は単一民族・単一言語・単一文化でなければならないという国民国家のイデオロギーであった．プロイセン／ドイツ帝国が，新たに獲得したポーランド地域を自国領であると主張するためには，その地域の住民はドイツ人でなければならず，その住民をドイツ人であると言いうるためには，彼らがドイツ語を母語としている必要があった．この政策は，国民が避けては通れない教育，行政，司法，軍隊を通じて実現が図られた．近代日本の植民地政策もフランス，ドイツに範をとった同化政策であった．明治政府は「国語」という標準語を創出し，琉球語，アイヌ語，各地の方言の撲滅を図ると同時に，当時植民地化した朝鮮，台湾，南洋群島においても「国語」の普及を通じて住民の同化（皇民化）を目指したのであった．

　そのような同化主義的言語政策に対して，オーストリア／ハプスブルク帝国にあっては，帝国の成立以来伝統的に多民族・多文化国家であったため単一言語政策はとられなかった．とくに1848年の三月革命後は，帝国内諸民族との妥協の産物ではあったが，帝国内の10の領邦言語で帝国官報が発行され，また1867年に成立した国家基本法（憲法）では，「国のすべての民族は平等であり，どの民族も自らの民族性と言語の維持と育成に対して不可侵の権利を有する」と言語権が明記されたのであった．しかし施行細則は十分に整備されていなかったため，微視的に見れば，2言語混住地域においては軋轢を生んだり，あるいはそもそも「民族」であることが国家によって承認されていなかったユダヤ人たちのイディッシュ語はこの条文の埒外におかれるなどの矛盾をはらんだものであった．

　なお，支配志向を排した，現代のEUや世界各国の言語的施策は「言語計画」と呼ばれることが多い．

# 第7章

# アジア・太平洋の地域文化

## はじめに

　現在，テレビや新聞では，中国やインドといったアジアの国々の経済成長とともに，ヨーロッパやアメリカの景気の悪化や失業率の増加といったニュースがしばしば伝えられている．もはやかつ

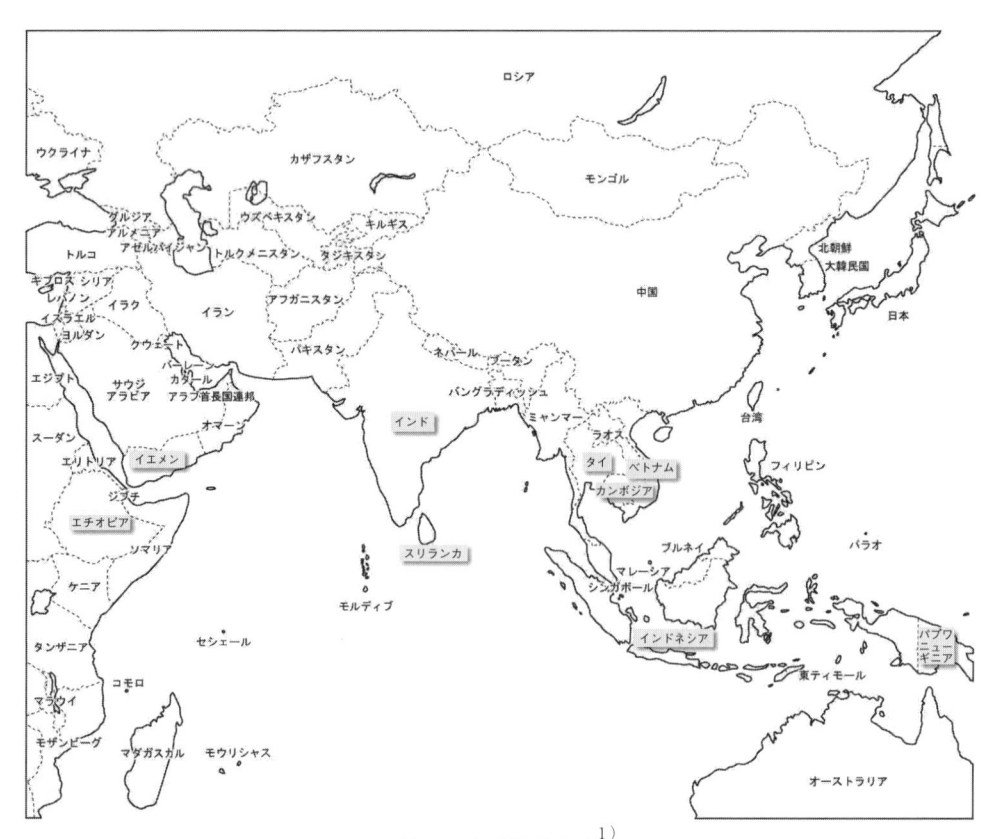

アジア・太平洋周辺地図[1)]

てのように西洋の優位が絶対視されることはなく，またそれと軌を一にするようにアジアへの関心が世界的に高まっていることは間違いない．しかし，日本も一員であるこのアジアのことを，本当に理解していると言える人はどれだけいるだろうか．それほどにアジアはあまりに広大で，多くの人にとって未知の領域が大半というのが現実であろう．世界地図を眺めてみても，寒冷地から熱帯まで，砂漠から山地，あるいは沿岸部に至るまで多様な気候，風土がアジアの内に含まれている．人びとの多くはその土地に適合した生活，文化を営んでいるが，一方で西洋化したライフスタイルを送る住民も少なくない．都市と地方といった観点，さらに宗教，民族といった角度から見ても，一国の中に全く異なる文化が複数存在することは，アジアにおいて珍しいことではない．しかもシルクロードの例を引くまでもなく，古くから政治的，経済的な要因によって，国内で，あるいはアジアの内部で，あるいはその外も含む形で，人びとの移動は繰り返し行われており，文化は絶えず混交し，変化を遂げている．さらに目を陸地の外に移せば，たとえば日本は太平洋に面し，東南アジアやオセアニア，さらに遠くはアメリカへも海を通じてつながっている．日本は島国ではあるが，決して閉ざされた土地ではない．グローバル化が進む今日，こうした地勢の中に置かれていることを頭に入れ，アジア・太平洋についてさまざまな角度から理解を深めていくことが，これまで以上に求められるだろう．

## 1．アジア・太平洋の六つの地域

ここでは基本を押さえるために，アジア・太平洋を便宜的に六つの地域に分け，それぞれの特色や概況などを簡単に列記していく．

### （1）西アジア

西アジアは文字通りアジアの西部を指し，国家としては，アラビア半島に位置するサウジアラビア，クウェート，バーレーン，カタール，アラブ首長国連邦，オマーン，イエメンのほか，イラン，イラク，トルコ，シリア，レバノン，ヨルダン，パレスチナ，イスラエル（ただしイスラエルはヨーロッパに区分されることもある）が属し，そのほかアフガニスタン，キプロス，旧ソ連のグルジア，アゼルバイジャン，アルメニアが含まれることも多い．またエジプトの一部は，スエズ運河より東に位置しており，その部分は地理的な定義からすれば，アフリカではなく西アジアに属する．西アジアの文化として真っ先にイメージされるのは，おそらくイスラーム教であろう．確かに西アジアでは，文化だけでなく，政治や社会もまたイスラーム教と強いつながりを持っている．ただし西アジアはイスラーム教一色の土地であるわけではない．上記の国々では，イスラエルのほか，グルジアやアルメニアでもイスラーム教徒は少数派で，レバノンではキリスト教徒が4割ほどを占める．イスラーム教徒が大半を占める国々の間でも，違いは大きい．たとえばトルコは，1923年に共和国となって以降，アラビア文字からローマ字への転換や政教分離など西洋を模した近代化政策が採られている．またイランは，国民の多くがイスラーム教では少数派のシーア派を信奉しているほか，

主にペルシア語が話されているなど，アラブとは別の文化を形成している．イスラーム世界が宗教に由来する共通性を保持しているのは確かだが，実際には地域や国によって異なる部分が多い．また複数の国でマイノリティの立場に置かれているクルド人の存在も，西アジアについて考える上では無視することはできない．さらに近代以降の西アジアの歴史に関しては，ヨーロッパやアメリカといった外部の勢力との関係も重要である．

### （2）南アジア

　南アジアは，インド及びその周辺に位置するアジア南部の地域を指す．当地には，南アジア地域協力連合という緩やかな地域協力の枠組があり，加盟国は，インド，パキスタン，バングラデシュ，スリランカ，ネパール，ブータン，モルディブ，アフガニスタンの8カ国である．そのうちインドは，人口・面積・国内総生産において全体の約8割弱を占めており，文字通り南アジア最大の国である．現在のインドは，パキスタンとともに1947年に独立した新しい立憲民主共和国であるが，文化の歴史は古く，宗教に限ってもヒンドゥー教や仏教，ジャイナ教などがこの地に誕生している．インドにはその後イスラーム教が流入し，13世紀初めからはイスラーム王朝がこの地を支配し，その状態は19世紀にムガル帝国が滅亡するまで続いた．インドの現在の宗教別人口比は，ヒンドゥー教徒が人口の8割以上で，ついでイスラーム教徒が約13パーセント，キリスト教徒とシク教徒が約2パーセント，仏教徒が1パーセント弱などとなっているが，それはイスラーム教徒が多かった地域が，パキスタン（のちに独立したバングラデシュも含む）となったことによる．多数派のヒンドゥー教徒の社会的生活規制であるカースト制度は，今でも人びとの生活様式に大きな影響を残している．ただしインド以外でヒンドゥー教徒が中心の国はネパールのみで，パキスタン，バングラデシュ，モルディブ，アフガニスタンではイスラーム教，ブータンとスリランカでは仏教を信奉する人が国民の多数を占める．このように文化的多様性を持つ南アジアだが，グローバルな視点からこの地域を見る場合，インド，パキスタンなどをかつて支配していたイギリスの植民地政策や，チベット，中国，東南アジア，西アジアなど，歴史的につながりの深い周辺地域との関係にも目を配る必要がある．

### （3）中央アジア

　中央アジアは，パミール高原を中心部とし，旧ソ連のカザフスタン，キルギス，タジキスタン，トルクメニスタン，ウズベキスタンがある西トルキスタンと，タリム盆地のある東トルキスタンの二つの地域からなる．東トルキスタンは，新疆ウイグル自治区として中華人民共和国の一部を構成している．中央アジアは，石油や天然ガスといった資源の新たな生産地として注目されており，国境を越えた人と物の流れが盛んであるが，古くからシルクロードと呼ばれる交通路が通り，中国からイラン，そしてローマをつないだ地域として知られる．この地域に多く住むのは，イスラーム教を信仰するウズベク人などトルコ系の民族であるが，東トルキスタンは，18世紀中ごろ清に支配されて以降，何度か独立を果たすもほどなく中国への服属を余儀なくされるという歴史を歩んできた．西トルキスタンもかつて帝政ロシアによって征服され，ロシア革命後はソ連邦に組み入れられ

た．ソ連解体後は，西トルキスタンに五つの独立国が誕生することになったが，いまだにロシアとの関係は深い．中央アジアではイスラーム教が広く信奉されているが，長らくソ連のもとにあった西トルキスタンでは，イスラーム教の戒律を厳密に守ろうとする意識は比較的弱い．一方，東トルキスタンでは特に近年，漢民族の流入が激しくなり，経済発展の陰で中国化も著しい．イスラーム教色が薄められている現状への不満は強く，独立を目指す動きは絶えない．

### （4）東南アジア

東南アジアは，インドシナ半島部とマレー諸島部からなる地域で，ベトナム，ラオス，カンボジア，タイ，ミャンマー，マレーシア，シンガポール，インドネシア，フィリピン，ブルネイ，さらにインドネシアから2002年に独立した東ティモールからなる．東南アジアでは豊かな自然に基づく独自の文化も存在するが，早い時期からインドや中国，イスラーム世界など外来文化の影響を受けてきた．さらに近代になると，タイ以外の地域は欧米列強の植民地と化し，アジア太平洋戦争勃発後には日本の占領下に置かれた．ちなみにタイは日本の同盟国として米英両国に宣戦布告している．第二次世界大戦後，植民地となっていた地域から独立を果たす国が続々と現れたが，ベトナムに対してフランスが起こしたインドシナ戦争，及びアメリカによるベトナム戦争のように欧米の介入は続き，東南アジアも冷戦の影響を強く受けることになる．そうした国際情勢を受けて，フィリピン，インドネシア，マレーシア，シンガポール，タイは，1967年に地域協力機構として東南アジア諸国連合（ASEAN）を結成，政治的，経済的結束を徐々に強めていった．ASEANには84年にブルネイ，90年代後半にベトナム，ラオス，ミャンマー，カンボジアも加盟し，東ティモールも加盟を目指している（2012年10月現在）．東南アジアには多くの民族が暮らしており，その中にはインドや中国，アラブ地域などから移住してきた人びとも含まれる．宗教も多彩で，先住民のアニミズム的な信仰のほか，タイやベトナムなどで仏教が，インドネシアやマレーシアなどでイスラーム教が，インドネシアのバリ島などでヒンドゥー教が，フィリピンなどでキリスト教が現在でも多くの信者を集めている．

### （5）オセアニア

オセアニアは大洋州とも言い，太平洋の中部から南部に広がる海域とそこにある島々，さらにオーストラリア，ニュージーランドを含む．国としては，上記2カ国のほか，キリバス，クック諸島，サモア，ソロモン諸島，ツバル，トンガ，ナウル，バヌアツ，パプアニューギニア，パラオ，フィジー，マーシャル，ミクロネシアがある．オセアニアは通常，赤道以南でほぼ180°の経線以西に位置し，ニューカレドニア，フィジー，ソロモンなどの諸島を含むメラネシア（ギリシャ語で「黒い島々」の意），おおむねメラネシアの北側に位置し，マリアナ，マーシャルなどの諸島を含むミクロネシア（「小さな島々」の意），ほぼ180°の経線以東に位置し，サモア，トンガなどの諸島を含むポリネシア（「多くの島々」の意）の3地域に区分される．オセアニアの先住民の祖先は，東南アジアから移動してきたと考えられているが，18世紀以降イギリス人を中心にヨーロッパの人びとが大量に移住すると，白色人種が多数派を占めるようになった．さらに，もともとは土着の信仰があったも

のの，布教によってキリスト教が急速に広まった．

　オセアニアでは1960年代以降に独立を果たした国が多いが，アメリカ領のグアム，マリアナ諸島，フランス領のタヒチ，ニュー・カレドニアのように独立に至っていない地域も目立つ．オーストラリアもかつては，アボリジニと呼ばれる先住民の土地だったが，探検家キャプテン・クックが1770年東岸に到達し，当地を英国領とすることを宣言した後，1788年からイギリス政府による植民地化が始まった．その後開発は大きく進み，1901年にはオーストラリア連邦が結成され，オーストラリアは自治領となる．かつては人種によって移民を規制する「白豪主義政策」をとったオーストラリアであったが，少子化と移民減少を背景に，防衛力の強化と労働力の獲得を目的に，1947年に大量移民受け入れ計画を実施，73年には非差別的移民政策を開始し，非英語系言語を母語とする国民も増えている．

### (6) 東アジア

　東アジアは国際的に定着した概念ではなく，かつて日本が唱えた「大東亜共栄圏」を連想されるという反発の声も海外では耳にする．また東南アジアとの関係から言えば，東北アジア，または北東アジアという言い方がより合理的でもある．日本で東アジアと言えば，日本，大韓民国（韓国），中華人民共和国（中国）の3カ国がすぐにイメージされるだろうが，地理的概念とするならば，朝鮮社会主義人民共和国（北朝鮮），さらにモンゴルも含まれるべきであろう．ここではあくまで，上記の国々を含む地理上のカテゴリーとして「東アジア」を扱うことにし，近代以降の歴史を中心に次節でさらに説明を加える．

## 2．近現代の東アジア

### (1) 中華帝国の衰退と日本の侵略

　東アジアの歴史を考えるならば，かつてこの地域で最も高度な文明を築いた中国の存在を無視することはできない．中国の過去の王朝の版図は一定ではないが，その影響力は，時に中国を脅かすこともあったモンゴルなど周辺地域の異民族，日本や朝鮮半島の国々，明治以降日本領となった琉球，さらには，かつては科挙も行われていた漢字文化圏のベトナムなどで非常に強かった．また中国において発明された紙，火薬，羅針盤などは，東アジアに止まらず，世界の歴史に大きな足跡を残している．近年，経済発展を続ける中国の存在が世界的にクローズアップされているが，古代以来の中国の歴史を考えれば，欧米列強及び日本の侵略によって半植民地状態に陥り，さらに内戦や国内の政治的混乱によって発展が損なわれた過去百数十年の方を例外と見るべきだろう．

　確かに，欧米諸国が権益を求めて東アジアに触手を伸ばした19世紀半ばは，この地域にとって大きな転換点であった．清朝はアヘン戦争でイギリスに敗れ，上海，広州など5港を開港，賠償金を支払うとともに，香港を割譲した．日本が幕藩体制から近代的な統一国家への転換を図ったのには，これまで範としてきた中国の衰退，そしてそれに代わる新たな文明として西洋が認識されたこ

とが，その背景として挙げられる．清朝はその後，洋務運動と呼ばれる近代化の試みも実行に移したが，朝鮮を巡って争われた日清戦争にも敗れ，台湾を失った．辛亥革命によって清朝皇帝が退位し，中国は共和制の中華民国に生まれ変わるが，不安定な政治状況が続くとともに，さらに日本の侵略を受けることになる．

一方，朝鮮を併合，台湾を植民地統治し，さらに傀儡国家の満州国を中国東北地方に成立させた日本は，やがて軍国主義体制一色に染まり，東南アジアやオセアニアにも触手を伸ばした．しかしアジア太平洋戦争に敗れると，獲得した領土を失うとともに，1952年までアメリカ軍が事実上統括する連合国最高司令官総司令部（GHQ）の占領下に置かれた．

### （2）第二次世界大戦後の東アジア

第二次世界大戦後，アメリカは東アジア全域において影響力を強めていった．たとえば朝鮮は日本の植民地支配を脱したが，米ソの対立の影響もあり，1948年，南北に二つの国家が誕生し，50年には両国間で朝鮮戦争が勃発，韓国にはアメリカ軍を主体とする国連軍がつき，北朝鮮には中国から志願軍が参戦，一進一退の激しい戦闘が行われた．

戦後，中国は戦勝国として台湾を接収したが，まもなく国民党と共産党との内戦が起きる．当初は国民党が優勢であったが，その後戦況は一変，1949年10月，国内をほぼ制圧した共産党は北京で中華人民共和国の成立を宣言，蔣介石らは台湾へ逃れた．共産党は「台湾解放」も目指したが，それを阻んだのが朝鮮戦争であった．アメリカは，台湾の国民政府に対し軍事援助を行わない方針だったが，朝鮮戦争が起きると方針転換し，51年に相互防衛協定，54年に相互防衛条約を結んだ．一方中国は，朝鮮戦争への参戦で50万人以上の死傷者を出したほか，軍事費の負担も大きく，台湾侵攻を諦めざるを得なくなった．

かつて東アジアで社会主義陣営に属する国は，辛亥革命後に独立を宣言し，1921年に社会主義政権を樹立したモンゴルのみであったが，40年代末に中国，北朝鮮が加わり，相互に軍事同盟を結んだ．それに対し，アメリカは日本や韓国，台湾，フィリピンなどに軍隊を駐留させ，東アジアは米ソがにらみ合う冷戦の最前線となった．ただし，60年頃から中国とソ連の対立が表面化し，その影響もあり70年代に入るとアメリカと中国が接近をはかるなど，「資本主義対社会主義」という単純な図式は描けなくなる．日中関係も正常化に向かって動き出し，72年に国交が成立した．さらに中国は，76年の毛沢東の死去及び文化大革命の終結が大きな転機となり，70年代末から鄧小平体制のもとで改革開放政策や市場経済の導入を進め，経済の立て直しに力を注いだ．

1980年代から90年代にかけて，ソ連や東ドイツなどヨーロッパの社会主義国家は次々と体制崩壊に陥った．当然，東アジアにも波紋が広がり，モンゴルは92年に社会主義を放棄するに至る．しかし中国では，民主化を求める一般市民のデモ隊が武力弾圧され（六四天安門事件），その後も政治改革よりも経済発展が優先される状態が続いている．84年の中英共同宣言によって中国への返還が決まっていた香港では，天安門事件は衝撃をもって迎えられ，海外への移民熱が高まるなど，中国返還への不安が一気に高まった．しかし97年の返還後，香港にとって中国は経済面においても決定的な位置を占めるようになり，香港の「中国化」は避けられない現実となりつつある．一方，北朝鮮

では，経済協力関係を結んでいたソ連や東欧の崩壊などの影響で悪化した経済状況の改善のため，経済特区の設置を決めるなど変化も見られたが，94年の金日成死去の後，金正日が最高権力者の地位を世襲し，軍事力を重視するなど体制維持が優先されたため，改革は実を結んでいない．

　冷戦が終結した時期には，社会主義国以外でも注目すべき出来事や変化が見られた．1960年代以降，高度成長を続けていた台湾は，政治的には長らく国民党の一党独裁状態にあった．しかし87年，38年間続いた戒厳令がついに解除され，さらに90年，台湾生まれの李登輝が総統に就任すると，民主化が一気に進むことになる．96年に総統直接選挙が初めて実施され，2000年には当時野党であった民主進歩党の陳水扁が総統に就任した．台湾に帰属意識を持ち，中国との統一を望まない人びとが増えたことがその要因となったが，経済面で中国との結びつきが年々重要性を高める中，08年の選挙では中国との融和を訴える国民党の馬英九が勝利した．ただし台湾独立の支持者も依然として相当数にのぼるため，今後も中台関係が台湾にとって最大の問題であり続けるであろう．

　韓国は1948年の建国以降，李承晩大統領の独裁体制が12年続いた．その間，経済は停滞した状態にあったが，李が市民のデモによって辞任に追い込まれた後，続く政権を倒し，大統領に就いた朴正熙は，工業化に力を注いで経済を好転させた．88年，東西主要国が参加して開催されたソウルオリンピックは，韓国の経済成長を世界に示すものとなった．ただし民主化への道のりは長く険しいもので，朴らによる軍事クーデター以降，政治の実権は軍部勢力が握り，87年に実施された大統領直接選挙でも，野党の分裂もあって軍出身の盧泰愚が当選，軍人政権の時代は93年に金泳三が大統領に就任するまで続いた．その後韓国は，97年のアジア通貨危機によって深刻な経済状況に陥るが，98年に大統領に就任した金大中がさまざまな改革を推し進め，経済は99年には回復に向かった．金大中政権のもとでは北朝鮮との関係改善も進み，2000年に南北首脳会談が実現したほか，1965年の日韓国交正常化後も制限されていた日本文化の開放も進められた．

## （3）東アジアにおける文化の混交

　以上から分かるように東アジアの国や地域はそれぞれ複雑な歴史を歩んでおり，政治的な立場も千差万別であるため，東アジアがEUのようにひとつの共同体にまとまることは，今の段階では考えにくい．しかしここ最近，特に文化面に関して，国境を越えた新しい動きが目立つようになった．日本でも2004年頃から「韓流ブーム」が巻き起こったが，中国や台湾，さらに東南アジアでは，2000年前後から韓国ドラマの人気は高まりを見せていた．韓国の映像産業は，政府の後押しもあって大きく成長し，それによって海外の視聴者の中に新たな韓国イメージが形作られている．一方，日本文化への関心も，韓国や中国，台湾など各地で広がっており，東アジア内部での文化や情報の流れは，政治面での融和が図られるよりも先に人びととの間を見えない形でつないでいると言えよう．

　ただ当然のことながら，東アジア内での交流は今に始まったものではない．東アジアの多くが長らく中国の影響下にあったことはすでに述べた通りであるが，文化の流れは，中国から周辺国へ，という方向でのみ進んだわけではない．たとえば，明治期にいち早く近代化を進めた日本は，西洋由来の新しい概念を表現する翻訳語を漢字によって新たに創出し，それが中国や朝鮮に「輸出」さ

れるという現象が19世紀末から20世紀初頭には広く見られた．また現在，日本の大学や専門学校には，東アジア出身の留学生が多く学んでいるが（2009年5月現在で中国から約8万人，韓国から約2万人，台湾から約5000人），100年ほど前にも，中国から大勢の留学生が日本に来ていた．留学生が増えたのは，日清戦争後の1896年以降で，かつて魯迅もそうした留学生のひとりであった．彼は1902年から09年まで日本に滞在し，仙台医学専門学校（東北大学医学部の前身）で医学を学び，その後文学の道に転じた．また周恩来も1917年から19年まで日本に留学した経験を持つ．

　グローバルな観点から見たとき，東アジアに位置するそれぞれの文化は，さまざまな点で関連性を持ち，混じり合っている．他文化に異質さを感じることは決してなくならないとしても，互いを理解し合うための素地は，すでに備わっていると見るべきである．ただし，文化の画一化や文化侵略の問題など，固有の文化が失われることに警鐘を鳴らす動きもあるほか，尖閣諸島や竹島（韓国名・独島）の領有権を巡る政治的対立，さらにかつての日本の侵略や植民地支配に由来する反日感情（及びそれに対する日本側の反中，反韓感情）も，東アジアに生きる人びとの心理に大きな影響を与え続けている．しかし特に自分に身近な地域の文化に関して学ぶ時ほど，偏狭なナショナリズムに走ることなく，広い視野のもと歴史に対する認識を深め，ムードに流されない確固とした足場を築くことが重要である．

## 3．アジア・太平洋における民族，文化の越境

### （1）国家の中の多様性

　前節までに見たように，アジア・太平洋の各地域には多様な文化が広がっているが，同じことはひとつひとつの国にもあてはまる．たとえ特定の民族や宗教が優勢な国であっても，少数派や別の価値観を持つ人びとは必ず存在すると言ってよい．ユダヤ教徒を中心とするイスラエルもその例にあてはまる．イスラエルには，建国以前からの住民として今もアラブ人が暮らしているが，彼らの多くはイスラーム教徒で，ギリシャ正教徒やキリスト教徒も含まれている．アラブ人にも一定の政治的権利が保障されており，国会議員として活動する者もいる．さらにユダヤ教徒自体，その来歴は一様ではなく，ヨーロッパ系の住民もいれば，建国後に周辺のアラブ諸国から移民としてやってきた人びともいる．ユダヤ国家を標榜しているイスラエルだが，国民一人ひとりの文化的背景は実にさまざまである．

### （2）国境を越えて移動する民族

　こうした例にも見られるように，特に現代では，程度の差こそあれ，どんな土地でもエスニシティ，文化，宗教など異なったアイデンティティを持つ人びとが混在している．華僑という言葉は日本でもよく聞かれるが，これはいわば仮住まいの中国人を意味する．しかし東南アジアでは，現地社会への定着の度合いが高いため，華人という呼び方が一般的である．マレーシアでは，華人はマレー人に次ぎ人口の約4分の1を構成し，シンガポールでは人口の多数を占めている．タイやブ

ルネイでも，人口の1割以上が華人である．彼らが特に増えたのは，欧米列強による植民地化が進み，プランテーションや鉱山の開発などで安価な労働力が求められた19世紀半ば以降である．マレーシアの首都であるクアラルンプールは，もともと華人によって築かれた街であり，現在でも華人住民が多数を占める．このように，東南アジアの都市の形成や経済発展において華人が果たしてきた役割は大きい．また中国と地続きのインドシナでは，近年，鉄道や道路などインフラの整備によって，国境を越えた動きが加速している．ただし中国からの移民が手放しで歓迎されているわけではない．彼らの経済力やバイタリティが反感を呼ぶことも多く，インドネシアやマレーシア，ベトナムなど各地で反華人暴動や民族間の衝突が起きている．現在，南沙諸島や西沙諸島の領有権の問題が，中国と周辺国の間で対立の火種となっているが，それを契機とする反中デモもベトナムなどで起きている．

### （3）アジア・太平洋の歴史と西洋近代

しかし，人の移動や文化摩擦はアジアの中でのみ起きているわけではない．アジア・太平洋の近代以降の歴史を考えるならば，欧米諸国による侵略，植民地支配についての理解も必要である．たとえばオセアニアでは，西洋人がもたらした伝染病が蔓延するなどして，先住民人口が減少する一方，ヨーロッパやアジアなどからの人口流入が拡大することで多民族化が進んだ．ハワイでは，サトウキビ産業などに従事する日本人移民が1868年以降急速に増え，20世紀前半に人口の4割近くに達したこともあった．

西洋の影響は直接的なものに止まらない．西洋由来のさまざまな概念や思想が与えた影響の大きさも計り知れない．たとえば，国民国家という現在も続く国家の枠組，さらに民主主義や社会主義といったイデオロギーを抜きにして，アジア・太平洋の現代史を語ることはおそらく不可能だろう．この地域において西洋人は，近代化のモデルを提供する「進んだ」文明の顔と，植民地化を狙う帝国主義者としての顔の両面を持った存在であったわけだが，負の側面も含め，西洋を鑑に富国強兵を目指したのが明治以降の日本であった．日本は，アジアの中でいち早く近代化を実現した一方，海外へと触手を伸ばした結果，アジアやオセアニアで甚大な被害が生じた．たとえばオーストラリアは，日本軍の空爆を受けたほか，アジア太平洋戦争で2万人の兵士が戦死し，日本軍の捕虜となって虐待や過労のため死亡した兵士も数千人にのぼった．またオセアニアの多くの島々は，アジア太平洋戦争の戦場となり，地元の住民も含め多数の犠牲者が出ている．さらに植民地となった台湾と朝鮮では，日本の支配の影響は文化や生活面にまで及んだ．朝鮮を例にすれば，特に1937年以降，皇民化政策によって神社の参拝が強要され，学校での朝鮮語の教育や使用が禁止されたほか，朝鮮古来の姓名制を廃止し，日本式の氏名に代えるという創氏改名も実施された．このように日本は，現地の民族文化を抑圧するような支配を行った過去を持つ．グローバル化がいくら進んでも，それが消え去るわけではない以上，自らの歴史をどのように認識し，それをどう受け継いでいくかが今後も日本人には課題として残されていくだろう．

## 4．冷戦，ポスト冷戦とアジア・太平洋

### （1）冷戦とアジアの「熱戦」

1945年8月，第二次世界大戦は日本の敗戦によって終わりを迎えた．それとともに植民地支配を受けていたアジア・太平洋の国々は，ヨーロッパ諸国の勢力が弱まったこともあり，次々と独立を果たしていく．しかし新興国を含むこの地域の国々は，アメリカとソ連の対立によって起きた冷戦に巻き込まれ，時にそれは「熱戦」，すなわち実際の戦闘を伴うこととなる．南北に政府が誕生した朝鮮半島で勃発した朝鮮戦争，そして北ベトナム及び南ベトナム解放民族戦線とアメリカ及びその援助を受けた傀儡政権との間で繰り広げられたベトナム戦争は，死者の数が数十万人に達した．21世紀に入っても朝鮮半島の分裂状態が続いているように，冷戦の爪痕は消え去っているわけではない．中国大陸と台湾で政府が異なる，いわゆる「二つの中国」の問題もまた，冷戦後依然として解決の糸口は見えない．

### （2）冷戦と西アジア

西アジアでも第二次世界大戦後，多くの国が誕生し，植民地からの独立を果たしたが，この地域にも冷戦構造は大きな影を落とした．1950年代，アラブ民族主義が各地で高まり，青年将校のナーセルらがクーデターを起こしたエジプトのように，シリアやイラクでも左派的なアラブ民族主義政権が樹立された．豊富な石油資源を抱えたこの地域に，ソ連が南下することを恐れたアメリカは，封建的王政を続けるサウジアラビアへの支援のほか，他の西側諸国とともに，ソ連と国境を接するトルコ，イラン，アフガニスタンを自らの側につなぎとめようとさまざまな働きかけを行った．こうした背景を踏まえておかなければ，今のイランやアフガニスタンの状況を正しく理解することはできない．かつてイランは，対米依存を続けたシャーの独裁国家であり，アメリカ文化が浸透した国であった．しかし1979年にイラン革命が起きると，イスラーム主義に基づき宗教指導者が政治も指導する共和国体制が築かれた．そして元国王のアメリカ入国を契機にテヘランのアメリカ大使館占拠事件が勃発，それ以降イランは反米国家の道を歩むことになる．

一方，アフガニスタンは1973年まで王政が続いていたが，クーデターによって共和制国家となった．しかし国情は安定せず，78年に再びクーデターが起き，左翼体制が生まれたものの混乱は続いた．そのため新政権はソ連に支援を求め，79年にソ連の軍事介入が行われる．これによって米ソの緊張が高まったことはよく知られているが，その後アメリカは，ソ連の侵攻に脅威を感じるイスラーム教徒に軍事訓練を施し，アフガニスタンへと派遣した．のちに9・11事件の首謀者となるオサマ・ビンラディンもそのひとりである．アフガニスタンでの戦いを終えた彼は，湾岸戦争を契機に反米に強く傾斜していった．96年に首都カブールを制圧し，イスラーム国家樹立を宣言したタリバンは，彼が指導するアルカイダを庇護する．タリバン政権は，バーミヤンの歴史的な仏教遺跡を破壊するなど，急進的なイスラーム主義を実践していたが，9・11事件の後，アルカイダ関係者の

引き渡しを拒否したため，アメリカを中心とする国々の攻撃を受けた．こうして2001年12月には，タリバン政権に代わる暫定行政機構が発足，翌年6月には暫定政府に移行した．このように激変を続けたアフガニスタンの近年の動きには，アメリカの影がつきまとっている．

### （3）冷戦崩壊に伴う新たな混迷

冷戦は世界を大きく二分する対立構造を約40年にわたって築いたが，ソ連崩壊でそれが失われた結果，別の問題が次々と浮上し始めている．唯一の超大国となったアメリカはアフガニスタンやイラクで戦争を起こし，勝利したものの「テロリズム」を抑え込めずにいることは，そのひとつの例である．中国の台頭も，周辺国との間の領土問題への対応からもうかがえるように，地政学的なパワーバランスを大きく変えつつある．沖縄の基地問題もそうした冷戦後の国際状況と大きく関係している．六者協議によっても容易に解決しない北朝鮮の核問題，国際連合の理事国間の意見対立もあり有効な解決策が見出せないシリアの内戦状態などが示すように，冷戦の終結によって世界はひとつになったわけではない．ポスト冷戦時代に安定した秩序を生むこともまた容易なことではなく，諸々の難しい課題が突きつけられていることをアジア・太平洋の一員として理解しておくべきだろう．

## 5．加速化するグローバリゼーションとアジア・太平洋

### （1）世界経済のうねりとアジア・太平洋

すでに触れたように，冷戦が終結した今も，政治面で世界はさまざまな対立を抱えている．しかし目を経済に向ければ，企業活動は国境を越えて展開し，大量の資金や商品が世界中を行き交う現実がある．こうした経済のグローバル化は，政治の枠を超えた，自由で効率的なビジネス環境を実現した一方で，アメリカのサブプライムローン問題に端を発したリーマンショックが世界金融危機を生み，ギリシャの財政問題から表面化したヨーロッパの金融危機が中国経済を減速させ，それが日本を含む他国へと波及したように，一国の金融政策の失敗が地球規模に拡大していく危険性を大いに高めた．だが現状では，グローバル化に背を向けることは，もはや現実的な選択ではありえず，いかに他国，他地域と関係を強化し，世界の潮流から取り残されないようにするかが，多くの国々にとって目下の課題となっているかのようである．日本もすでに，アジア太平洋経済協力（APEC）やASEAN＋3（日中韓），ASEAN＋6（日中韓，印，豪，ニュージーランド）などに加わっているが，2012年10月現在，環太平洋戦略的経済連携協定（TPP）への参加や，中国，韓国などとの自由貿易協定（FTA）の締結が取りざたされている．今後，アジア・太平洋の中で，さらには欧米諸国も巻き込む形で，経済統合の動きが進む可能性も否定できない．

### （2）グローバル化と地域性

ただし経済の問題を語る上で，グローバルな視点も当然重要だが，ローカルの要素に着目するこ

ともまた欠かすことはできない．たとえばインドでは，総数が2000とも3000とも言われる各カーストが固有の職種と結びつき，結婚の相手もカースト集団内で行うなど，依然として影響力を持っている．カースト制度の最下層に位置する不可触民は，インドの人口の十数パーセントを占めるとされ，さまざまな差別を受けてきた．現在彼らは指定カーストと呼ばれ，生活条件の改善と社会的地位の向上に政策的配慮が払われているが，抜本的な解決には至っていない．外国ではインド経済の躍進に注目が集まっており，タタ財閥やインドのIT産業が日本でも話題になることが多いが，貧困問題は依然として深刻で，2005年の報告によれば，国民の三人にひとりが1日1ドル以下しか所得がないとされる．英語によるエリート教育のシステムが制度化されている半面，農村部を中心に初等教育すら満足に行き届かない地域も広範に見られるなど，光と影が交錯するのがインドの現状と言える．

### （3）情報化に伴う社会の変化

このようにグローバル化という新しい時代の流れも，その土地特有の文化と深くつながっており，その点を無視してはならない．ただしインターネットに代表される情報化社会の到来によって，世界の人びとが今まで以上に異文化の影響を受けやすくなったのも確かである．そのため伝統文化が強固に根づいている社会であっても，生活習慣や人びとの意識は間違いなく変化していくことだろう．チュニジアやエジプトなど北アフリカ諸国に端を発し，西アジアにも波及した反政府運動，いわゆる「アラブの春」では，それまで政治参加の道を制限されてきた人びとがfacebookやtwitterといったソーシャル・ネットワーキング・サービス（SNS）やYouTubeを活用して情報共有を図る中で，彼らの間に新たな連帯が生まれ，それが民主化運動の広がりにつながったことが知られている．政府に管理されたマスコミとは異なる言論空間をインターネットに求める人びとの動きは，西アジアのほか，中国やベトナムなど各地で同様に見られる．政府による検閲や規制も日に日に強化される傾向にあるが，しかし情報化の流れ自体はすでに断ち切ることができない段階にまで達しているのも事実である．今後も発展が見込まれるインターネットの世界を，特に民主制度が整っていない国々の政府がどう扱っていくかは，今後も注視していくべきだろう．

## おわりに

グローバル化が世界の趨勢となった現在，以前と比べ外国の存在は身近となり，移動も容易になった反面，経済面で人びとは激しい競争にさらされるようになった．冷戦時代のように世界を分かつ対立の図式が消え去ったのは歓迎すべきことであろうが，世界の未来のあり方を見通すこともまた難しくなっている．アジア・太平洋に関して言えば，経済成長を続ける中国やインドが，今後国際社会でどのような役割を演じていくのか，アメリカやロシアがこの地域にどう関わっていくのか，そして日本や韓国はどのような貢献を果たしていくのか，さらに北朝鮮やイラク，アフガニスタン，シリアなど国内に不安要素を抱える国々の将来はどうなるのかなど，注目すべき問題は尽き

ない．これからアジア・太平洋に生まれる新しい文化も，こうした政治や経済の動きを少なからず反映するものになることだろう．ただし当然ながら，文化の問題がそれらにすべて還元されるわけではない．K-POP，インド映画，チベット問題，在日朝鮮人社会など，アジア・太平洋に広がるさまざまな事象は，グローバル化や近代化など世界的な現象とどこかで必ず結びついてはいるが，それぞれの地域の特性とも深く関係している．グローバル化の中でも生命力を失わない多様な文化の存在は，政治や経済といった観点だけでは説明できない世界の複雑さを示すものとも言えよう．それだけに文化の的確な理解には，豊富な知識とともに，多角的な視点が必要になる．そしてそれを身に付けることは，混沌とした世界を解きほぐしていくための大きなステップになるに違いない．

### 注
1) http://livedoor.blogimg.jp/foodsnews/imgs/3/8/38774e13.jpg.

## コラム5　多文化国家オーストラリアとグローバリゼーション

　太平洋の南に位置するオーストラリアは，いわゆるオセアニア（大洋州）という地域の中にある．そもそもオセアニアという名称が使用されたのは18世紀以降であり，その示す範囲も一定ではないが，オセアニアとは，広義には太平洋上の全域を指し，一般的にはポリネシア，メラネシア，ミクロネシア諸島とオーストラリア大陸の4領域の総称である．

　オーストラリアは，数万年前から居住しているといわれる先住民アボリジニの歴史とは別に，18世紀半ばのイギリス人の入植によってその歴史が始まった．20世紀初頭にイギリスから独立して自治領となり，地理的にはアジア・太平洋に位置し，歴史的にはヨーロッパ人の国として建国された．オーストラリアは，地理的条件（アジア・太平洋）と文化的条件（ヨーロッパ）の間に大きな矛盾を抱え，独特な歴史をたどった国であるといえよう．

　オーストラリアは，1901年にイギリスから独立するとともに有色人を排除する「白豪主義」を唱えた．そしてイギリス人からなる国家建設を目指すが，第二次世界大戦を境にこの政策の大きな方向転換をする．この国は宗主国イギリスとの関係よりも，アジア・太平洋国家としての立場を重視し，1970年代以降は「多文化主義」政策を掲げ，ヨーロッパ，中東，アジア，南北アメリカ，アフリカなど世界のさまざまな地域から多くの移民を受け入れ，多文化国家となった．ことに，かつて植民化した先住民アボリジニとの和解政策は，この国がアジア・太平洋国家として先住民と共存することを固く決意したことの表明となっている．

　近代以後，ひとつの国家は1民族，1言語，1文化に統一され，人びとのアイデンティティは国家への帰属意識によって確立されていた．しかし，多文化社会オーストラリアでは，ひとつの国家に多様な民族，言語，文化が共存する社会へと変化し，その結果，オーストラリア人のアイデンティティは，統一されたアイデンティティというよりも，さまざまな民族，言語，文化からなる多様なアイデンティティにとって代わったのである．

　しかし，多様化されるアイデンティティは，オーストラリアだけに見られるものではない．この現象は，現在，世界的規模で進行しているグローバル化と軌を一にしている．冷戦構造が崩壊した後の世界では，イデオロギーによって分断されていた国境線が，民族，宗教などによって新たに引き直され，その後，移民や難民など人の移動が頻繁に起きている．それに伴い，移民や難民による民族，言語や文化の移動，さらにはそれらの混淆も起こり，人びとのアイデンティティはさらに複雑さを増してきている．加えて情報機器の発達に伴い，情報はボーダレスの時代に入り，世界的規模で進行しているグローバル化による情報や言語の移動，またそれによる文化や民族の混淆は加速化されている．多文化社会オーストラリアにおいてそうであるように，グローバル化が進む現代において，「近代国家の定義」や「国家とアイデンティティ」の関係は変容を余儀なくされているのが実情であろう．国家や個人のアイデンティティの在り方に，多文化主義国家オーストラリアは，グローバル化が加速される現代社会に，多くの課題と問題を提供しているといえよう．

# 第8章

# 南北アメリカの地域文化

## 1. 大西洋世界の拡大と新大陸

### （1）コロンブスはアメリカを発見したのか？

「コロンブスの卵」という言葉で有名なクリストファー・コロンブスは，15世紀末に活躍したイタリア人航海士であり，一般的にはアメリカの発見者としてよく知られている．しかし厳密にいえば，二重の意味で誤りといえる．ひとつは，彼は自分の航海が終生インド沿岸の諸島へ到達したと信じ込んでいたし，もうひとつは発掘された古い遺跡からすでに11世紀初頭にはバイキングなどのスカンジナビア半島の住民がアイスランドからカナダの東海岸に渡っていたことが推定されている．また，何よりもアメリカ先住民の視点からみれば，彼らの祖先こそアジアから最初にアメリカ大陸に入った人びとであり，コロンブスの「アメリカ発見」はヨーロッパ中心的な見方に基づく歴史の歪曲にほかならないのである．

地図8-1　西半球の地図

## （2） グローバル経済の出現

コロンブスの「アメリカ発見」が歴史上正確な表現ではないにせよ，彼の4度に及ぶ航海が新大陸への定期的な航路を切り開いたという事実は，その後の世界史の展開を考えれば過小に評価されるべきではないだろう．南北アメリカ大陸の存在は，ヨーロッパ人の世界観を一挙に広げ，未知なる土地への冒険心を鼓舞し，人・モノ・情報網の拡大に大きく貢献したからである．

まず16,17世紀にはスペインとポルトガルが先陣を切って新大陸へ進出した．スペイン人の探検家たちは，バハマ諸島やキューバ島を中心にカリブ海の島々での金，銀の採掘に乗り出すが，ユカタン半島が発見されるとアメリカ大陸への本格的な探索を開始した．16世紀初頭のエルナン・コルテスに率いられた一団によるアステカ王国の征服，フランシスコ・ピサロの一党によるインカ帝国（ペルーの高原地帯）の征服などの事例に如実にみられるように，馬や銃器を用い戦略に長けたスペイン人征服者は瞬く間に新大陸の支配者になった．16世紀末までにスペインは25万人にも上る移民をアメリカ大陸に送り込んだと推計されている．次いでポルトガル商人が大西洋を頻繁に南下した．彼らは西アフリカ沿岸の諸部族との交易に乗り出し，大量の金や象牙を持ち帰ったが，1500年に偶然南米大陸の東岸（現ブラジル）に漂着すると，ポルトガル人は黒人奴隷をともないこの地での植民活動に着手した．

17世紀に入ると，フランス，オランダ，イギリスなどが新大陸に入植を試みた．中南米に勢力を伸ばしたスペインの軍事力を恐れて，フランスは現カナダのセントローレンス河口に毛皮を求めて進出し，オランダとイギリスは北米の大西洋沿岸の入り江に入植地を開拓した．それ以後数世紀にわたってヨーロッパ列強はおびただしい数の移民を新大陸へ送出することになるが，彼らによって持ち込まれた旧世界の伝統文化は，新たな風土に根を下ろし特有の地域文化を生み出した．

かくして「新大陸」はヨーロッパ人の意識に深く入り込み，彼らの欲望と想像力を掻き立てた．船舶と航海技術の進歩のおかげで大西洋貿易が活況を帯びると，南北アメリカやアフリカ大陸のみならずアジア・オセアニアを含めたグローバルな商業ネットワークが急速に構築された．東アジアの胡椒・陶磁器・綿花がヨーロッパ市場に運ばれ，西インド諸島の砂糖，新大陸のタバコやコーヒーが，ヨーロッパ人の嗜好品への需要を刺激し，18世紀の「商業・生活革命」を可能にしたのであった．

## （3） 異文化接触の悲劇

ヨーロッパ人の入植は，新大陸における先住民の伝統的な生活にとって深刻な脅威となった．コロンブス到来以前には南北アメリカでは200以上の個別の言語社会からなる先住民部族が実に7500万人も生活していたと推定されている．しかしヨーロッパ人の新大陸への進出にともないペストや麻疹・天然痘などの病原菌が持ち込まれると，免疫をもたなかった先住民は次々に病に倒れ，諸部族は短期間で壊滅的な打撃をこうむった．また，当初入植者は若い独身の男性が大半を占めたので，南米では先住民女性との間に混血が比較的早く進んだ．他方で北米での混血はさほど進まず，感染症や度重なる抗争で先住民人口が激減すると，諸部族は白人入植者の圧力を受けて内陸への移動を余儀なくされた．

ヨーロッパ人との接触は，先住民の生活文化に大きな変更を迫ることになる．女性の社会的地位が比較的高く，母方の家系が相続などの実権を握る先住民の家族関係や土地と収穫物を部族で共同所有するような彼らの伝統的な生活様式は，ヨーロッパ人の家父長制度や私有財産権の概念と真っ向から対立するものであった．ヨーロッパの文化的尺度でしか先住民の生活を見ることのできなかった入植者にとって，先住民たちは「未開の」部族集団にすぎなかった．土地獲得の経済的欲求を正当化するためにも，ヨーロッパ人は「野蛮な」先住民をキリスト教に改宗させ，進んだ文明の恩恵を施すことを自らの使命とした．それを拒むのならば，先住諸部族の衰滅もやむなし（神の摂理）と解されたのである．

### （4）北米の奴隷制と人種主義

アメリカの地域文化を語る上で，奴隷制の成立に言及しないわけにはいかない．新大陸の「発見」とその後の開拓は，ヨーロッパからの大量の移民の流入とアフリカ大陸からの黒人の未曾有の強制的な移動によって進められたからである．

混血も進み比較的白人との接触の多かった南米の黒人奴隷に比べて，北米の黒人奴隷は奴隷制度の下で奴隷主とその家族を中心にしたプランテーションのなかで外界との接触を厳しく管理された生活を送ることを余儀なくされた．「閉じた」生活環境におかれた黒人奴隷は，無邪気で従順であるものの概して無責任で怠惰であり，奴隷主に頼らなければ生活できない劣等な集団として白人たちはみなすようになった．19世紀の南部ではこのような人種主義に基づく「サンボ型」のステレオタイプが確立され，そのイメージは広くアメリカ社会に根を下ろし南北戦争で奴隷制度が公式に廃止された後も長く維持された．

20世紀に社会史が台頭し黒人奴隷や黒人コミュニティに焦点を当てた研究が進むと，サンボ型のステレオタイプは単に白人の人種偏見の投影として批判され，逆に黒人奴隷の抵抗戦略や黒人たちの独自の生活文化の存続や活力が強調されるようになった．事実，黒人奴隷はゴールドコースト，ナイジェリア，セネガンビアなど西アフリカ全域から連れてこられており，言語的，文化的にかなりの多様性をもった部族集団からなっていた．彼らを単純に「アフリカ黒人」と一括りにするわけにはいかないのである．18世紀初頭までにアメリカでしだいに文化的融合が進みアフリカ系アメリカ人なるものが形成されていくが，アフリカ大陸に起源をもつ多くの文化的要素は温存された．黒人特有のリズミカルなアフリカン・ダンスや黒人霊歌にその痕跡は残っており，後年にはジャズやロック，ヒップホップなどを通して現代のアメリカの芸能・大衆文化に大きな影響を与え続けている．

## 2．北米地域文化の多様性

### （1）カ ナ ダ

合衆国および中国をも凌ぐ広大な領土をもつカナダは，大きく分けて六つの地域に区分される．

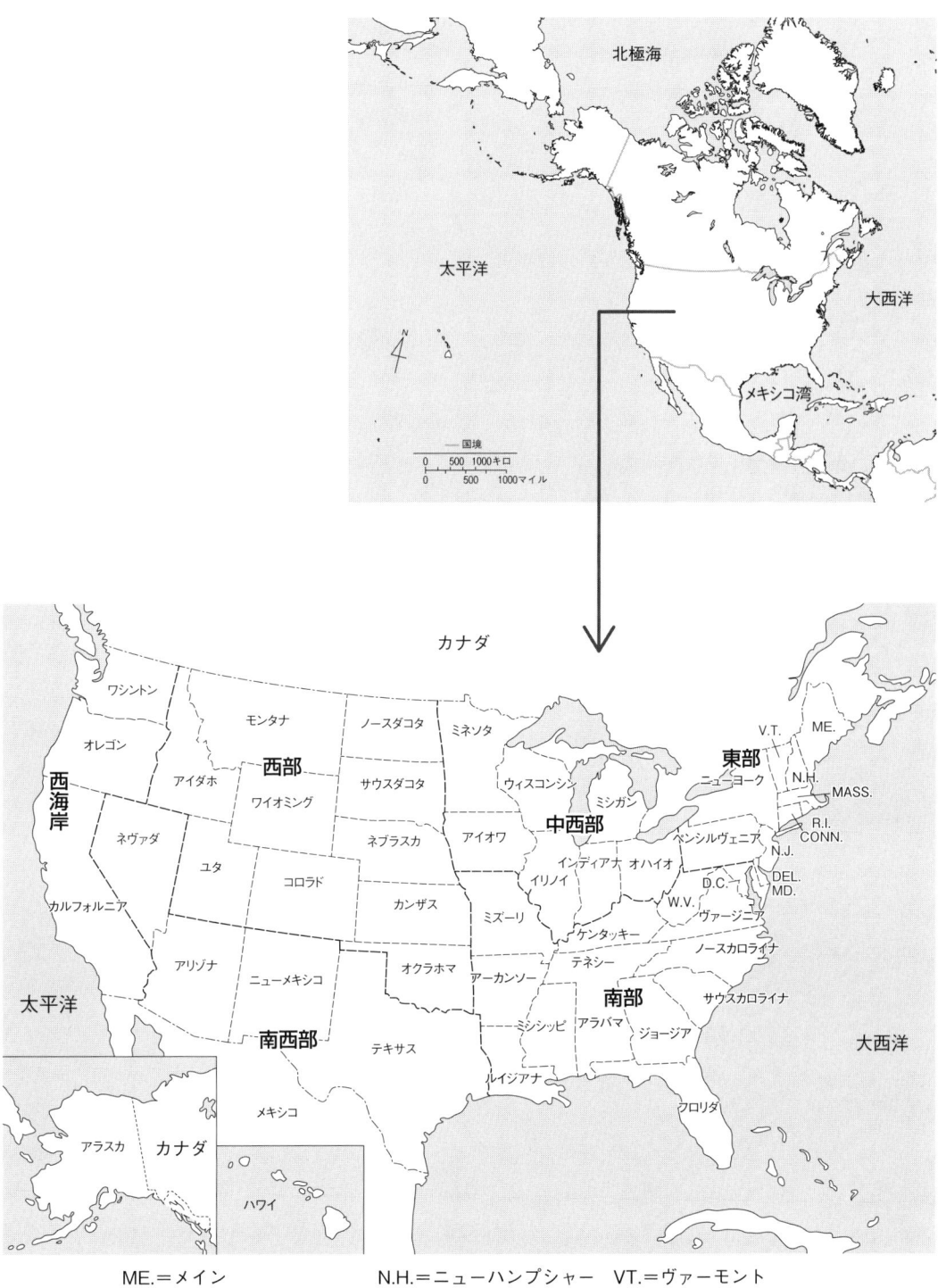

第8章 南北アメリカの地域文化 103

ME.＝メイン　　　　　　　N.H.＝ニューハンプシャー　　VT.＝ヴァーモント
MASS.＝マスチューセッツ　R.I.＝ロードアイランド　　　CONN.＝コネティカット
N.J.＝ニュージャージー　　DEL＝デラウェア　　　　　　MD.＝メリーランド
W.V.＝ウェストヴァージニア　D.C.＝ワシントンD.C.

**地図 8-2　北米地図[2]とアメリカ50州地図[3]**

1）ノヴァスコシア，ニューファンドランドなどの大西洋岸諸州，2）フランス系住民が8割を占めるケベック，3）オンタリオ州トロントを核に発展した中央カナダ，4）サスカチュワン州などカナダの穀倉地帯と呼ばれる平原地帯，5）ロッキー山脈を越えて太平洋岸に至るブリテッシュ・コロンビア，6）主に先住民のイヌイットなどが居住し天然資源に恵まれた広大な極寒地帯の北カナダである．

　カナダ入植の歴史を紐解けば，セントローレンス川が古くから交通の大動脈として主要な役割を担ってきたことがわかる．17世紀初頭にフランス人がセントローレンス河口のケベックを拠点に入植を開始し，ヌーヴェル・フランスの基盤を築いた．しかし18世紀半ばのフレンチ・アンド・インディアン戦争の結果フランス勢力は急速に衰退し，北米大陸支配に対するイギリスの優位が確定されると，カナダはイギリス領として取り込まれた．かくして元来フランス系住民が大半を占めたケベックでは，後に流入したイギリス系住民との間に言語的，文化的対立が生まれることになった．近年ではフランス系住民によるケベック州の分離・独立要求の動きは，「ケベック問題」と言われ，カナダ連邦の統合・維持に脅威を与えてきた．

　カナダの経済発展を牽引してきたのはオンタリオ州を核とする中央カナダであり，米国中西部の主要都市と隣接したこの地域は，もともとアメリカ独立戦争の際に祖国イギリスへの忠誠者（ロイヤリスト）が多数亡命してきた地として知られている．このように隣国アメリカとの関係は深く，19世紀後半の米国中西部の急激な産業化に刺激を受けてトロント，オタワ，モントリオールの各都市は発展を遂げてきたといってよい．1867年のカナダ連邦の結成以降プレーリー地帯の開拓が本格的に進展するが，その最大の原動力となったのが，東部のモントリオールから西海岸のバンクーバーを結ぶカナダ太平洋鉄道の敷設であった．86年6月の大陸横断鉄道の開通によってカナダは，東西のラインに沿って太平洋岸の良好な漁場（現在はアジア系移民が多いハイテク産業地域）からプレーリーの小麦地帯，中央カナダの工業地帯を経て大西洋へ開かれるダイナミックな経済発展の礎が築かれたのである．今や先住民に加えて多様な人種・民族から構成されるカナダ連邦は典型的な「モザイク社会」といわれるが，そのさまざまな民族文化の共存の試みは，連邦内の経済格差の解消と国民統合にかかっているといえる．

## （2）ニューイングランド

　ニューイングランドはアメリカ北東部の6州（メイン，ニューハンプシャー，ヴァーモント，マサチューセッツ，ロードアイランド，コネティカット）からなり，1620年にピューリタンの一団がプリマスへ入植したのを皮切りに，その後急成長を遂げたマサチューセッツ湾岸植民地を中心にイギリス系移民によって古くから植民が進んだ地域である．この地域の中心をなすボストンは革命・建国期には重要な愛国派の牙城となり，一般的にはアメリカ社会と文化の精神的故郷といわれている．現在ではハーヴァード大学やMITなど多くの著名な大学を擁する全米の代表的な大学街として，また近隣に最先端のIT関連企業を抱える東海岸のハイテク産業拠点のひとつとしても知られている．19世紀以降ボストンとその周辺地域にはアイルランド人移民やポルトガル人移民，ユダヤ教徒などが多数流入し，今日では政治的にリベラルな風土を醸し出している．

## （3）中部大西洋岸地域

　ニューヨークからペンシルヴェニア，ワシントンD.C.にわたる大西洋沿岸地域は，入植当初からイギリス人，オランダ人，ドイツ人，スウェーデン人，ユダヤ人など多様な民族集団が流入してきた経緯もあり，もともと文化的に多様でエスニック色の強い地域である．ペンシルヴェニア東部に細々と暮らすアーミッシュのように今でも現代文明に背を向けて敬虔な信仰を保持している集団もいる．歴史を遡れば，クエーカー教徒ウィリアム・ペンによって宗教寛容地として切り開かれたフィラデルフィアは，18世紀に北米英領植民地の政治・文化の都として栄えた．19世紀に入るとエリー運河の開通に伴いニューヨーク市が商業・金融の一大中心地として急成長を遂げる．現在ではウォール街に象徴されるようにニューヨークは世界の金融・資本主義の中核をなし，近郊の商工業地域とともにメガロポリスを構成している．肥沃な穀倉地帯を背後にもつペンシルヴェニア州や全米屈指の軍港を抱えるメリーランド州，連邦政治の拠点ワシントンD.C.を含む中部大西洋沿岸部は，文字通り米国の政治と金融を牽引する地域である．

## （4）南　　　部

　地理的に言えば，南部はペンシルヴェニア州とメリーランド州の州境を東西に貫くメイソン・ディクソン線の南側の地域を指し，独特の経済・文化圏を構成している．また歴史的に見れば，19世紀半ばの南北戦争時に連邦から脱退して南部連合を結成した11州（ヴァージニア，テネシー，アーカンソー，ノースカロライナ，サウスカロライナ，ジョージア，フロリダ，アラバマ，ミシシッピ，ルイジアナ，テキサス）を中心とする地域である．この地域特有の風土を考察する上で，黒人奴隷制の拡大を抜きにしては語れない．18世紀前半にはタバコ栽培でプランテーションが栄え，19世紀初頭には米英の産業革命の進展を受けて綿花の一大産地となった．「綿花王国」の南西部への拡張は，奴隷制のさらなる拡大と南部経済の綿花栽培への依存を招き，独立革命後に奴隷制の漸次的廃止措置を講じた北部諸州と鋭い対照をなした．1808年の奴隷貿易禁止後も黒人人口は急増を続け，1830年代には南部人口の半数以上を占めるまでになった．白人住民にとって奴隷反乱が深刻な脅威となると，異人種間結婚や自由黒人の武器携帯，移動の自由が禁じられ，南部では人種による空間的，法的差別化と社会統制が進んだ．

　南北戦争という大きな代償を払い南部の奴隷制度はようやく廃止されることになるが，戦後の南部諸州では巧妙に解放黒人への差別的法律が導入され，リンチも公然と行われるようになった．また，プランテーションに依存してきた南部の旧い経済構造は産業化の進展を阻んだ．かくして南部は国内の経済発展の遅れた地域として長らく後塵を拝することになった．だが，1930年代のニューディール政策を契機に大量の連邦資本がこの地に投下されると，安価な労働力と石油などの豊富な天然資源に恵まれた南部には次々と企業が進出し始めた．現在では東部の玄関口アトランタから西方のテキサス，カリフォルニア州ロサンゼルスにわたる広大な「サンベルト」地帯を形成し，ハイテク産業と新規参入企業の拠点として過去のイメージを一新しつつある．また南西部では宗教や道徳を重んじる住民が多く，政治面では伝統的な保守主義を信奉する立場をとる傾向が強い．近年の連邦政治では南部の福音派キリスト教徒（宗教右派）は，共和党の牙城として大きな政治的影響力

を及ぼしている．

### （5）中 西 部

　五大湖の南側に広がる平原からなる中西部は，合衆国のハートランドと呼ばれ，19世紀半ばから急速に開拓が進んだ．とくに五大湖とミシシッピ川沿いの水運に恵まれた地域は小麦やトウモロコシなどの穀物栽培に加えて畜産や酪農が発達し，鉄道網の拡張と冷凍保存の技術革新に助けられて合衆国の食糧庫としての役割を果たしてきた．中西部の中核都市はシカゴであり，ニューイングランドからの移住者に加えて19世紀末にはドイツ系や東・南欧系移民が大量に流入し，ニューヨーク市に並ぶ大都市へと急成長した．第一次世界大戦中には労働力不足を補うために南部諸州から黒人が大挙してシカゴやデトロイトなどの中西部の主要都市に移住した．今ではデトロイトはフォード・モーターズの本社をもつ自動車産業の街として名を馳せており，工場の従業員の多くを黒人労働者が占めている．近年厳しい国際競争のなかで自動車産業に陰りが見え始めると，中西部の失業・貧困・スラムなどの問題が顕在化してきたが，それらは人種問題と密接に結びついているのである．

　また多様な民族・人種が混在し，アメリカの平均的な縮図とも形容される中西部では，文化的には中産階級が大きな影響力を振るい，比較的訛りの少ない標準的な英語が話されている．政治的には保守とリベラルが拮抗し，大統領予備選挙ではしばしばアイオワ州やオハイオ州の投票動向が政局に少なからぬ影響を与えてきた．

### （6）西海岸，ハワイ

　ロッキー山脈と太平洋岸に挟まれた地域は，年間降水量の極端に少ない乾燥地帯が大半を占める．ワシントン州からオレゴン，カリフォルニア州にわたる海岸地域は，良好な漁場やビーチが多数点在する．18世紀にはスペインが西海岸にいち早く勢力を伸ばし，カリフォルニアからニューメキシコに及ぶ広範な地域は1848年までメキシコの領土であったので，この地にはラテン文化の影響が今なお色濃く残っている．

　太平洋を挟んでアジアと向き合う西海岸地域は早くから東アジアとの交流も見られ，19世紀初頭には数多くの中国人労働者が渡米し始め，チャイナタウンを形成した．次いで日本人移民も渡航し始めるが，多くはまずハワイ諸島へ渡った．しかし1882年に「排華移民法」が連邦議会で成立すると，中国人に代わって日本人移民がその穴を埋め始め，19世紀末にはハワイの日系移民は総人口の20％を超えた．またこの頃，日本人移民の中には直接米本土のシアトルやサンフランシスコに渡る者も増え（20世紀初頭の排日運動の高まりに伴い，日本人移民はブラジルやペルー，メキシコなど中南米へ向かった），彼らは主に農業や花栽培に従事して日系コミュニティを築いていった．

　ハワイ最後の国王リリウオカラニと先住民の激しい抗議にもかかわらず，1898年合衆国は米西戦争後の本格的なアジア進出への布石としてハワイ併合を断行した．日本人の多くにとってハワイ諸島は，青い空の下でさんさんと陽が降り注ぐワイキキビーチ，あるいは南国のエキゾチックなフラダンスといった単純化された観光地のイメージしかもたないかもしれないが，ハワイがポリネシア

系先住民と白人・アジア系移民の複層的な文化から構成されており，日米双方にとって太平洋に浮かぶ重要な十字路であったことを忘れてはならない．

　20世紀初頭には日系移民は土地取得や借地権を著しく制限され，公教育では隔離の対象にされた．さらに1924年の移民法で日本人は合衆国への移民を事実上禁止された．だが第二次世界大戦後の移民法改正によりアジア人移民に対する門戸が再び開かれると中国人やフィリピン人などの移民が急増し，今やカリフォルニアではアジア系移民はヒスパニック系移民に次いで二番目に多い移民集団になっている．

　現在のワシントン，オレゴン，カリフォルニアに共通して見られる特徴は，ヒスパニック系やアジア系住民の急増に伴い人口の「褐色化」が急速に進んでいることである．政治的にもヒスパニック系住民の発言力が近年目立って増してきており，隣接するメキシコとの国境から大量に流入する不法移民の諸問題，健康保険をもたない者に対する医療費の公的負担問題，二言語教育の是非も大きな争点になっている．経済面では，権威や伝統に縛られない自由主義的な風土のなかでサンフランシスコ南の郊外に広がる「シリコン・ヴァレー」のようなハイテク・電子産業地区が発展してきた．また，ヨセミテ国立公園などの豊かな自然に恵まれた西海岸地域では伝統的に環境保護運動や原発反対運動も盛んである．良くも悪くもアメリカの未来を先取りする地域であるといえよう．

## 3．アメリカニズムをめぐる文化的相克

### （1）「100％アメリカニズム」から文化多元論を経て多文化主義へ

　1890年の国勢調査は，合衆国におけるフロンティア（開拓地と未開地の境界線）の消滅を宣言した．この時期は南北戦争・南部再建期を経て，現代アメリカの原型が姿を現し始めた時期と重なった．まず各地の主要都市では再開発が急速に進み，ガス灯の設置，舗装道路，地下トンネルなどの近代的な都市空間が整備された．これらの労働力を担ったのが，ヨーロッパでの産業革命の進行と農業不況の中で郷里を離れることを余儀なくされた東・南欧系の移民たちであった．こうしたプッシュとプル要因が合致した結果，1880年から1920年の間に2300万人もの大量の移民が合衆国に流入したと推計される．1900年の合衆国の総人口が約7600万人だったことを考えれば，この時期に流入した移民総数は圧巻である．しかもこれらの移民集団の大半が，イタリア人，ギリシャ人，ロシア系ユダヤ人などの東・南欧出身の人びとであり，ニューヨークやシカゴの都市人口の3分の1を占めるほどに膨れ上がった．こうした旧来の北欧系移民とは違った「新移民」の急増は，アメリカの伝統的な社会秩序を動揺させた．92年に発表された若き気鋭の歴史家フレデリック・ジャクソン・ターナーの「フロンティア学説」は，ヨーロッパとは異なったアメリカ社会・文化の形成にフロンティアが果たしてきた重要な役割を強調して学界の内外で注目を集めた．当時の政治家や知識人の多くは，新移民のおびただしい流入と都市の混沌に当惑しており，ターナーの見解を敷衍すれば，フロンティアの消滅宣言は，まさに迫り来るアメリカ文明の危機を告げる警笛と感じられた．

　20世紀初頭の合衆国では専門家集団や中産階級を中心に混乱した社会秩序を立て直そうとする政

治・社会改革運動が台頭した．この動きは革新主義運動と呼ばれ，連邦による大企業の独占規制，腐敗したボス政治を撲滅し効率化を図るための市政改革，消費者保護のための食品・薬品の規制，児童労働の禁止など広範囲な改革が導入された．他方，識字テストの導入などを通して新移民の入国制限が行われ始めたことからも窺われるように，大量に流入し続ける移民の抑制措置が積極的にとられ，入国した移民たちは英語と合衆国の歴史・文化を学んですみやかに「アメリカ人」になることが期待された．イギリスの社会福祉運動に学んで，中産階級のアメリカ婦人は社会改善を目指してセツルメント運動を展開したが，その活動の主要な目的のひとつは，移民に英語の習得を促しアメリカ文化に適応させることであった．しかし「善きアメリカ人」の形成は，ともすれば移民特有の文化や伝統への抑圧につながる側面を併せ持っていた．知識人のなかにはアメリカの主流文化に敬意を払いつつも，移民が持ち込んだ固有の諸文化の共存のなかに合衆国の文化的活力の源泉を認める者も現れた．ユダヤ系知識人のホレス・カレンやランドルフ・ボーン等は，そうした文化多元主義を信奉し，「メルティング・ポット（坩堝）論」に基づく「100％アメリカ化」運動に異議を唱えたのであった．

　第二次世界大戦を経て世界各地で植民地の独立運動の波が鮮明になってくると，西欧中心主義的な価値観も大きく失墜した．このような知的潮流は，文化多元主義さえもしだいに掘り崩して，各民族集団固有の文化を同等に承認することを求める多文化主義の出現を促した．1970年以降合衆国へ流入した移民集団の中心がヒスパニック系やアジア系に移行し，非ヨーロッパ系の移民が急増したことも重要な背景のひとつであった．さらに，キング牧師に率いられた市民権運動とベトナム戦争への反対運動は，若者や女性，先住アメリカ人を巻き込んでマイノリティ文化の承認と諸権利を要求する広範な社会運動を巻き起こした．こうした一連の公権力への異議申し立て運動のなかで，主流文化への激しい敵意を伴う多文化主義が台頭した．だが，近年過度な多文化主義と教育・言論界での「文化戦争」に対して危機感を抱く知識人や市民も少なからず出てきている．結局のところ，「アメリカ文化」をどのように定義するのかという問題は，刻々と変貌し続ける現代アメリカに対するひとつの政治的リトマス試験紙の役割を果たしているのである．

## 4．グローバル経済と北米移民

### （1）北米移民の歴史

　北米の地域文化の形成には，多様な移民の流入と彼らが持ち込んだ独特の文化の影響を無視することはできない．ヨーロッパ人の探検家が初めて北米に姿を現すはるか以前に先住諸部族は新大陸で生活していたが，その先住民でさえ1万5000年ほど前にベーリング海の陸橋を通ってアジアから南北アメリカ大陸へと渡ってきた人びとであった．

　コロンブスの西インド諸島への航海を皮切りに，本格的に新大陸へのヨーロッパ人の植民が始まるが，17世紀にアフリカ黒人が強制的に連れてこられるようになると，南北アメリカ大陸では先住民，ヨーロッパ人入植者（後にアジア・オセアニアからの移民），アフリカからの黒人奴隷で織り成され

るアメリカ特有の混成社会が発展していった．

　北米への移民の波は，きわめて大雑把に言えば次の四つの局面——1）植民地時代から独立・建国期　2）19世紀初頭から南北戦争終結期　3）1880年代から20世紀初頭にかけての世紀転換期　4）1965年以降現在まで——に分けられる．

　第一の局面は，ヨーロッパからの移民が中心であり，アメリカの場合イギリス系移民が9割近くを占め，フランス系，スウェーデン系，ドイツ系など北・西欧系の移民が主流であった．黒人は植民地時代には奴隷として西アフリカや西インド諸島から強制的に連れてこられた．第二の局面は，ドイツ系移民の流入が目立ち，1830年代から40年代には祖国の度重なる不作やジャガイモ飢饉によって農地を追われた多数のアイルランド人，スコッチ・アイリッシュ移民がボストンやニューヨークなどの東部沿岸都市に到着した．

　第三の局面は，20世紀への世紀転換期に当たるが，ヨーロッパの政変や農業不況などで祖国を離れ新天地に夢を託した東・南欧系の移民やユダヤ人などがアメリカに大挙して押し寄せた．その数は年平均で実に100万人を超えたという．彼らは「新移民」と呼ばれ，多くがカトリック教徒やユダヤ教徒であり，祖国の伝統的な習慣や生活文化を持ち込んだ．文化的，宗教的に旧来の移民とは大きく異なっており，多くは教育や熟練技術をもたなかったので，彼らの大半は都市のスラム街で寄り添って暮らすしか他に手だてがなかった．また，カリフォルニアなどの太平洋沿岸地域では中国人や日本人などアジア系移民が急増したため，白人労働者は労働市場での競合を嫌って，新来者への激しい差別と排斥運動を展開した．1921年と24年の移民法は，移民受け入れ数に出身国別の割当制度を導入したものであり，爆発的に増え続ける「新移民」の流入に歯止めをかけるべく意図された歴史的に画期的な移民制限法であった．

　第四の局面は，1965年の移民法改正を転機に合衆国の移民政策が再び見直された時期と重なる．出身国別割当制度が廃止され，西半球と東半球の年間移民受け入れ枠が定められると同時に，合衆国市民および永住権保持者の家族や親族に移民の優先権が与えられた．この移民法の改正により，1970年代にはアジア系およびヒスパニック系の移民が急増するが，これにベトナムやキューバからの多数の難民も加わり第三世界からの移民の波が顕著になった．とくにヒスパニック系移民には有効なビザを持たない「不法移民」も多く含まれている．彼らの一部は麻薬や犯罪組織とのつながりも深く，その生活実態も掴み難いため，86年には非合法移民の制限・管理を目的とした新たな移民法が導入された．近年長引く経済不況のなかでカリフォルニアやテキサス，フロリダ州では不法移民の問題が医療や教育・治安の面で州財政に重い負担となっている．さらにヒスパニック系の移民コミュニティは，英語の習得やアメリカ文化に順応することにさほど熱心ではないため，彼らの福祉受給資格や二言語教育の是非が主要な政治問題として浮上してきた．加えて2001年9月11日の同時多発テロは，合衆国のみならず全世界をも震撼させた．この事件に加担したテロリストがイスラーム原理主義者であったことから，近年のアメリカ国内でのイスラーム教徒の急増ぶりに注目が集まった．イスラーム圏からの移民や訪問者への入国審査の厳格化などに見られるように，今日連邦政府は入国管理体制を強めつつある．

### (2) グローバル経済と自由貿易圏

1980年の大統領選挙で当選した共和党のロナルド・レーガンは，ベトナム戦争で傷ついたアメリカの国際的威信を回復させ，「強いアメリカの再生」を訴えて軍備の増強と新自由主義に基づく経済政策に着手した．とりわけ，政権発足時にはソ連に対して対決姿勢を前面に打ち出し，最後には冷戦の終焉に導いた．また大幅な減税と規制緩和策によって彼の経済政策は功を奏し，再び経済は活況を呈するものの，財政と貿易収支の「双子の赤字」を生んでアメリカ社会の所得格差を増幅させた．同じ頃イギリスでも保守党党首マーガレット・サッチャーが頭角を現し，社会福祉国家体質に蝕まれた長期の経済停滞（「イギリス病」）を克服すべく新自由主義的な経済政策に舵を切った．

89年にベルリンの壁が崩され東欧諸国の社会主義からの離脱が鮮明になると，経済や情報の自由化の波が押し寄せた．折からコンピュータを中心とした情報通信技術の目覚しい革新がこの動きを加速させた．90年代に入ると，インターネットの拡大は従来のビジネスのあり方を大きく変容させ，グローバル経済が地球上を席巻し始めた．こうした国際政治や経済環境の変化に伴い，93年にヨーロッパ諸国は通貨や安全保障政策の統合を目指して，EUを結成した．合衆国とカナダ連邦との間には89年に米加自由貿易協定が締結されていたが，ヨーロッパの広域経済圏の出現に刺激をうけて，北米でもカナダ・合衆国・メキシコの自由貿易圏の形成を目指す動きが強まった．三国政府は反対派の声を抑えて，94年に北米自由貿易協定（NAFTA）の発足にこぎつけた．

NAFTAの成立により関税障壁が撤廃され，国境を越えて人・モノ・資本が自由に移動できるようになった．カナダの経済は米国経済との一体化がよりいっそう進み，今やカナダ人としてのアイデンティティの維持が喫緊の課題となってきた．また，合衆国内でも自動車部品などの製造業の多くが，企業規制が緩く安価な労働力が得られるメキシコやその他の中南米諸国へと生産拠点を移しつつある．これにより米国中西部の工業都市の多くは大きな経済的打撃をこうむり，ラストベルトと呼ばれる現在全米でも高い失業率を示す地域となっている．

21世紀に入り南北アメリカ大陸の34カ国を含むさらに広大な米州自由貿易地域（FTAA）形成の計画が進行中である．この計画が実現化すれば，世界最大規模の自由貿易圏が出現することになる．しかし南米諸国ではやみくもな生産の効率化と利潤追求に奔走する米系巨大複合企業の進出が地場産業の成長を阻み，かえって南北問題を増長させかねないと否定的な声も根強い．事実ブラジルやアルゼンチンでは自由貿易交渉に反対する草の根的な市民運動が，激しい反米感情と結びついて盛り上がりを見せており，現在交渉は暗礁に乗り上げている．これは急激なグローバリズムの波が単にビジネスや経済界にとどまらず，地域のコミュニティや伝統的な生活文化を脅かし，各地で深刻な摩擦を引き起こしていることの格好の事例である．

## 5．ラテンアメリカの多様性

### (1) 中南米あるいはラテンアメリカという呼称について

アメリカ合衆国とカナダが北米，あるいはアングロアメリカと呼ばれるのに対し，地理的には北

米に属しているメキシコを含め，以南の地域は中南米あるいはラテンアメリカと呼ばれる．ラテン系の言語の中でもスペイン語が話されている国が多いが，ブラジルではポルトガル語が使われ，ハイチのようにフランス語を公用語としている国もいくつかある．またカリブ海にはジャマイカのように旧イギリス領で，ラテン系ではない英語を公用語とする国々もあるため，「ラテンアメリカとカリブ海地域」という呼称も用いられる．スペイン語を用いる国々を総称としてイスパノアメリカ，これにブラジルを加えた国々をイベロアメリカと呼ぶこともある．

### （2）スペイン，ポルトガルによる植民地支配

1492年にコロンブスがアメリカへ到達して2年後，トルデシリャス条約により，アメリカ大陸におけるスペインとポルトガルの勢力範囲が確定すると，スペインはメキシコ市を首都とするヌエバ・エスパーニャ副王領と，南米のリマを首都とするペルー副王領を定めて，植民地支配を進めていった．16世紀後半にはフィリピンを支配下に置いてマニラ市を建設し，メキシコ副王領の管轄として，アカプルコとの間に太平洋航路が開かれた．18世紀に入ると，現在の南米コロンビアのボゴタを首都とするヌエバ・グラナダ副王領と，同じく南米アルゼンチンのブエノスアイレスに首都を置くリオ・デ・ラ・プラタ副王領が新たに設けられた．ポルトガルは現在のブラジル北東部海岸を中心に植民地の開拓を進めた．

副王領の重要な役職はスペイン本国から派遣された役人たちによって占められ，クリオーリョと呼ばれる植民地生まれのスペイン人たちはそうした機会を与えられなかった．19世紀初頭に植民地が相次いで独立を達成した背景には，そうしたクリオーリョたちの不満があった．スペイン王室は植民地のすべての住民を臣民として支配したため，白人と先住民との混血が進み，メスティソと呼ばれる混血が今日人口の大きな割合を占めている．

### （3）メキシコ——神からあまりに遠く，アメリカ合衆国にあまりに近い国

18世紀に独立を果たしたアメリカ合衆国に対し，中南米の多くの国々も19世紀前半に独立を達成するが，合衆国は1823年のモンロー大統領が発したモンロー宣言により，ヨーロッパ諸国の西半球への勢力拡張を牽制した．1846年から48年にかけてのメキシコとの戦争で合衆国は圧倒的な勝利をおさめ，現在のカリフォルニアから南部諸州におよぶ広大なメキシコ領を併合したため，メキシコは国土の半分を失うことになった．「神からあまりに遠く，アメリカ合衆国にあまりに近い」とは両国の地政学的関係を表した19世紀後半のメキシコ大統領ディアスの言葉であり，強大な力を持つ隣国への反発は，とりわけその経済的関係が切っても切れないだけに，現在もメキシコ国民の心の奥にくすぶり続けている．

1910年にディアスの長期独裁体制打倒を目指して武装蜂起が起きると，これが全国に広がり1917年には革命憲法が制定された．民主的な政治体制の確立，農地改革の実施などを目指したこのメキシコ革命の動きの中から生まれた国民革命党は，メキシコ革命党を経て1946年には制度的革命党（PRI）と名前を変え，労働組合や農業協同組合など幅広い分野を傘下におさめて，ラテンアメリカでは例外的ともいえる長期安定政権を維持し続けた．文化面では先住民を国民文化に融合させよう

とする運動（インディヘニスモ）が活発化し，メスティソ文化を国民のアイデンティティの基盤に据える教育が進められた．

1968年にはラテンアメリカで初めてオリンピックを開催するまでに経済発展を遂げたが，1970年代の世界的石油危機の打撃から1980年代に対外債務が膨れ上がりインフレにも歯止めが利かなくなると，財政の立て直しを図るため「新自由主義経済（ネオリベラリズム）」が取り入れられ，小さい政府を目指して公的企業の民営化などが進められた．アメリカ合衆国との国境地帯ではマキラドーラと呼ばれる関税免除の輸出加工工業により，合衆国資本の投資が促進され，1994年にはカナダ，合衆国との3国間で締結された北米自由貿易協定（NAFTA）が発効した．その一方，発展から取り残された南部チアパス州ではサパティスタ民族解放戦線（FZLN）が武装蜂起し，一帯を支配下におさめて先住民の生活，教育の向上を強く訴えた．

地図8-4　ラテンアメリカ
出所：国本伊代『概説ラテンアメリカ史』改訂新版（新評論，2001年）p.16.

　長期政権を続ける制度的革命党の腐敗に対する国民の不満の高まりから2000年の大統領選挙では国民行動党（PAN）のビセンテ・フォックスが当選し，メキシコ革命以来実に71年ぶりに政権交代が実現した．2006年の選挙では国民行動党がかろうじて政権を維持したものの，改革を期待した国民の声には十分応えられないまま，2012年の選挙では再び制度的革命党が政権を奪い返している．

## （4）東西冷戦とキューバ革命

　キューバは1898年の米西戦争でスペインが失った最後の植民地のひとつで，アメリカ合衆国の支援を受けて1902年に独立を果たした．しかし実質的には合衆国の属国として内政干渉権を押しつけられ，このときグアンタナモに設けられた米軍基地は今に至るまで返還されていない．

　アメリカ合衆国の大統領フランクリン・ルーズベルトは，1933年にラテンアメリカに対する善隣外交政策を打ち出したが，第二次世界大戦終了後に冷戦状態が深まると，ソ連の勢力がラテンアメリカに及ぶことを警戒して，合衆国の政治的介入は再び強化された．

　1952年から続く親米のバティスタ独裁体制に対し，フィデル・カストロやアルゼンチン人，チェ・ゲバラを中心とするグループが，半植民地的状況を打破すべくゲリラ戦を開始し，2年後の1959年にバティスタを亡命に追い込むと，キューバ革命が実現した．合衆国がカストロ政権を警戒して敵対的態度をとったことから，キューバはソ連と接近し社会主義路線をとることを明確にし

た．この動きに対し合衆国のケネディ大統領は，カストロ政権打倒を目指し1961年にピッグス湾からの侵攻作戦を実行したが，キューバ側の反撃の前にこれは失敗に終わった．翌1962年10月，ソ連がキューバにおいて核ミサイル基地の建設を始めると，合衆国との間の緊張が極度に高まり，核戦争の勃発さえ懸念されたが，最終的にソ連のフルシチョフ首相がミサイル基地の撤去を決断したため，いわゆる「キューバ危機」はぎりぎりのところで回避された．

　社会主義政権下で国民の生活水準は大きく改善し，教育も普及したが，西側資本主義諸国と比べると経済発展の面では格差が広がっていき，特に1991年のソ連崩壊後は，その後ろ盾を失って非常に厳しい経済状況に落ち込んだ．現在も革命路線を堅持し続ける姿勢を崩していないものの，フィデル・カストロは2006年に緊急手術のため入院して以降政治の表舞台からは退き，2011年の第6回キューバ共産党大会において正式に党第一書記の地位を弟のラウル・カストロに引き継いだ．今後新体制のもとで，合衆国との関係を含め，どのように路線の修正を図っていくことになるのか，多くの国々がキューバの動向を注意深く見守っている．

### （5）軍事独裁と民主化——ラテンアメリカにおける9・11

　カストロ政権の打倒に失敗した合衆国は，1970年に選挙によってチリの大統領に選ばれたアジェンデが外国資本の企業，鉱山の国有化や農地改革などに着手したとき，そうした動きの背後にソ連の影響があるとして，経済封鎖を行うなど新政権に強い圧力をかけた．結局，合衆国CIAに支援されたチリ軍部のピノチェト将軍が1973年9月11日にクーデタを起こしてアジェンデ大統領を殺害したため，社会主義政権は3年足らずで潰えた．この後ピノチェトによる独裁体制は1989年まで続き，多くのアジェンデ支持者が過酷な弾圧を受け，殺害されたり国外亡命を余儀なくされた．選挙によって成立した民主的政権が，合衆国の政治的思惑によって崩壊へと追い込まれたこの9・11は，ラテンアメリカの人びとの心に深く刻まれることになった．その一方で合衆国との関係は修復され，経済面でも自由主義に転換したことによって，ラテンアメリカ諸国が厳しい経済危機に苦しんだ1980年代，この国は「チリの奇跡」と称されるほどの経済発展を維持することができた．

　1990年にチリが再び民主化を果たした後も，軍の最高司令官の地位に留まったピノチェトは，1998年に軍を引退した後，選挙を経ずに終身上院議員の身分が与えられた．これに対して国民からは大きな批判の声が上がったが，軍部に隠然たる影響力を残しているピノチェトに対して政府は断固とした態度を取ることができなかった．それだけに，この年の10月にスペインの裁判所がロンドンに滞在中の彼に対し，独裁時代に行ったジェノサイドの罪で逮捕命令を出すと，世界中が事態の推移に注目したが，イギリス政府は政治判断によって2000年3月に彼を釈放し，チリへの帰国を認めてしまった．チリでも独裁政権時代に行われた人権弾圧の責任を問う裁判が起こされたものの，審理が長引くなか，ピノチェトは判決を待たずに2006年末に91歳で息を引き取った．

　隣国のアルゼンチンでは軍部出身のペロンが1946年に大衆の広い支持を集めて大統領選挙に圧勝し，社会正義，経済的自立，自主外交を基本政策とする親労働者政策を打ち出した．73年に再び大統領の座に就いたが高齢のため1年足らずで他界すると，政治の混乱が軍部のクーデタを招き，独裁体制が始まった．この軍政時代に行われた反対派に対する過酷な弾圧は，国際的にも厳しい非難

を浴び，人権弾圧の当事者に対する裁判は今も続けられている．石油危機後の厳しい経済情勢によって高まった国民の不満をかわすため，軍事政権は82年にイギリス領フォークランド諸島の奪還作戦を決行したが，逆にイギリス軍に敗れたため軍の権威は失墜し，83年に民主化が実現した．

大統領に当選したアルフォンシンのもとで経済は危機的インフレ状態に陥り，メネム政権を経て99年末に発足したデ・ラ・ルア政権は2002年に債務不履行（デフォルト）に追い込まれた．その後3カ月の間に4人の大統領が交代するという事実上の無政府状態となったが，2003年に大統領に就任したキルチネルのもとで政治は安定を取り戻し，経済面でも，市場原理を優先する新自由主義経済から，低所得者層を重視する政策へ転換し，経済再建を進めた．2007年に彼の妻クリスティーナ・フェルナンデスが大統領に選ばれると，前政権の方針を引き継ぎ，経済成長も順調に進んだため，2011年の選挙では圧倒的な支持を集めて再選を果たした．

### （6）中米——ニカラグア革命と内戦

中米のニカラグアでは長年にわたるソモサ一族の独裁体制に反対する動きが高まるなか，サンディニスタ民族解放戦線は1979年，大規模な軍事攻撃の末に独裁者アナスタシオ・ソモサを亡命に追い込み，革命政府を樹立した．ソ連，キューバの支援を受け改革を進めようとするサンディニスタ政権に対し合衆国のレーガン政権は，反革命勢力コントラに積極的な支援を行い革命政府打倒を図ったため内戦が長期化し，同国の経済は壊滅的な打撃を受けた．結局1990年の大統領選挙で，合衆国から多額の資金援助を受けた国民野党連合のビオレタ・チャモロが，サンディニスタ政権のダニエル・オルテガ大統領を破ったことで，ようやく内戦は終結した．

レーガン政権は1983年にはカリブ海の人口わずか10万人ほどの小さな島国グレナダにも軍事侵攻を行い，キューバとの関係を強化しつつあったこの国の政権を転覆させている．冷戦末期のレーガン政権のこうしたタカ派的ふるまいは国連総会でも強い批判を浴び，ソ連，東欧諸国はこの侵攻を理由に，1984年のロサンゼルス五輪をボイコットした．

同じ中米のエルサルバドルやグアテマラでも，軍事独裁政権と反政府ゲリラとの間で内戦状態が長く続いた．グアテマラのマヤ系先住民リゴベルタ・メンチュは，反政府農民運動の指導者として活動を続け，1992年に亡命先のメキシコでノーベル平和賞を受賞した．

パナマは20世紀初頭に合衆国の支援によりコロンビアから独立したが，それは当時この地で運河の建設を進めていた合衆国が，戦略的拠点としてここを自由に支配するためであった．1977年に合衆国のカーター大統領が新パナマ運河条約を結んだことにより，長く合衆国パナマ運河会社の所有だったこの運河は1999年に正式にパナマへ返還された．しかしその一方で，合衆国のブッシュ（父）政権は1989年末パナマに軍事侵攻して独裁政権の指導者ノリエガ将軍を捕えるという強硬な介入も行っている．

### （7）ラテンアメリカの失われた10年——ペルーにおけるフジモリ政権の誕生

ベラスコ将軍のクーデタによって1968年に成立したペルーの左派軍事独裁政権は，農地改革や資本の国有化など，キューバに次ぐと言われるほどの改革を上から積極的に推し進め，それは「ペ

ルー革命」と呼ばれた．しかし1970年代の石油危機によって経済状況が悪化し国民の不満が高まるなか，1975年に政権を引き継いだモラレス将軍は国民の民主化要求を受け入れ，1980年にベラウンデが民主化後最初の大統領に選ばれた．しかし非効率的な国営企業の民営化は進まず，反政府ゲリラ活動の活発化によって，治安も悪化していった．

1985年に35歳の若さでカリスマ的人気を得て大統領に当選したガルシアは，国家財政をさらに悪化させ，政権末期のインフレ率は8000パーセントにも達した．ペルーを含む多くの国々がこうした財政破綻状況に陥った1980年代は「ラテンアメリカの失われた10年」と呼ばれている．祖国の危機を救うべく，新自由主義的立場から改革を訴えて1990年の大統領選挙に出馬したのが，2010年にノーベル文学賞を受賞することになる作家のバルガス＝リョサであった．当選は確実視されていたが，投票日直前になって社会の底辺層の支持を急速に拡大した日系二世のフジモリが二番手に浮上し，2ヵ月後の決選投票で逆転勝利をおさめるという予想外の結果となった．

フジモリは国立農科大学学長で政治手腕は未知数であったが，「フジショック」と呼ばれる思い切った財政再建策を断行し，反政府ゲリラとの戦いにも一定の成果を上げた．しかし議会に支持基盤を持たなかったため，さらなる改革の推進を容易にするため，軍部の力を借りて1992年に上からのクーデタを決行し，国会を解散すると同時に憲法を停止するという非常手段に打って出た．こうした非民主主義的手法は国際的には強い批判を浴びたが，国内ではこれを支持する声が高く，1995年の選挙では圧倒的強さで再選を果たしている．

2000年の選挙で三選された直後に強引な政権運営に対する批判が高まると，外遊先の日本から国会へ辞表を送って，実質的な亡命生活に入った．現在は在職中の人権侵害事件による有罪が確定し，リマの刑務所に収監されている．2006年の選挙では，かつて国家財政の破綻を招いたガルシア元大統領が再選され，2011年の選挙では，フジモリの長女で国会議員のケイコ・フジモリが，元軍人で反米色の強いウマラと決選投票を戦い，ウマラが当選した．

### （8）ブラジル——ワールドカップとオリンピック開催に沸くBRICsの一員

ブラジルはポルトガル王室の皇太子ペドロを皇帝として1822年に独立を宣言し，70年近い帝政の後，1889年に軍部のクーデタによって連邦共和制へと移行した．

19世紀末のコーヒーブームによって経済は活気づいていたが，1929年の世界大恐慌でコーヒー価格が暴落すると，輸入代替工業化へと経済路線が変更され，1960年代末から70年代初めにかけては軍事政権下で，「ブラジルの奇跡」と称されるほどのめざましい経済成長を遂げた．しかし石油危機による経済状況の悪化で財政赤字がふくらみ，1985年には軍政への不満が高まるなか，民政移管が実現した．その後1990年代半ばまでは莫大な累積債務を抱え，ハイパーインフレをコントロールできない状態が続いたが，4回にわたる通貨切下げや，新通貨制度の導入により1995年からのカルドーゾ政権下でようやくインフレの抑え込みに成功した．

2003年に政権を引き継いだルーラ大統領の時代には輸出も順調に拡大し，経済は成長軌道に乗って，2007年には国際通貨基金からの債務を完済した．2011年にはルセフがブラジル初の女性大統領に就任し，2014年のサッカー・ワールドカップ，2016年のリオデジャネイロ五輪開催に向けて準備

を進めつつある．2008年のリーマンショックや，その後のユーロ危機で欧米の経済が困難に直面しているなか，世界第5位の国土面積と1億9000万の人口を有するブラジルは，ロシア，インド，中国と共にBRICs（さらに南アフリカを加えたBRICS）と呼ばれる新興国の一員として，世界経済の中で大きな存在感を示している．

20世紀初頭から第二次世界大戦をはさんで1960年代まで，日本から約24万人が移民としてブラジルに渡り，今では150万人にのぼる日系人コミュニティが形成されている．日本がバブル景気にわき，人手不足が深刻化した1990年に日系二世，三世の就労が合法化されたため，当時深刻な経済不況下にあったブラジルから多数の「デカセギ」が来日し，ピーク時にはその数が30万を超えた．

### （9）ラテンアメリカにおける反米勢力の台頭

南米の産油国ベネズエラでは，1998年の選挙で貧困層の支持を得て大統領に当選した元陸軍中佐のチャベスが，反米的な姿勢をあらわにしてキューバのカストロ政権と接近し，社会主義路線による政権を14年にわたって維持し続けた．2012年の選挙で4度目の当選を果たしたものの就任前に病没したため，現在はマドゥーロがその路線を引き継いでいる．

2006年にボリビア初の先住民出身の大統領に就任したモラレスも反米主義者で，新自由主義経済，グローバリズムに反対してベネズエラのチャベス政権やキューバとの連携を強めている．2007年にエクアドルの大統領に就任したコレア，2006年にニカラグアの大統領に再選されたサンディニスタ民族解放戦線のオルテガも，反米という点でベネズエラやボリビアと強く連携している．あからさまな反米的姿勢を示さないまでも，ラテンアメリカにおいては今やブラジル，アルゼンチンを始め左派政権が主流で，親米の国はコロンビアなどわずかである．

1991年のソ連崩壊による冷戦終結の後，民主主義と資本主義を標榜するアメリカ合衆国の影響力は政治，経済，文化のあらゆる面において際立ってきた．しかし，2001年の9・11後のイラク戦争に見られるようなアメリカの一国主義的なあり方に対する国際世論の批判が高まるなか，従来一方的に政治介入を受け続けてきたラテンアメリカにおいても，それに正面からNOを突きつける国が現れてきたことや，経済的にも大きな力を持つブラジルのような国が現れてきたことは，アメリカ合衆国とラテンアメリカ諸国との関係が21世紀の今日，大きく変わりつつあることを示していると言ってよいだろう．

### 注

1）http://alabamamaps.ua.edu/contemporarymaps/world/americas/Western%20Hemisphere%20outline.pdf より加筆修正．
2）http://www.eduplace.com/ss/maps/pdf/n_america_nl.pdf より加筆修正．
3）高村宏子・飯野正子・粂井輝子編『アメリカ合衆国とは何か』（雄山閣出版，1999年）p.14．

## 参考資料
### 北アメリカ
有賀貞『ヒストリカル・ガイド　アメリカ』改訂新版，（山川出版社，2012年）．
有賀夏紀・油井大三郎編『アメリカの歴史——テーマで読む多文化社会の夢と現実』（有斐閣アルマ，2003年）．
ヴィンセント・N・パリーロ（富田虎男訳）『多様性の国アメリカ——変化するモザイク』（明石書店，1997年）．
大下尚一・有賀貞・志邨晃佑・平野孝編『資料が語るアメリカ——メイフラワーから包括通商法まで』（有斐閣，1989年）．
紀平英作編『アメリカ史』（山川出版社，1999年）．
木村和男『カナダ史』（山川出版社，1999年）．
高村宏子・飯野正子・粂井輝子編『アメリカ合衆国とは何か——歴史と現在』（雄山閣出版，1999年）．
日本カナダ学会編『資料が語るカナダ——16世紀の探検時代から21世紀の多元国家まで』新版（有斐閣，2008年）．

### ラテンアメリカ
大泉光一・牛島万編著『アメリカのヒスパニック＝ラティーノ社会を知るための55章』（明石書店，2005年）．
大貫良夫・落合一泰・国本伊代・恒川恵市・福嶋正徳・松下洋監修『新訂増補　ラテン・アメリカを知る事典』（平凡社，1999年）．
国本伊代『概説ラテンアメリカ史』（新評論，2001年）．
国本伊代編著『現代メキシコを知るための60章』（明石書店，2011年）．
高橋均・網野徹哉『ラテンアメリカ文明の興亡』（中央公論社，1997年）．
恒川恵市『比較政治——中南米』（放送大学教育振興会，2008年）．
二村久則・野田隆・牛田千鶴・志柿光浩『ラテンアメリカ現代史Ⅲ　メキシコ・中米・カリブ海地域』（山川出版社，2006年）．
堀坂浩太郎『ブラジル　跳躍の軌跡』（岩波新書，2012年）．
増田義郎編『ラテンアメリカ史Ⅱ（南アメリカ）』（山川出版社，2000年）．
増田義郎・山田睦男編『ラテンアメリカ史Ⅰ（メキシコ・中央アメリカ・カリブ海）』（山川出版社，1999年）．

## コラム6　黒人問題の原点としての奴隷制

　経済的・政治的な利益を目的に，権力者がある集団を支配して隷属化（奴隷化）することは，古代の時代から東西問わず世界中でみられた．とはいえ，「大航海時代」に西欧諸国が大西洋圏へと勢力を拡大する過程で発展した南北アメリカ地域の黒人奴隷制は，その規模や近代的な市場経済と人種主義の進展に及ぼした影響において，他に類をみない．

　15世紀初頭にサハラ砂漠以南のアフリカに進出したポルトガルは，同世紀の後半には西アフリカ沖の島で奴隷労働主体の砂糖生産に着手した．南北アメリカが「発見」されると，こうして培われた商品作物の生産体制は「新世界」に移植される．ポルトガルに加え，スペインやオランダ，イギリスなどが次々に植民地を建設し，砂糖きびに加え，タバコや米などを栽培した．金銀などの採掘も行われた．当初，労働力はアメリカ先住民や白人年季奉公人であったが，16世紀初頭から輸入が始まったアフリカ人奴隷が次第に主流となる．この要因には，先住民人口の伝染病による激減，アフリカ人自身の奴隷貿易への関与，西欧人のアフリカ人に対する人種差別意識などがある．いずれにせよ，大量の奴隷をアフリカから南北アメリカへ移送し，その奴隷が生産したものを西欧本国へ送り，本国はその利益を資金に工業製品を生産してアフリカと交易をする，いわゆる「三角貿易」が，17世紀までに大西洋圏に確立した．その結果，西欧本国では工業化が進展し，植民地も後に独立する基盤を築いた．奴隷制は19世紀半ばに各国で徐々に廃止されたが，奴隷貿易はブラジルが奴隷制を廃止する1888年まで続いた．その間にアフリカ側で奴隷船に積み込まれた奴隷は約1200万人，実際に南北アメリカに到着したのは約1000万人と言われている（残りは，不衛生きわまる航海中に病気・虐待・自殺などで死亡）．

　アメリカ合衆国となった地域（以下「アメリカ」）に連行された奴隷は，輸入奴隷全体の約6パーセント（約60万人）にすぎない．とはいえ，他地域では新来奴隷が短命で，奴隷を継続輸入することで労働力を維持したのに対して，アメリカでは奴隷が自然増し，19世紀半ばには400万人にまで増加した．事実，アメリカの黒人奴隷の栄養状態は，都市の下層労働者よりもましであったとする研究もある．それでも奴隷身分は「社会的死」であったと言われることが多い．奴隷は家畜と並んで「動産」扱いされ，夜明けから日没まで過酷な労働を強いられた．移動や集会の自由はなく，読み書きの習得も許されなかった．男女は家庭を持てたが，法的な婚姻ではなかった．所有者によるムチ打ちなどの体罰や性的虐待は日常茶飯事で，そうした窮状を訴える術もなかった．奴隷が何よりも恐れたのは，家族から引き裂かれて「売り飛ばされる」ことであった．奴隷は家族で協力し，苦しみを分かち合うことで，過酷な毎日を生き抜いていたからである．「黒人霊歌」（ニグロ・スピリチュアル，ゴスペルの原型）には，生き別れた家族を偲ぶ奴隷の心情が詠われている．また，南北戦争を経てアメリカで1865年に奴隷制が廃止されると，解放奴隷は離散した家族を探し出し，教会や互助会など独自の組織を作ることを最優先した．

　このように，奴隷制下で厳しい人種差別にさらされながらも，黒人奴隷は人間性や社会性を完全に失うことはなかった．しかしながら，人種主義に基づく差別は，奴隷制の廃止後も温存された．20世紀半ばの市民権運動を経て法的な平等が達成された現在でさえ，さまざまな黒人問題にその影響を見ることができる．

## コラム7 クレオール

「クレオール」は，人，言語，文化に関して用いられる概念である．この言葉は，「養育する」という意味のイベリア語から派生して，スペイン語ではクリオーリョ（criollo），英語ではクリオール（creole）フランス語ではクレオールまたはクレオル（créole）として，植民地生まれの人間，動植物から広く生活様式全体をさして使われるようになった．

その使われかたや意味は，地域によってかなり異なる．イスパノアメリカ（アメリカ大陸のスペイン語圏地域）では，「クリオーリョ」は，植民地本国から来た人びとを指すペニンスラールに対して，アメリカ大陸生まれのスペイン人を指すことばとして用いられた．その後，拡大解釈され，ヨーロッパ以外のさまざまな植民地で生まれたヨーロッパ人とその子孫を指すことばとして用いられるようになった．

北東ブラジル，ギアナ地域，カリブ海地域などのアフロ・アメリカ地域では，15世紀以降に奴隷制プランテーションの労働力として強制連行されたアフリカ系の人びとがヨーロッパ人と接触し，混血社会が形成され，新たな文化的複合状況が生まれた．カリブ海域では，現在のキューバ，ドミニカ共和国，プエルトリコなどを含む大アンティール諸島はスペインによって支配されたが，その100年後に旧スペイン領以外の小アンティール諸島がフランス，イギリス，オランダにより植民地化された．

このような背景をもつカリブ海域の諸島では，奴隷制プランテーションにおいて西アフリカを中心とする多様な言語を話す人びとが互いに奴隷として出会い，それらの人びとがプランテーション主や監督として働くヨーロッパ人に支配された．特にスペイン領以外の島嶼では，こうした異なる言語集団の接触の中で，コミュニケーションの手段として母語でない共通語（ピジン）が用いられ，それが次世代の人びとの母語となったのがクレオール語である．奴隷制プランテーション社会では，ヨーロッパ諸語が正当な言語であり，クレオール語は価値の低い崩れた植民地言語，奴隷たちの話しことばとして劣位にみなされた．

今日，カリブ海域のどの国々においても，公用語としてヨーロッパ諸言語のいずれかを使用しているが，フランス語を基礎としたクレオール語はフランスの旧植民地だった南米大陸の仏領ギネアからカリブ海域の島々（トリニダード，グレナダ，サント＝リュシー，マルチニック，ドミニカ，グアドループ，ハイチ）を経てアメリカ合衆国のルイジアナ州にまで及ぶ広範な地域で話されている．フランスの旧植民地だったカリブ海域の島嶼では，1960年代にはじまる脱植民地，国民国家建設を目指すナショナリズムの中で，クレオール語を国民文化の基礎として位置づけようとする気運が生まれた．人間社会全般に関わる混交現象としてのクレオール化に注目し，「混血＝雑種化」によって生まれる文化的創造性を高く評価したものである．

1992年に，セントルシア出身の詩人・劇作家デレック・オールトン・ウォルコット（Derek Alton Walcott）がノーベル文学賞を受賞し，クレオール文化を世界に知らしめた．マルティニクの小説家パトリック・シャモアゾー（Patrick Chamoiseau）らの評論『クレオール礼賛』は，クレオールを新しい文化概念として世界に発信したものである．

## コラム 8　冷　戦

　第二次世界大戦終結後の国際社会は，アメリカとソビエト連邦を二極とする二つの陣営に分かれた．アメリカを盟主とし，資本主義経済と自由主義を旗印とする西側陣営と，ソビエト連邦を盟主とし，社会主義経済と共産党独裁体制を旗印とする東側陣営の二つである．程度の差こそあれ，世界の多くの国々がこのどちらかのブロックに属することを余儀なくされた．

　イデオロギー対立を核とするアメリカとソビエトの確執は，戦後処理を協議する中ですでに芽生えていたが，二度にわたる世界大戦の経験は両国に決定的な一歩を踏み出させることをためらわせた．両国による核の保有が，全面戦争は人類の破滅に至るという危機感を生んでいた．しかし，冷戦（冷たい戦争）という語は確かに現実の戦闘活動がない二つの陣営の緊張状態を指しているものの，アメリカとソビエトの対立は第三次世界大戦の始まりさえ予測させたキューバ危機（1962）に見られるように急激な高まりを見せることもあったし，冷戦体制下のヨーロッパ，アジア，新興国ではアメリカとソビエトの対立を受けて時に分断国家が生じ，民族間紛争が起きた．「ベルリンの壁」に象徴されるドイツの東西分裂（1949〜1990）や，今なお尾を引く朝鮮半島の分断はその例である．

　冷戦体制がその姿をあらわにするのは，1947年アメリカ大統領トルーマンによって表明された，共産圏封じ込めのためのトルーマン・ドクトリンと，これに対抗する形でソビエトおよび東欧諸国などによって同年に設立されたコミンフォルムの対立図式が生まれたときだとされる．この後，両陣営は競い合うように冷戦の体制固めをしていった．経済面ではヨーロッパ経済協力機構（OEEC，後のOECD）と経済相互援助会議（COMECON）の対立，軍事面では北大西洋条約機構（NATO）とワルシャワ条約機構の対立がこれに当たる．

　共産主義大国中華人民共和国が1949年に登場したことによって，冷戦構造はヨーロッパだけではなくアジアにも拡張した．アメリカの世界戦略は朝鮮戦争（1950〜1953），ベトナム戦争（1960〜1975）への介入を招くほどにその規模を拡大せざるを得なくなった．一方ソビエトも独裁的指導者スターリンの死後，足元の東欧諸国における民主化運動が相次いだが，チェコスロヴァキアの「プラハの春」（1968）で見せたような強権的な弾圧によって，かえって自らのイデオロギーの非民主主義的側面を露呈して行った．60年代末のデタント（緊張緩和）に見られるようなアメリカ側からの歩み寄りの試みもあったものの，結局のところ冷戦の終結は，イデオロギー的にも経済的にも行き詰まった東側陣営の内部崩壊から始まったのである．

　ポーランドにおける自主管理労組「連帯」の発足に続き，本家のソビエトでは1985年に共産党書記長となったゴルバチョフが東西の対立を越えた新思考外交を打ち出し，情報公開を含む一連の改革（ペレストロイカ）を進めた．泥沼化していたアフガンからの撤退，中ソ対立の終結など，彼の政策の一連の成果は，アメリカ大統領レーガンとのマルタ会談（1989）に結実し，ここに冷戦の終結が宣言されたのである．しかしながら，ソビエト連邦の消滅，傘下にあった東欧諸国の自由化が実現するためにはなお若干の時間が必要であった．

# 第Ⅲ部

# 21世紀の課題

# 第9章

# グローバリゼーションの中のヨーロッパ

## 1. 冷戦体制の崩壊と新たな統合モデルとしてのEU

　1989年11月9日，ベルリンの壁開放のニュースが世界中を駆けめぐった．壁によじのぼる人びとと，ハンマーで壁を壊そうとする人びと，再会の喜びの涙にくれながら，知人や家族と抱き合う人びとをテレビは映し続けた．世界中の人びとの目がそのテレビに釘付けになった．東ヨーロッパ陣営の中でも最も強固な共産主義国家であると思われていた東ドイツで起きたこの自由への一歩は，あまりにも突然であった．

　たしかに予兆はあった．1985年にソビエト連邦書記長となったゴルバチョフは，国内においてはグラスノスチ（情報公開），ペレストロイカなどの一連の改革政策を実施し，国際的には，体制の違いを超えた相互協力を目指す新思考外交を打ち出し，88年の新ベオグラード宣言では，東ヨーロッパ諸国に対するソビエト連邦の指導性さえ否定するに至っていた．ポーランドでは自主管理労組「連帯」が総選挙で圧勝し，共産党による一党独裁体制に揺さぶりをかけていた．また，89年5月にハンガリーがオーストリアとの国境にあった鉄条網を撤去したため，ハンガリー経由で西側に脱出する東ドイツ市民の数が増え続け，同年10月ホネカー書記長は退陣に追い込まれていた．それでもなお，ベルリンの壁開放のニュースは，その感動的な映像とともに，世界が，とりわけヨーロッパが急速に新しい時代を迎えようとしていることを世界中の人びとに告げ知らせる役割を果たした．

　1961年以来ベルリンを東西に分断していた壁は，ヨーロッパにおける冷戦構造の象徴であった．理不尽に東西に分けられたベルリン市民にとって，この壁は，ごく日常的な場面において，国際政治の力関係によって突き立てられた巨大な異物を意味した．その異物の力が，まるで魔法をかけたように，一夜にして無になってしまった．西ドイツのコール首相の対応は素早く，翌1990年7月には東西両ドイツの通貨統合を，そして同年10月にはドイツ統一を実現させた．自由主義体制のドイツは，東側へとその領土を拡大したことになる．

　東ドイツだけではない．旧東ヨーロッパの国々，ブルガリア，チェコスロヴァキア，ルーマニ

ア，ユーゴスラヴィアなどにおいても，ドイツに続くように，あるいはドイツと競うようにして民主化運動がおこり，古い国家の分裂による新たな体制が生まれていった．これらの国々は，いずれ資本主義体制下の自由な国として，あらためてヨーロッパの一員となることが予想された．ドイツだけではなく，ヨーロッパそのものが東方へ，それも大きく拡大することになった．

　西ヨーロッパ諸国は，第二次世界大戦終結後の国際政治の中で，経済的な国家統合の努力を続けてきていた．ついこの間までは共産主義体制下にあり，経済発展の面でもはるかに遅れた国々を取り込む形でのヨーロッパの拡大という局面を前にして，ヨーロッパにおける国家統合の試みは新たなステップに進むことになった．1993年11月，欧州連合（以下EU）の成立がそれである．それぞれに主権をもつ国家同士の連合体というこの壮大な試みは，ヨーロッパから，平和同盟を基盤とした新たなグローバル社会の形成を目指している．この章では，EUが形成されてきた経緯を概観し，その現状と問題点，特に新たなグローバリゼーションの中でEUが直面している課題を検討することにしたい．

## 2．EU成立の沿革と現状

　ヨーロッパ地域における国家統合の試みは，そもそも諸国の経済協力から始まった．第二次世界大戦後，ヨーロッパ諸国は疲弊した国内の物質的な復興を図ることを急務としていた．国内の経済復興に努めつつ，周辺諸国が自分たちの国益を脅かさないよう注意を払うことが必要とされた．大戦の記憶はまだ生々しかったのである．特にナチスを生んだドイツは牽制しなければならなかった．

　この状況の中で，1950年，ジャン・モネにより提唱され，ロベール・シューマン仏外相らの賛同を得た欧州統合構想が発表された．その構想の中で，守るべき重要な価値とされたのが，経済的繁栄と自由である．自由な貿易こそが人びとを近づけ，国家間の連帯こそが戦争の根源であるナショナリズムを後退させるという思想がその背後にあった．1951年，ヨーロッパの6カ国（フランス，ドイツ，ベルギー，オランダ，ルクセンブルグ，イタリア）によって欧州石炭鉄鋼共同体（ECSC）[1]が設立された．石炭と鉄鋼の超国家的管理を目的とする共同体である．この共同体に参加した国は，周辺諸国をあまり気にせず，それぞれ独立した形での経済再建ができるようになった．ヨーロッパ域内における新たな紛争を避けることもできた．なぜなら，共同管理された石炭と鉄鋼は，そもそも戦争の必須材料だったからである．

　大戦によって国力を失い，アメリカ，ソ連という超大国の出現と，自国のかつての植民地の独立によって国際的地位を低下させていたヨーロッパ諸国にとって，このECSCの成功は魅力的なものだった．加盟各国の主権がもつ機能は保護しつつ，ヨーロッパ地域の発展を確固たるものにする統合——ECSCを補完する共同体の形態がさらに模索された．1957年には，主として関税の設定や共同市場の創設など経済活動を対象とする欧州経済共同体（EEC）[2]と原子力資源の開発，利用に関わる欧州原子力共同体（EAEC／Euratom）[3]の設立が決定された．その後，ECSCをあわせてこれ

ら三つの共同体をECと総称する時代を経て，イギリス，デンマークのような北部ヨーロッパの国やギリシャのような南部ヨーロッパの国も統合に参加していった．また1985年にはシェンゲン協定が締結され，参加国間の移動が自由なシェンゲン圏を形成するための土台固めがなされた．第1節でみたベルリンの壁開放が起きるのはその4年後のことである．

1991年末EC首脳会議によってマーストリヒト条約が採択された．この条約は別名を欧州連合（EU）条約ともいい，デンマークの批准否決という困難を乗り越えてこの条約が発効した1993年から，ヨーロッパにおける統合の歴史はEUの時代に入ったといえる．経済通貨統合を目標に定めたという点では，従来のように経済統合の側面が強いが，外交・安全保障政策を共通のものしようとする点では，政治統合の色彩が強い．発効後，2年もたたないうちにオーストリア，スウェーデン，フィンランドが加盟し，旧東ヨーロッパ諸国の加盟も続いた．2012年現在，EUの加盟国は27カ国（表9-1参照），総人口は4億9000万人を数える．この拡大に合わせて，マーストリヒト条約に続いて締結されたアムステルダム条約（1997），ニース条約（2001），リスボン条約（2008）には，欧州全体の機構改革，欧州市民の創造などが盛り込まれているが，同時に，EU成立の初期に比べてさらに多くの権限委譲が加盟国に求められるようになった．

加盟各国の権限委譲を受けて，EUは国家レベルではなく共同体レベルでの政策決定をおこなう

表9-1　EU加盟27カ国（2012年12月現在）

| 国名 | 加盟年 | ユーロ圏 | シェンゲン圏 |
| --- | --- | --- | --- |
| ベルギー | 1951 | ○ | ○ |
| ブルガリア | 2007 | | |
| チェコ | 2004 | | ○ |
| デンマーク | 1973 | | ○ |
| ドイツ | 1951 | ○ | ○ |
| イギリス | 1973 | | △ |
| エストニア | 2004 | ○ | ○ |
| ギリシャ | 1981 | ○ | ○ |
| スペイン | 1986 | ○ | ○ |
| フランス | 1951 | ○ | ○ |
| アイルランド | 1973 | ○ | △ |
| イタリア | 1951 | ○ | ○ |
| キプロス | 2004 | ○ | |
| ラトビア | 2004 | | ○ |
| リトアニア | 2004 | | ○ |
| ルクセンブルク | 1951 | ○ | ○ |
| マルタ | 2004 | ○ | ○ |
| ハンガリー | 2004 | | ○ |
| オランダ | 1951 | ○ | ○ |
| オーストリア | 1995 | ○ | ○ |
| ポーランド | 2004 | | ○ |
| ポルトガル | 1986 | ○ | ○ |
| ルーマニア | 2007 | | |
| スロヴァキア | 2004 | ○ | ○ |
| スロヴェニア | 2004 | ○ | ○ |
| フィンランド | 1995 | ○ | ○ |
| スウェーデン | 1995 | | ○ |

注：△印は部分的実施を表す．
出所：筆者作成．

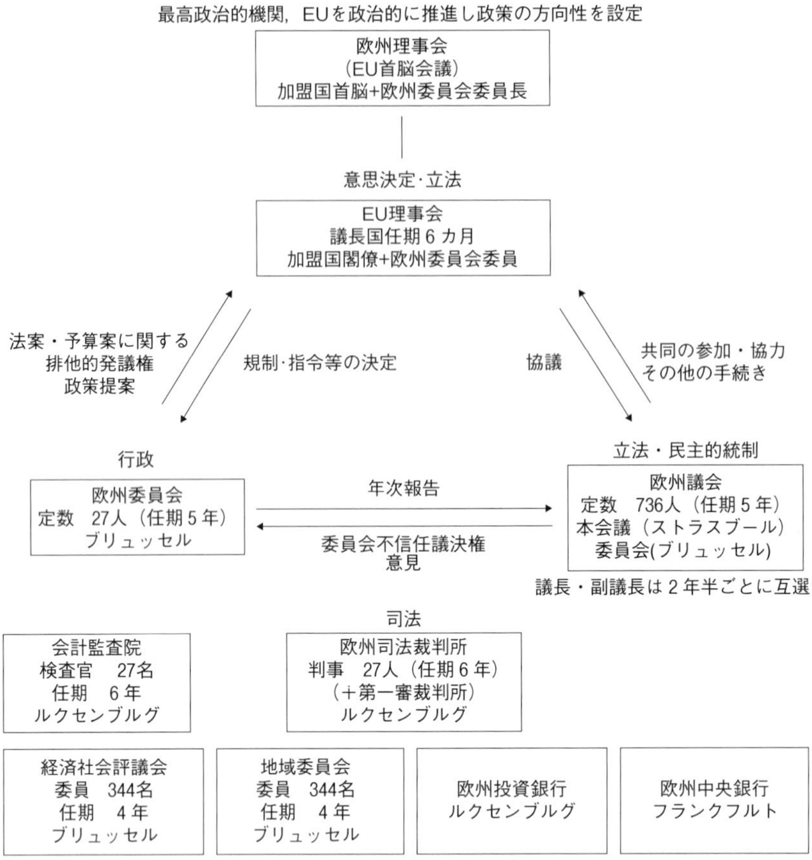

```
                最高政治的機関，EUを政治的に推進し政策の方向性を設定
                        ┌─────────────────────────┐
                        │       欧州理事会         │
                        │    （EU首脳会議）        │
                        │ 加盟国首脳+欧州委員会委員長 │
                        └─────────────────────────┘
                                意思決定・立法
                        ┌─────────────────────────┐
                        │       EU理事会          │
                        │   議長国任期6カ月        │
                        │ 加盟国閣僚+欧州委員会委員 │
                        └─────────────────────────┘
    法案・予算案に関する      規制・指令等の決定     協議        共同の参加・協力
    排他的発議権                                              その他の手続き
    政策提案

         行政                                              立法・民主的統制
   ┌──────────────┐          年次報告          ┌──────────────┐
   │   欧州委員会   │ ←─────────────────────→ │   欧州議会    │
   │ 定数 27人（任期5年）│   委員会不信任議決権    │ 定数 736人（任期5年）│
   │  ブリュッセル   │        意見              │ 本会議（ストラスブール）│
   └──────────────┘                           │ 委員会（ブリュッセル）│
                                              └──────────────┘
                                          議長・副議長は2年半ごとに互選
                            司法
   ┌──────────────┐    ┌──────────────┐
   │   会計監査院   │    │  欧州司法裁判所  │
   │  検査官 27名   │    │ 判事 27人（任期6年）│
   │   任期 6年    │    │  （＋第一審裁判所）│
   │  ルクセンブルグ │    │  ルクセンブルグ  │
   └──────────────┘    └──────────────┘
   ┌──────────┐ ┌──────────┐ ┌──────────┐ ┌──────────┐
   │経済社会評議会│ │ 地域委員会 │ │欧州投資銀行│ │欧州中央銀行│
   │委員 344名  │ │委員 344名 │ │ルクセンブルグ│ │フランクフルト│
   │任期 4年    │ │任期 4年   │ └──────────┘ └──────────┘
   │ブリュッセル │ │ブリュッセル│
   └──────────┘ └──────────┘
```

図9-1　EUの仕組み[4]

ことも可能になった．このため必然的に，EUそのものが国家に似た複雑な構造を持つことになる（図9-1参照）．中心的機構としては，加盟国首脳と欧州委員会委員長からなる欧州理事会，加盟国閣僚と欧州委員会委員からなるEU理事会，そして欧州委員会と欧州議会の四つを挙げることができる．後の三者は加盟国がEUに主権移譲した超国家的機構である．これら四つの機構はEUのいわば屋台骨として政治的部門を担っている．他にも，EU内諸機関の違法性などを審理する欧州司法裁判所（リスボン条約後はEU司法裁判所），統一通貨ユーロを導入した国々の金融政策を担う欧州中央銀行（ECB）など，司法部門，財政部門を管轄する機構もまたEUには備わっている．加盟各国は，基本的にはこれらの機構の中で活動することになるが，シェンゲン圏，ユーロ圏（コラム「EUとユーロ圏」参照）等への参加についてはそれぞれの自主性に委ねられている．

## 3．EUの経済活動

マーストリヒト条約の定めるところに従って，ヨーロッパの統一通貨「ユーロ（€）」が誕生した

のは，1999年1月のことである．この時ユーロ導入に踏み切ったのはEU加盟国中11カ国にすぎなかったが，その後ユーロ圏は拡大し続け2012年現在，ユーロは加盟国中17カ国で流通している．これら17カ国の金融政策は，それぞれの国の中央銀行ではなく，フランクフルトにある欧州中央銀行（ECB，設立は1998年）が担っている．**表9－1**のユーロ圏参加国を見てもわかるように，共通の通貨を使用するとはいえ，これらの国々の間には経済的格差があり，あらたな「南北問題」の火種となりかねない．2010年から11年に表面化し，デモによる死傷者まで出したギリシャ債務危機などはその一例である．また一方で，ユーロ圏に属さず，自国の通貨ポンドの強さを背景に，EUの経済政策に対して強い発言力を持つイギリスの存在も無視することはできない．G8の一員であり，国連常任理事国のメンバーでもあるイギリスがEUからの離脱などを言い出せば，EUにとっては経済面と政治面の両方で大きな損失となることは間違いない．

　このように，EUの経済政策は常に加盟各国の利害調整という困難をともなっているが，世界経済におけるEUの影響力と存在感はもはや軽視できないほどのものになっている．2010年を例にとれば，EUの貿易額は全世界の16％近くを占めていた．これは14％のアメリカ，12％の中国，6％の日本を抑えて第1位である．しかもここにはEU域内の活発な加盟国間貿易が含まれていない．EU加盟各国の貿易の65％はEU域内のものであり，これを合わせればEUの貿易額はさらにはね上がる．近年中国やアジア諸国など新興国のめざましい発展によりその地位を脅かされているとはいえ，EUは世界経済の中で今なお中心的な役割を担っているといえる．

　また金融市場のグローバル化にともない，ヨーロッパの企業は海外，特に他の大陸に巨額の投資をしている．2011年以降はアジア圏，そしてアフリカ大陸への投資も進んでいる．ヨーロッパの企業は世界の金融資産の50％を保有し，EUの域内と域外で多国籍なグローバル戦略を積極的に展開している．

　EUの輸出品目の特徴的なものとして，本と美術品を挙げることができるだろう．EUは本と美術品の世界第一の輸出圏なのである．グローバル化の共通言語ともいえる英語だけでなく，EUの公用語であるスペイン語とフランス語は，世界で最も話されている10言語の中に含まれている．本や美術品の輸出量が多いのはうなずけるだろう．また，このように文化的な「モノ」の輸出だけではなく，EUは文化政策の積極的な推進や企画，財政的支援も行っている．EU域内の文化的活動を世界中に発信する活動にとどまらず，アフリカ諸国のように，資金を集めることができない国々の活動支援も行っている．

　グローバル化の進む国際経済社会の中で，EUの経済活動は粘り強く生き残っているといっていいだろう．現在，世界を動かしている経済のしくみや金融機関のメカニズムそのものが，EU加盟諸国にとってもともとなじみ深いものだった，ということもその粘り強さの秘密かもしれない．また，世界貿易機関（WTO）や国際通貨基金（IMF）[5]，国際労働機関（ILO）[6]など，グローバル化の動き[7]を管理，調整している多くの国際機関が，国際連合安全保障理事会メンバーでもあるイギリス，フランスというEUの主要加盟国によって設立，主導されてきたという事情も背景にあるだろう．見方を変えれば，EUはこれら国際機関に加盟国を参加させることによって，世界の資本主義の発展に一役買っているのだともいえる．リスボン条約でEUの諸機構が改革されてから，EUには法人

格が与えられることになった．その結果いくつかの国際機関では，EU はオブザーバーとしての議席も確保している．

最後に，EU 経済が抱えているふたつのリスクについて見ておこう．

ひとつ目はエネルギー資源の不足である．

EU は十分なエネルギー資源を持っていない．そのためエネルギー需要を輸入に頼っている．ロシアからのガス，ペルシャ湾周辺からの石油，中国からの希土類元素（レアアース）などである．だが輸入先を確保するだけでは足りない．これらの資源の調達ルートを確保すること——これは安全保障上の重要な課題でもある．

もうひとつのリスクは人口問題である．EU 域内の人口は，現在世界人口の12％であるが，この比率は出生率の低下により今後さらに減少していくことが考えられる．出生率低下傾向は EU の中でも国によりばらつきを見せているが，少子高齢化が進むとその国の社会全体の活力が衰え，年金の支払いも困難になることが懸念される．本来は個々の国の問題である出生率の低下が，やがては EU 全体の経済問題として浮上してくるかもしれない．

## 4．外交・軍事面での弱点と新たな局面

このように，経済のグローバル化では重要な意味を持つ EU ではあるが，外交に関してはその役割が限られ，影響力も小さかった．EU 外交はこれまではほとんど重要視されてこなかったといっても良い．そもそも国際機関というものが国家だけを相手にするものである以上，これは当然の話だといえる．地域国家共同体である EU の国際会議における代表などというものは存在するはずがなかったし，国際社会でその地位が認められることもなかった．設立当初，外交分野で EU 独自の主張をする場が EU にはなかったのである．

だがこの弱点は徐々に克服されつつある．前の節でも少し触れたように，2008年12月にリスボン条約が施行され，EU に法人格が与えられたことにより，外交面における EU の役割も拡大した．交渉力が強化され，国際社会での外交活動をより効率的に行うことができるようになった．今や EU は，第三国や国際機関に対して，自身を明確なパートナーとして認識させることができるのである．欧州委員会副委員長は欧州連合外務・安全保障政策上級代表を兼任している．この資格で副委員長は外交活動に従事し，条約を締結し，国際機関に代表として出席することができる．

また，2011年4月以降は，国際連合の中で EU としての意見を持つことも可能となった．もっともそれは，「戦略的パートナー」という枠組みの中で，EU が出資をしている国際機関に限られている．[8]

それでは，協調による国家統合を理想とする EU は，安全保障上の諸問題にどのように対処してきたのだろうか．

EU とその加盟国の防衛部門は NATO（北大西洋条約機構）の中に位置づけられている．このため，加盟各国は軍事支出を大幅に縮小することができた．たとえば2010年には，EU 全体の防衛予算は

世界の防衛支出の18％，アメリカの半分以下である．もっとも，加盟国の中にもイギリスとフランスのように世界的軍事大国とみなされている国もある．

　ところでEUが外交面でもっていた弱点は，裏返せば安全保障問題での弱点でもあった．1991年から2000年におよんだ旧ユーゴスラビアの民族紛争解決にEUはこれという力を発揮することができなかった．ユーゴスラビア紛争は，EU加盟各国の間で意見の一致をみることができないままに，アメリカの外交力やNATOによる空爆によって収束した．ヨーロッパの問題をヨーロッパの力で解決できなかったという事実にEUは直面しなければならなかったのである．そもそも冷戦構造の崩壊後，性格の変わったNATOに従属するということは，NATOが各地で展開する軍事行動や危機管理活動に歩調を合わさなければならないということである．加盟各国の安全保障のためではなく，NATOと共に「世界の軍隊」として活動しなければならないという点で，EUは大きなジレンマを抱え込んだともいえよう．この問題は，大量破壊兵器の開発・保有を理由とするイラクへの軍事行動（2003）に対する加盟国間の意見の不一致でも露呈した．

　このような弱点を補強するため，欧州理事会は，1999年6月，すでにマーストリヒト条約に盛り込まれていた共通外交安全保障政策（CFSP）[9]をさらに発展させ，欧州安全保障防衛政策（ESDP）[10]の推進を決定した．ESDPは，EU域外での危機管理活動を，人道支援や救援活動，国際社会の平和維持，安全の強化，そして国際協調の推進を目的とするものに限っている．最初のミッションとなったアルテミス作戦（2003年，コンゴ民主共和国のブニア地方での地域の安定及び人道支援への足掛かりを目的とする作戦）こそ軍事的なものであったが，基本的にはEUの危機管理活動は文民的なものであり，ボスニア，パレスチナ，アフガニスタンへの警察派遣，インドネシアへのオブザーバー派遣やエジプトとパレスチナの国境（ラファ）における支援任務などが主な活動として挙げられる．

　また，EUの域外における危機管理活動は，遠隔地だけを対象とするものではない．ヨーロッパ周辺地域を繁栄させ，安全な地域を築くこともまたEUの危機管理活動の目的である．この目的を実現するために，2003年，EU圏との隣接地帯に欧州近隣政策（ENP）[11]という枠組みが制定された．この枠組みには東欧のアルメニア，アゼルバイジャン，ベラルーシ，モルドバ，グルジア，ウクライナ，そしてマグレブ諸国のアルジェリア，モロッコ，チュニジア，リビア，さらに近東地域においてはエジプト，イスラエル，ヨルダン，レバノン，シリア，パレスチナ自治区までの16カ国が含まれている．

　こうしてEUは安全保障問題における弱点を克服し，軍事力だけに頼らない独自の道を切り開こうとしている．とはいえ，外交と軍事のふたつの分野でEUが抱えていた弱点は，政治的統合の難しさを物語っているといえる．

## 5．「規範」とアンチ・グローバリゼーション

　本節ではEUのあまり知られていないふたつの側面について見ておこう．パワーとしての「規範」とグローバル化の動きに対する規制的側面である．

EUは,人,モノ,サービス,資本の四つの移動の自由を制度化しようとしてきた.そのための重要なキーワードともいえるパワーとなってきたのがさまざまな「規範」である.これらの規範は欧州政治の歴史の中にその原点をもっているが,今もEU諸機関の民主主義的なはたらきの中で脈々と息づいている.

EUが何よりも重視する規範は技術上の規範と,社会的選好とも呼ばれる,たとえば死刑廃止や人権尊重などの選択をうながす社会的な規範である.規範の順守は,EU加盟国や加盟を希望する国々だけに求められるものではない.実はヨーロッパ域外の貿易でこそ規範は重要な意味を持っている.グローバル化が進み,WTOのような国際機関によって自由貿易が調整される今日,域外との取引において生じるさまざまな衝突を避けるためには,規範という形で一定の共通の枠組みを作っておくことが必要になって来る.取引の相手国,地域にはEUと比べた場合の社会的差異(収入,社会保障,財産に関する法的制度,財産権,教育制度,組合の権利,環境保護など)が存在するからである.

いうまでもなく,一定の規範を他の地域に強制することはできないのであり,EUの目的も自らの価値観を他の地域に輸出することにあるのではない.自らの価値観を国際的組織によって承認してもらうことが何よりも重要なのである.

EUの日常的な機能やEUが権限を持つ公共政策の分野にも規範重視の思想は浸透している.80年代半ば以降,EUは政治と法の分野における規範化を強めてきた.特に環境分野,農業,健康,文化,発展のための支援政策,社会モデルの向上については,EUの規範の適用に特に力を入れてきた.

規範がEUの政策上大きなパワーを発揮するケースとして,予防原則の事例がある.予防原則とは,たとえ科学的なデータによる完全な検証が不可能であっても,人の健康や動物あるいは植物の危機,環境保護の観点からリスクが予想される場合,リスクがあると思われる製品の流通を止めたり市場から撤退させたりできるという原則のことである.仮にWTOの定めた予防原則がEUの観点からして不十分なものであった場合には,EUは市民レベルの意見を取り入れた独自の予防原則を確立し,加盟国に対してこの予防原則を強く打ち出すことができる.EUの予防原則は衛生面の保障やその他市民の側から生じるさまざまな要請に敏感に対応できるものとなっている.現在ではEUの政策決定の際に最優先される環境問題などは,北欧の国々から上がってきた声が徐々に浸透し,EU独自の予防原則となって力を発揮している代表的なものであろう.

このように,規範とはEUの重要な政策ツールであり,域内市場の安全確保や,その他の地域間との関係を決定する上で極めて重要な役割を担うものである.他にも重要な規範として,欧州標準化委員会(CEN)によって策定された技術に関する規範,技術標準あるいは欧州規格(EN)[12]とも呼ばれる規範を挙げておこう.

EUは多くの開発支援政策を実施しているが,これらはふたつの大きな利点を持っている.ひとつ目は,まだあまりEUの影響が及んでいない地域においてEUの存在感を確かなものとし,規範を広めることが可能になるという点である.ふたつ目は,移民の流れを把握できるという点である.その意味では,規範とはある種の「強者の支配を確実にするためのツール」とも受け取られか

ねないことは確かである．だが規範とは，EU がグローバル化の中で目指す自らの立場を表現する重要なツールなのである．

　国際関係の専門家の中には，ロシアやアメリカとの関係性が強く影響するエネルギー政策分野において EU の規範には限界があるとする意見もある．アメリカ国内にも規範に関する独自のシステムがあり，国際的なルールよりもそれが優先される傾向があるからだ．また，規範の存在は自由貿易促進の障壁となるという議論もある．確かに自由貿易の推進派からすれば，規範の存在は市場機能の抑止につながり，ごく一部の世界観を全体に強制することにつながるともいえよう．しかし，EU によって提示された規範が WTO との交渉の結果，国際的取引の規範として正式に組み込まれることもある．むしろ WTO の規則と EU の規範とは相互補完的な関係にあると考えるべきであろう．

　次に，EU がグローバル化にともなう新自由主義的な動きがもたらす弊害に歯止めをかけるケースを見てみよう．

　いうまでもなく，EU は市場主義的な価値観にのっとり，資本主義的経済原則によって動いている．人，モノ，サービス，資本が自由に流れる経済圏を，制度と法によって保障する――それが EU の立場である．だが新自由主義的な流れをただただ推進しようというわけではない．

　社会保障を例にとってみよう．そもそも EU の域内は，早くから社会保障システムが構築され，福祉国家という考え方が具体的に形成されていった地域である．EU のすべての加盟国では社会保障および健康保険を含む社会システムが導入されている．ところが世界的な経済危機により，加盟国の中には，たとえば健康保険制度の廃止などによってこの危機を乗り越えようする国も現われてくる．そのような時，自国の政府が選択した新自由主義的政策の被害を受けている人びとを支援するのも実は EU の役割である．欧州議会と欧州司法裁判所はこのような人びとの主張を聞き入れる唯一の機関である．

　EU は加盟国諸国民の積極的な市民参加を推進している．市民の声をすくい上げることによって，いわば「欧州市民」の共同体を形成しようとしているのである．議会や理事会で市民の声を聞くメカニズムを EU は持っている．これこそが市民イニシアティブのメカニズムなのである．環境問題，原発問題，社会保障問題など各国の政府レベルにおいては対応しにくい問題も，EU はこの市民イニシアティブというメカニズムを通じて自らの政策アジェンダとして組み込むことができた．EU のこの機能は他の大国の政治的パワーとは大きく異なるものである．

　このように，市民の声をすくい上げつつなされる EU における政策決定は，単に資本主義的な利潤追求だけを目標にしているわけではない．

## おわりに
### ――EU は拡大するのか――

　EU への加盟申請をするには，まず「コペンハーゲン基準」の遵守が求められる．これは，民主主義，人権，法の支配等の確立，市場経済の機能，1500 以上の法を含む「アキ・コミュノテール」

の受け入れなどを定めたもので，EU 加盟国がまず第一に守らなければならない規範だといえる．加盟を望む国はこの規範に合わせて国内で法令を整備し，欧州委員会の評価を受けなければならない．「加盟候補国」という地位が与えられても，欧州議会の同意を取り付け，理事会で全会一致の決議を得て，晴れて加盟国となるには数年の時間がかかる．EU 加盟への道のりは平坦なものではない．

現在27カ国から成る EU だが，今後さらに拡大の道をたどるのだろうか．2012年現在加盟候補国として交渉中なのはアイスランド，トルコ，クロアチアの3国であり，加盟候補国として認められているのがマケドニア（旧ユーゴスラビア共和国）である．トルコについては，加盟交渉が難航している．表現の自由，非イスラーム教徒や女性，少数民族の諸権利が守られるかどうかが加盟のための重要なハードルとなっているためだ．さらにまだ加盟候補国となってはいないが，加盟の予想される東欧の国々も数カ国ある．ウクライナのような大国が加盟の動きを見せることも考えられるが，地域拡大により経済的な勢力を守ることができるとはいえ，ヨーロッパが政治的求心力を失いかねない．何よりも，ロシアが神経をとがらせることになるだろう．

だがそもそも EU の拡大とは加盟国の増加だけを意味するのだろうか．

たしかに EU は，グローバル化の中で世界における独自の位置を確保してきた．とはいえ加盟各国による自国の利益の主張や独自の対応がないわけではない．その意味では EU はまだ分裂したままなのだともいえる．また EU の存続が永遠にヨーロッパの歩む路線だとみなされているわけではないし，ユーロによる通貨統合も白紙に戻る可能性がある．ひとつの権力としてのヨーロッパというビジョンが，すべての加盟国によって同じ程度に共有されるまで，EU は地盤固めに努めるべきなのかもしれない．

現在の EU は，ユーロ圏に共通の外交・防衛戦略の一層の確立，過去10年の間に形成した協力体制の強化を目指しているようだ．金融危機の原因となった銀行制度を改革しようとする動きも起こっている．ユーロ圏の銀行を対象とする単一監督制度（SSM）が提案され，経済通貨同盟（EMU）が強化に向けて重要な一歩を踏み出そうともしている．経済，外交，防衛の三つの部門でこのように制度が強化されれば，ひとつのヨーロッパというビジョンはさらに鮮明になるであろう．パワーとしての規範を示し，浸透させつつ，EU の理念と価値観をヨーロッパの内外に一層広げていく——地理的な意味での「拡大」だけではなく，このような理念上の「拡大」も必要なのではないだろうか．今日までの EU の拡大は，異なった背景を持つ国々でも，平和や人権の尊重といった価値の遵守という点では共通点を持ちうること，そして，EU がこれらの国々にとって等しく魅力的な側面を持っていることをすでに証明しているのだから．

**付記**
本章の内容は2013年執筆時の政情にもとづいたものである．

## 注

1) European Coal and Steel Community.
2) European Economic Community.
3) European Atomic Energy Community.
4) http://www.euinjapan.jp/media/audio/
5) World Trade Organization.
6) International Monetary Fund.
7) International Labor Organization.
8) WTO，世界銀行あるいは国際連合の諸機構（国際連合開発計画（UNDP），世界保健機関（WHO），国際労働機関（ILO），国際連合食糧農業機関（FAO），国際連合難民高等弁務官事務所（UNHCR），国際連合世界食糧計画（WFP））．
9) Common Foreign and Security Policy.
10) European Security and Defense Policy.
11) European Neighbourhood Policy.
12) European Norm.

## 参考資料

猪口孝『ヨーロッパ統計年鑑――データと図表で見るヨーロッパ案内2009』（柊風舎，2011年）．

植田隆子『対外関係』（EUスタディーズ），（勁草書房，2007年）．

遠藤乾『ヨーロッパ統合史』（名古屋大学出版会，2008年）．

加賀美雅弘・川手圭一・久爾良子『ヨーロッパ学への招待 地理・歴史・政治から見たヨーロッパ』（学文社，2010年）．

田中俊郎・小久保康之・鶴岡路人編『EUの国際政治――域内政治秩序と対外関係の動態』（慶應義塾大学出版会，2007年）．

馬場康雄・平島健司編『ヨーロッパ政治ハンドブック「第二版」』（東京大学出版会，2010年）．

福田耕治編『EU・欧州統合研究――リスボン条約以降の欧州ガバナンス』（成文堂，2009年）．

福田耕治編『EU・欧州公共圏の形成と国際協力』（早稲田大学EU研究叢書1）（成文堂，2010年）．

村上直久編著『EU情報事典』（大修館書店，2009年）．

森井祐一『ヨーロッパの政治経済・入門』（有斐閣ブックス，2012年）．

脇阪紀行『大欧州の時代』（岩波新書，2006年）．

## コラム 9　EU とユーロ圏

　1948年，フランスとドイツの戦争を恒久的に回避する方策を探る「欧州評議会」において，イギリスの政治家チャーチルは，欧州を「統合すべし」と主張する．その具体化として51年，欧州石炭鉄鋼共同体（ECSC）が設立され，それは欧州経済共同体（EEC），欧州共同体（EC）へと発展していく．

　69年，EC首脳会議において経済通貨統合の実現が目標として掲げられ，ルクセンブルクのウェルナー首相を委員長とする検討委員会が設置された．70年の「ウェルナー報告」では，今後十年で欧州経済通貨統合を実現する計画が立てられたが，これは71年末の米ドルの変動為替相場への移行，73年のオイル・ショックによって頓挫する．しかし，79年，EC市場の分断に危機感を覚えた西ドイツ，フランスの主導により，欧州通貨制度（EMS）が発足した．この為替相場メカニズム（ERM）ではECU（欧州通貨単位）が導入され，参加各国はこの計算上の通貨単位を基準として自国通貨価値を常に一定範囲内に保つことを義務付けられる．そこで各国は良好なドイツ経済を目標として足並みを揃えることを目指し，ERMは事実上ドイツ・マルク本位制に近づいてゆく．こうして80年代には一時安定したERMであったが，『EUメルトダウン』（朝日新聞出版，2011年）の著者，浜矩子氏によれば，それを崩壊へと向かわせたのは，90年のドイツ統一であった．統一後のドイツ・マルクは東ドイツの弱さを抱え込み価値の行方が定まらなかった．ドイツが金融引き締め策を続ける中，不況に苦しむイギリスは，92年ERMから離脱する．これに端を発した通貨危機はイタリアをも離脱に追い込み，さらにアイルランド，スペイン，ポルトガルへと飛び火する．つまり，現在のユーロ圏の問題は，当時からユーロ圏の弱点であった．ちなみにギリシャはこの時ERMに加入していない．

　こうしてERMが機能不全に陥った93年，皮肉にもマーストリヒト条約が発効し，ヨーロッパはユーロ誕生へ向かって大きく一歩を踏み出した．その背景には単一通貨圏の構築によって，統一ドイツの独り歩きを阻止したいというフランス，イギリスの思惑があったと浜氏は指摘する．漸進的に域内の経済を平準化した上で通貨統合を目指すのではなく，まず通貨統一して強制的に国々の経済実態を平準化へ誘導しようという政治主導の通貨先行型統合が進められた．紆余曲折を経ながらも，99年には帳簿上で単一通貨ユーロが誕生し，ギリシャも二年間の見習い期間を経て2001年にユーロ圏加入を認められる．そして，02年からはユーロの流通が始まった．

　ユーロ導入後，ギリシャの国債利回りはドイツ国債のそれに近づくが，それは経済実態を反映したものではなく，ギリシャが窮地に陥ればユーロ圏の仲間が救済してくれるという投資家心理によるものだった．こうしてギリシャは多量の国債を発行し，放漫財政へ突き進んだ結果，08年のリーマン・ショックをきっかけに財政危機に陥る．それはいまやポルトガル，アイルランド，スペイン，イタリアへと波及している．通貨統合により経済は平準化されるどころか，格差はますます広がりつつある．EUはこの先どこへ向かうのであろうか？　2012年，危機のさなかのEUにノーベル平和賞が授与された．

# 第10章

# グローバリゼーションの中のアジア

## 1．身近なアジア

　グローバリゼーションが急速に進む中，アジアの諸地域間の交流もますます拡大している．日本の街中でも中国人や韓国人などアジアの人びとと簡単に出会うようになった．日本政府観光局（JNTO）の統計によると，2010年に日本を訪れた外国人約861万人のうち，韓国人が約244万人で最も多く，中国人が141万人でその後に続いた．その他のアジアからの訪問者を合わせると約653万人で，全体の約76％を占めている．また，留学生の場合も独立行政法人日本学生支援機構（JASSO）の統計によると，2011年5月現在，全体の留学生13万8075人のうち，中国人が8万7533人で63.4％，韓国人が1万7640人で12.8％を占めており，台湾，ベトナム，マレーシアなどやはりアジアの国々がその後を追っている．

　アジアからの観光客の増加が経済成長の結果を反映しているとすれば，留学生の増加はさらなる成長に対する欲求の表れといえよう．そしてこれはアジア内部の交流に止まらない．2009～2010年の在米留学生の国籍別統計を見ると，全体69万923人のうち，中国が12万7628人で最も多く，インドが10万4897人，韓国が7万2153人で（"Top 25 Places of Origin of International Students, 2009/10-2010/11." *Open Doors Report on International Educational Exchange*.），グローバリゼーションの波を切り抜けようとするアジアの若者たちの積極的な姿勢がうかがえる．

　日本社会において身近なアジアというイメージが定着するうえで一助となったのは，ドラマや歌など大衆文化における韓流ブームだった．とくに2000年代に入って「ヨン様」ブームから始まり，相次いで韓国のアイドルたちが同世代の日本の若者に支持されたことで，韓流はひとつの文化コードとしてその地歩を固めるようになった．日韓両国の長い歴史を振り返って，江戸時代の朝鮮通信使以来の最高の文化交流と言われるほどである．そして韓流は，日本だけでなく，中国やベトナムなどアジアの国々でも注目すべき文化現象として好評を博している．

　日本の大衆文化も，実はすでに一世代くらい前からアジアの各国に強い影響を及ぼしてきた．韓国の場合，植民地支配の下で日本文化に圧倒されていた負の経験のために，1990年代に至るまで日

本の大衆文化の輸入は規制されていたが，それにもかかわらず日本文化は多様なルートで伝わり，韓国の若者の心をとらえてきた．中国や台湾にも「哈日族（ハーリーズー）」と呼ばれる日本の大衆文化を好む若者たちが広く存在していることはよく知られている．一方日本や韓国の文化が長い歴史を通して中国文化の強い影響下にあったことは，今更言うまでもないだろう．また現代の大衆文化についても，たとえば第5世代から第6世代につながる中国映画は，近代化とグローバリゼーションの明暗を鋭く描き出すことで，日本や韓国で安定したファンを確保している．韓国映画も，とくに内戦と分断，独裁と民主化といった激動の現代史を素材にした作品を中心に，社会性と芸術性の調和として評価される秀作が多数ある．

以上，人的交流と文化交流を中心に身近なアジアという現実を考えてみたが，アジアの再発見ともいえるこのような動きは，アジア社会が持っている底力のあらわれであり，またグローバリゼーションの中でアジアが置かれている政治・経済状況とも密接に関連しているものである．

## 2．冷戦の変容と東アジアの〈改革開放＝民主化〉

1945年8月15日，アジア・太平洋戦争の終結とともに，アジアの諸地域は日本の支配や占領から解放された．だが，解放されたアジアを待っていたのは，冷戦という厳しいイデオロギーの対立とその渦中で起きた三つの内戦だった．まず中国の「国共内戦」は，1949年に国民党の中華民国が台湾に移り，大陸に中華人民共和国が樹立されることで終結したが，台湾海峡での両岸間の武力衝突は1950年代半ばまで続いた．もうひとつの悲劇は，1950年から53年まで繰り広げられた朝鮮半島の内戦だった．朝鮮戦争は，南の大韓民国（韓国）と北の朝鮮民主主義人民共和国（北朝鮮）だけではなく，アメリカを中心とする国連軍と中国軍，そして間接的にソ連も参加する形で国際戦として展開した．そして三つ目に，内戦の形を帯びたが，フランスからアメリカへと続く欧米列強に対抗する民族解放戦争としての性格が強かったベトナム戦争があった．アメリカの敗退によってベトナム戦争が終結したのは，アジア・太平洋戦争の終戦から実に30年が経った1975年のことだった．その間，社会主義陣営の中国・北朝鮮はもちろん，韓国や台湾でも事実上の戦時体制が続き，これは冷戦下における両陣営の「独裁」体制の強化につながった．

一方，ベトナム戦争が泥沼化する中で局面の転換を求めていたアメリカの思惑と中ソ紛争のさ中にいた中国の状況が相まって，米中デタントという形で冷戦の変容が起こるようになった．1972年2月にアメリカのニクソン大統領が中国を訪問し，同年9月には日中国交が成立した．その後中国では，社会主義建設の熱気が激しく噴出していた文化大革命（1966〜1976）が中断され，1978年に「4大現代化路線」が宣言される形で，改革開放に向けた歴史的な転換が行われた．以来，急速な経済成長と相まって社会の姿も多様性を帯びていったが，1989年には政治的民主化を要求するデモを鎮圧する過程で多数の犠牲者が発生した「天安門事件」が起きた．この事件を通して政治における共産党の絶対的な優位が再び確認されることになったが，グローバリゼーションが進む中でますます多様化する社会と共産党の統制をいかに調和させるかは，未だに大きな課題として残ってい

る．同じく社会主義国のベトナムも1986年から「刷新」を意味する「ドイモイ」政策を採択することで，改革開放に踏み切った．

　韓国では，1961年にクーデターで執権した朴正煕（パク・チョンヒ）による軍部独裁が，朴正煕の死で1979年に一度は幕を降ろしたが，民主化の要求を踏みにじって登場した新軍部によって独裁政治は延長されることになった．1980年5月に，市民の民主化要求を軍隊を動員し残酷に鎮圧した「光州事件」をめぐっては，韓国軍の指揮権を握っていたアメリカの黙認が問題となったが，その1年前の1979年にイランとニカラグアで反米革命を経験したアメリカとしては，光州事件について保守的な態度を取らざるをえなかったのだ．その後も粘り強く続いた民主化運動の結果，韓国社会は1987年に大統領直接選挙制への改憲という形で民主化を迎えるようになった．そこにはメディアを通して伝わっていた1986年のフィリピンの民主化の影響も大きかった．台湾の場合も，「国共内戦」に敗れた国民党が台湾に移って以来続いた戒厳令が，1987年に38年ぶりにようやく解除された後，1988年に蒋介石の息子である蒋経国総統が死んだこともあって，民主化の道程が始まることになった．

　社会主義国の改革開放と韓国・台湾の民主化は相互に連動しており，1989年のベルリンの壁の崩壊に象徴されるグローバルな冷戦の終息と軌を一にするものだった．たとえば，韓国の民主化も一種の改革開放の性格を持っていた．当時の韓国政府は「北方外交」と名付けて，冷戦期には想像もできなかったソ連・中国との国交を1990年と1992年にそれぞれ成立させた．対共産圏だけでなく，そもそも韓国で国民の海外旅行が自由になったのは1989年だった．つまり外国でバックパックを背負った韓国の大学生に会えるようになったのは1990年代に入ってからのことだった．やがてアジアの諸国は冷戦を乗り越えて，グローバリゼーションの新たな段階へと飛躍を遂げるようになったのだ．このような変化は，韓国での軍部独裁の終息や台湾での戒厳令の解除に象徴されるように，冷戦期を通して，さらに遡るとアジア・太平洋戦争以来続いた戦時体制からの脱却を意味するものだった．

　アジアの〈改革開放＝民主化〉は，日本社会の変化とも連動していた．国際的な冷戦の日本版ともいえる自民党と社会党による「55年体制」が1990年代に入って崩れたことは，やはり冷戦の変容との関係で理解されるべきだろう．資本主義対社会主義という陣営の論理が弱まったうえで，民主化と経済成長という要因も加わり，アジアではナショナリズムが激しく噴出することになった．1990年代に入って本格化した日本に対する植民地・戦争責任の追及も，その一環としてとらえることができる．イデオロギーの対立という陣営の論理によって歪められまた封印されていた脱植民地化および戦後処理の過程が，冷戦の変容とともにようやく頭をもたげたものと考えられる．

　戦時動員被害者および従軍慰安婦の補償問題，植民地・戦争経験をどのように記憶するかをめぐる歴史教科書問題などに関する議論が続いているが，たとえば，アジア・太平洋戦争で犠牲になり靖国神社に合祀された朝鮮人と台湾人の軍人・軍属について，その遺族が合祀の取り消しを要求している問題は，各国の宗教的慣習とも絡んで複雑な様相を見せている．ますます深刻化している領土問題も，日本と周辺国との関係だけを見ても，ロシアとの北方領土，中国との尖閣諸島（中国名，釣魚島）の問題は，冷戦期とは異なる脈絡で争点になっている．韓国との間での竹島（韓国名，独島）問題も，植民地支配という歴史問題とも絡んでより複雑に展開している．

中国と韓国の間にも，高句麗という古代王朝の歴史的帰属をめぐって対立が繰り広げられている．中国の社会科学院が，「東北工程」(2002〜2007) という研究プロジェクトで，高句麗を中国の地方政権として規定したことに対し，韓国の政府と学界が大きく反発して外交問題にまで拡大した．中国は内部的にもチベットやウイグル問題を抱えている．両民族を中国という国家の中にどう位置付けるかは，清朝の時から悩ましい問題だったが，辛亥革命後の中華民国では「五族共和」の枠に両民族を留めておき，中華人民共和国の樹立後もそれぞれ自治区を設けて両地域を管理している．ただし，改革開放以降，社会が多様性を増していく中で，両地域の分離独立の動きも尋常でない様相を見せている．たとえば，1980年代後半からチベットのラサで起きた一連の騒動で，ちょうど天安門事件の3カ月前に戒厳令が宣布されたことは，民族問題と社会問題が連動している状況をよく示している．

　しかし，東アジアの冷戦が完全に終息したわけではない．北朝鮮では，1994年の金日成の死後に最高指導者の座を受け継いだ金正日が2011年に死亡したが，またその息子の金正恩が権力をとることで3代にわたる世襲が行われた．北朝鮮は「先軍政治」を掲げ，冷戦期以来の戦時体制を緩めていない．また1990年代以降は核開発に本格的に着手し，東アジアの緊張を高めている．一方，北朝鮮に対する制裁などをめぐり，中国・ロシア・北朝鮮対アメリカ・日本・韓国の構図も見受けられ，それを「新冷戦」の到来と見る分析もある．ソ連の崩壊にもかかわらず，アジアにおいて社会主義の支配が維持されていることについては，ソ連の軍事的介入に頼るところが大きかった東欧とは違って，中国と北朝鮮の社会主義政権は，民族解放運動の伝統にその淵源を持っていることが，その理由として挙げられる．その他，中国の場合すでに1960年代に核兵器の開発に成功し，北朝鮮も核実験を実施したことが，体制の維持と関連があると考えられる．

　ナショナリズムの噴出も「新冷戦」の状況から制約をうけている．米軍基地の問題でしばしば沸騰する日本の世論が，中国脅威論に直面すると下火になってしまうことはそのよい例だろう．韓国の政治における「保守」と「進歩」の激しい対立は，社会内部の福祉問題などに加え，アメリカや北朝鮮をどう見るか，つまり「親米」か「親北」かという問題と深く連動している．台湾の政治も，中国からの独立問題などをめぐって，米中の間で揺れつづけている．東アジアの国際情勢を冷戦の終息ではなく変容と説明する所以もそこにある．さらに日清戦争と日露戦争，遠くは文禄・慶長の役までを考慮に入れる場合，東アジアの緊張の持続には，朝鮮半島をめぐる地政学的対立というより深い要因も働いていることが考えられる．

## 3．東アジアの経済成長

　冷戦とその後の〈改革開放＝民主化〉といった激動の中でも，アジアの経済は着実に成長した．高度成長が始まった1955年からオイルショックが発生した1973年までの18年間で，年平均10%という驚くべき数値の成長を見せた日本の後を追って，韓国・台湾・シンガポール・香港などNIEs（ニーズ，新興工業経済地域）が頭角を現わした．4匹の龍あるいは虎とも呼ばれたこれら4地域は，

政府主導の輸出志向型工業化という共通点を持っていた．韓国の場合，経済開発計画が始まった1962年に1億ドルにも及ばなかった対外輸出が，1977年には100億ドルを超え，2008年には4200億ドルに達した．ひとり当たりのGNI（国民総所得）も，61年にわずか82ドルだったのが，2007年には2万ドルを記録した．1997年のアジア通貨危機で，NIEs型モデルはいったん限界に直面したことになるが，韓国は，市場の原理に従うという新自由主義の経済モデルを徹底的に導入することによって，経済危機から脱出することに成功した．

　東アジア地域の経済成長は，資本主義体制から離脱しない限り後進国に発展の道はないという「従属理論」に動揺をもたらした．アジアの経済成長を説明する理論としては，日本を先導国とし，その発展がNIEs，ASEAN（アセアン，東南アジア諸国連合）へと及んでいくという「雁行型発展論」が提起された．これは日本との協力関係，とくに日本からの技術移転が果たした役割に注目する説明だった．さらに韓国と台湾が日本の支配を受けた地域であることに注目して，植民地期の工業化が戦後の経済成長の土台になったという「植民地近代化論」も提起された．

　ただ，これに関しては，むしろ冷戦秩序と経済成長との関係に注目する必要がある．戦後日本の再建が朝鮮戦争の特需を踏み台にしていたなら，韓国の経済成長のきっかけとなったのはベトナム戦争の特需であった．日本の技術と資本の供与という側面も，1965年8月に韓国の国会でベトナム派兵案が成立した翌日に日韓基本条約が批准されたことが象徴するように，アメリカの東アジア戦略との関係において理解しなければならない．韓国側の主体性を強調するなら，冷戦を利用した経済発展と評価できるだろう．このような場面は2003年に韓国軍のイラク派兵が，国益のために，具体的には韓国企業が戦後の復興事業に参加するために必要だという論理によって繰り返された．

　その他，アジアの経済発展と儒教の関係に注目する「儒教資本主義論」も提起された．儒教文化圏におけるエリート間の能力主義に基づく競争と，個人よりも会社や国家を重視する集団主義を，経済発展の原動力として把握する論理である．資本主義の発達を可能にした精神的原理を求めたウェーバー（Max Weber）の枠組みを援用し，そのプロテスタンティズムの代わりに儒教を入れた説明であるといえよう．東アジアにおける朱子学の役割と小農経営の確立に着目した「小農社会論」も唱えられた．農業生産性の発達に基づいた近世社会のこうした変化が，近代以降の社会の発展方向を規定したという説明である．東アジア独自の近代化の経路を提示したものと見ることができる．

　NIEsに続く中国の経済発展は，その規模においてグローバル経済の勢力図を変えた．1992年1月から3月にかけ，鄧小平は，中国東南部の先進工業地区を視察しながら残した「南巡講話」を通して，天安門事件にもかかわらず改革開放政策を堅持することを明らかにした．それを受ける形で，同年10月に中国共産党は，「社会主義市場経済」路線を正式に採択することになる．以来，中国の経済は爆発的な成長を成し遂げ，1997年のアジア通貨危機ではアジアにおける地位を向上させ，2001年にはWTO（世界貿易機関）に加入し，2008年のリーマン・ショック後の世界金融危機ではついにグローバル経済の牽引役となった．2000年代に入って本格化したアフリカ地域への巨額の投資に見られるように中国はグローバル超強国に跳躍した．ベトナムも，1986年に「ドイモイ」路線を掲げて以来，政府の主導下に積極的に外国資本を誘致することによって，経済の発展を図って

写真10-1 「上海視野（Shanghai View #2) 2003」
廃墟と化した旧市街地の向こうに現代的な高層ビルが並んでいる．急速に開発が進んでいる中国の現状をよく捉えた作品である．
出所：中村正人「【わかるかも中国人】(17)」日経ビジネス．[1]

いる．

　2010年，中国はGDP（国内総生産）で日本を追い越し，アメリカに次ぐ世界第2位の経済大国に浮上した．日本は，1968年にドイツを追い越して以来40年以上守ってきた世界第2位の座を，中国に引き渡すことになったのだ．これを受けて日本では中国脅威論がより強まっているように見えるが，実は経済規模で世界2位と3位が揃ってアジアの国であること，さらにはアメリカを含めた上位3国がすべてヨーロッパ以外の国であることが，より興味深い事実だろう．東アジアでは，まさにこのような世界的な経済規模を誇る米・中・日が互いに合従連衡する様子を見せている．日中韓FTA（自由貿易協定）とTPP（環太平洋戦略的経済連携協定）などをめぐり，アメリカと中国との相互牽制が見られ，また日本や韓国では国内から経済のグローバリゼーションに対する強い反発も噴出している．東アジアはグローバリゼーションの最前線に位置しており，それを推進しようとする勢力と反対する勢力との間の緊張も最高潮に達しているといえる．

## 4．高度成長の陰

　驚異的な高度成長を成し遂げたアジア社会には，息つく間もなく走ってきた歳月の分だけさまざまな問題が残された．中国の場合，都市と農村の格差拡大が最も大きな問題として指摘されている．改革開放の効果が現われ始めた1990年代後半から，中国の都農格差は急速に拡大した．これに伴って，主要都市で働いている農村からの出稼ぎ労働者，いわゆる「農民工」の数も急激に増えていった．農村と都市の戸籍が区別されている中国で，厳密に言えば農民工はその存在自体が違法だ

写真10-2　ソウルで開かれたデモの様子（2010年10月）[2]
「勤労福祉公団は，サムスン半導体白血病の労災を認めよう」という横断幕の前で，半導体産業を象徴する防塵服を着てパフォーマンスを行っている．

が，政府も都市の労働力の確保のためにそれを黙認してきた経緯がある．

　2010年に2億人を超えたといわれる農民工たちは，時間が経つにつれて農村とのつながりも薄くなり，失業しても農村に戻らず都市の貧民に化す場合が多い．だが，依然として農村の戸籍のままなので，政府の諸施策から疎外されているのが現状だ．また幸いに職に就いている場合も，劣悪な環境で長時間の労働に晒されているのがほとんどである．2010年にアップル社のアイフォンの中国生産拠点であるフォッスコン社では，労働者の自殺が相次いだ．その原因としては厳しい労働条件が挙げられた．この事件は，同じくグローバルIT企業であるサムスンの韓国工場で，半導体の生産ラインの若い女性労働者たちが相次いで血液がんで死亡した事件とも重なって，グローバル経済の暗い裏面を喚起させた（**写真10-2を参照**）．

　農民工の問題に加えて，いわゆる高学歴ワーキングプアの問題も深刻化している．2009年に中国では，安定した職を得られず都市の郊外に群居している大卒の若者集団の実態を調査し，彼ら／彼女らを「蟻族」と名付けた同名の研究（廉思編『蟻族』）が出版され，大ベストセラーとなった．改革開放以来高等教育が拡大され，中国の大学進学率は2010年には25％にまで上昇したが，増えている仕事はほとんど生産職で，彼ら／彼女ら大卒者を受け入れてくれるところは多くない．北京郊外だけでも十数万，主要都市を合わせると200万人に上るといわれる「蟻族」は，自分たちの境遇を代弁する組織など持たないまま，インターネットのブログに不満を呟くだけで，不安定な日々を送っている．

　韓国の場合，権威主義的政府の支配下で，労働者の権利を主張する運動は，長い間厳しい弾圧に曝された．労働運動の歴史において転機となったのは，やはり1987年の民主化であった．同年6月の民主化宣言の後を追う形で起きた7月～9月の「労働者大闘争」の過程で，強力な労働組合が続々と登場し，大幅な賃上げも達成した．しかし，2000年代に入って労働運動は危機に瀕している．その原因としては，1997年のアジア通貨危機を克服する過程で，企業の整理解雇を合法化し，非正規職雇用の許容範囲を拡大するなど，政府によって労働市場の柔軟化政策が推進された結果，

正規職労働者を中心とする既存の労働組合の影響力が低下したことが挙げられる．

　若年失業は，韓国でも深刻な問題となっている．とくに大学進学率が80％を超えている韓国では，若年失業の問題はそのまま高学歴ワーキングプアの問題でもある．韓国では，2007年にこのような状況を告発した『88万ウォン世代』（禹皙熏著）という本が出版され，大きな反響を得た．「88万ウォン世代」とは，20代の大半が非正規職として低い給料に苦しんでいる現実を告発したもので，似たような境遇に置かれているイタリアの「1000ユーロ世代」とも通じる命名である．正規職として腰を据えた既成世代が，若者を非正規職として使っている「世代間の搾取」も告発する内容となっており，安定した雇用の減少という問題を指摘した点で，フリーターや蟻族といった現象に対する日中社会の憂慮とも通じるところが多い．「2010年OECD韓国経済報告書」でも「高い非正規職労働者の比重は，成長と公平性の両面で深刻な問題をもたらす」と警告を発している．熾烈な競争は社会的ストレスの増加につながる．同じくOECD（経済協力開発機構）の統計で，韓国は，出産率最低（2009年基準1.15人）で，自殺率最高（2011年基準10万人当たり31人）を記録したが，経済のグローバリゼーションに成功裡に適応していると評価される韓国社会の暗い裏面と言わざるをえない．

　急速にグローバリゼーションが進展している韓国の街で，アジア系の外国人に出くわすことは珍しいことではない．都市において外国人労働者が増えているなら，農村では外国人の花嫁が急増している．韓国政府の統計によると，2008年の国際結婚は3万6204件で，100件に11件の割合だった．とくに農村地域の結婚の3分の1は，中国やベトナムなどのアジア系の女性を花嫁として迎える国際結婚である．問題はこのような変化が，短期間に急に起こったという点にある．したがって，政府の政策はもちろん，一般市民の意識も急変する現実に追いつかず，外国人差別の問題などが露骨に表れている．日本による植民地支配を受けるなど，国際関係の中で弱者の位置に慣れていた韓国人にも，経済成長に見合った成熟した意識が求められているといえよう．

　グローバリゼーションの波の中で，新自由主義の弊害が明らかになるにつれて，何らかの規制の必要性も提起されている．社会主義を標榜している中国政府は，もちろん積極的な介入を示唆している．胡錦濤政権（2003～2012）は「和諧社会」の建設を掲げ，所得再分配のための政策を提示するなど，高度成長が生んだ副作用を最小限に抑えるために努力した．韓国社会でも「普遍的福祉」の実現をめぐる論争が激しく展開され，2010年に実施された統一地方選挙では，小・中学校の「無償給食」を掲げた進歩派の候補者たちが大挙当選する結果となった．

　NGO（非政府組織）など市民社会のレベルでも，グローバルな資本とそれと繋がっている既得権層の専横をけん制しようとする動きが見られる．注目されるのは韓国のろうそくデモである．2004年に保守派による当時の盧武鉉大統領の弾劾に反対する集会から始まったろうそくデモは，2008年には米国産牛肉輸入反対のデモにつながり，新しい抵抗のアイコンとして定着した（**写真10-3**を参照）．中国で注目されるのは，度々噴出する反日デモと，その一部のデモで見受けられる「貧富の格差を是正せよ」「腐敗官僚を倒せ」といったスローガンである．日本のメディアでは，反日デモを当局の「愛国主義教育」に基づいた官製デモと低く評価し，そこで見える社会改革のスローガンについては，政府の意図から外れたものとみなす傾向が強い．しかし，近代以降，民族主義と民主

写真10-3　ソウルの中心部を埋め尽くしたろうそくデモの人波（2008年6月）[3]

主義が強く結合してきたアジアの歴史を考えれば，反日のスローガンと社会改革の要求が「愛国」というモットーの下にひとつになっていることは，自然な現象かもしれない．

## 5．アジアはアジアでありつづけるのか

　近代初期，ウェスタンインパクトに直面したアジアの国々は，中華秩序の枠組みの中に欧米の進んだ技術と制度を受け入れることにより，危機を克服しようとした．このような意識が現れたのが，中国の「中体西用」，朝鮮の「東道西器」という姿勢だった．しかし，欧米と日本の力に圧倒され，中国・朝鮮はそれぞれ半植民地・植民地に転落してしまい，「中華」としてではなく「アジア」として表象されることになった．そこでアジアとは，欧米を基準にして欠如と停滞を意味する負のイメージであり，あるいはそのような状態から抜け出そうとする抵抗のイメージでしかなかった．

　一方，福沢諭吉の脱亜論に象徴されるように，早くから欧米文明の受け入れに積極的だった日本は，隣の朝鮮と中国を踏み台にして20世紀初頭には帝国主義列強に仲間入りすることに成功した．しかし，1930年代以降，欧米列強との対立が激化する中，日本は再びアジアの盟主としてのアイデンティティを強調するようになる．日中戦争期の「東亜新秩序」やアジア・太平洋戦争期の「大東亜共栄圏」がそれである．そしてこのような一連の試みは，アジアと日本自身に想像を絶する被害と苦痛を残したまま悲劇に終わった．戦争の終結と冷戦の開始によって，アジアという概念はそれほど意味を持たなくなった．中国・朝鮮・ベトナムの内戦も，アジアの民族解放運動としての性格を持っていたにもかかわらず，やはり社会主義というイデオロギーの噴出として理解される場合が多かった．

　冷戦の変容とともにアジアが再び人口に膾炙（かいしゃ）するようになった．〈改革開放＝民主化〉とめざましい経済成長の結果，アジアは世界の注目を浴びるようになったのだ．冷戦以来の戦後秩序を代表してきたG8（主要8カ国首脳会議）に代わって，アメリカと中国をG2と呼ぶ人びとが増え，また韓

国は新興国の成長を反映して組織されたG20に積極的に参加し,2010年には議長国まで務めることになった.そこで考えてみたい.近代化に成功したアジアは依然としてアジアなのか.欧米の圧倒的な力に抑えられ,負のイメージとしてしか存在できなかったアジアにとって,近代化とはまさに欧米に追いつくことにほかならなかった.それならアジアの国々が,少なくとも経済的には,あるいは街並みの外見では,欧米との大きな違いはなくなった今日,いったい何がアジアをアジアたらしめているのか.

こうした質問は,いわゆる普遍と特殊の問題につながる.1997年にアジア通貨危機に直面した韓国が,当時の金大中(キム・デジュン)大統領を中心にIMF(国際通貨基金)の処方を全面的に受け入れ,新自由主義の経済モデルを採用したことについて,シンガポールの李光耀(リー・クアンユー)前総理は厳しく批判した.これは1994年の『フォーリンアフェアズ Foreign Affairs』での論争,すなわち李光耀の「西欧の民主主義と人権は文化が異なる東アジアにそのまま適用されない」という主張に対して,韓国の金大中が「李光耀の主張は民主主義拒否を正当化するためのもの」と応酬したことの延長線上で理解することができる.そして21世紀に入って中国がグローバル超強国として登場したことを受けて,市場に配慮する新自由主義の経済モデルを指す「ワシントンコンセンサス」に対蹠的な概念として,政府主導の経済開発モデルとしての「北京コンセンサス」を口にする人が増えている.アメリカの時代から中国の時代へ,あるいは少なくとも新自由主義とは異なる別の経済モデルの可能性に対する模索と考えられる.

それなら,グローバリゼーションの中でアジアはどのような道を歩むべきなのか.成長や発展というスローガンが轟く中で,都市と農村,富者と貧者,正規職と非正規職,本国人と外国人の格差が広がる一方であるアジアの現実を直視しつつ,人間の顔をしたグローバリゼーション,人間の尊厳を高める方向でのグローバリゼーションを考えてみる.もしそうした実践をアジア社会の内部から作っていくことが可能ならば,世界的普遍性とアジア的特殊性を対立させる議論は,それほど大きな意味を持たなくなるだろう.

## 6.人間にやさしい共同体のために

最後にアジアを人間にやさしい共同体として作っていくための課題を,三つの側面から考えてみたい.

第一に人権と民主主義の問題である.このトピックは,欧米の視線でアジアを裁断する形で現れる場合が多い.中国については,多様化していく社会に対して統制力を維持しようとする共産党政権の動きが,とくにインターネットの規制などを中心に話題になったりする.北朝鮮の非民主的な体制に起因する日本人の拉致問題,そして2000年代に入って深刻化している脱北者問題などについても,懸念する声が多い.韓国もかつて朴正熙政権の時代に,「韓国的民主主義」という造語を用いて非民主的な現実をごまかそうとしたことがある.今日の韓国や日本はかなり状況が違うといえるが,両国でもたとえば政府が人為的な世論操作を画策したことが時々告発されたりする.人権と

第10章　グローバリゼーションの中のアジア　　145

民主主義の蹂躙はいかなる理由からも合理化することはできない．つねに被害者の立場に立って，不条理を告発し，またその解決策を模索することが，同じ人間としてのあるべき姿だろう．

　ただしそれが一種のオリエンタリズム，つまり上から見下すという差別的な目線になってはならない．と同時に，それと紙一重の観点であるが，異国趣味のような姿勢での接近も望ましくない．日本社会で「ヨン様」の韓流ブームと裏腹に「将軍様」の北朝鮮への嫌悪がふくれ上がっていることを見ると，異国趣味と差別的な態度は，結局はコインの両面であり，あるいは日本社会のアジア認識はオリエンタリズムの日本版に過ぎないかもしれないと考えるようになる．かつて日本の高度成長をめぐって，日本社会の特異性・異質性を執拗に問題としていた欧米の歪んだ視線を記憶すべきだろう．このような視線がアジアにむけてまた反復されるなら，それはむしろ人権の改善と民主主義の確立を妨げる結果を生みかねない．

　アジア，とくに中国については産業化には成功したが民主化には成功していないという評価をよく聞く．だが，むしろ産業化の内容が民主化の程度を決定し，またその逆も成立し，民主主義の存否が経済成長の質を規定すると考えるのが妥当だろう．アジアのほとんどの国は，欧米や日本をキャッチアップするために，希少資源を特定の部門に集中的に投資するモデルを採用してきた．そしてその結果，政治的民主主義とは両立しにくい，いわゆる「開発独裁」の体制に帰結したのだ．それを異常視するよりは，なぜアジアの国々がそのような位置に追い込まれたかを考えること，すなわち帝国-植民地の関係に由来する世界秩序の歴史的な非対称性を理解することが重要である．立脚点を変えて考えるなら，アジアの人びとに自分の社会を呪縛している歴史的制約から抜け出そうとする主体的実践が要求されていることはもちろんである．政治的・経済的民主化の実現は，その重要な一歩であろう．

　そこで問題は，持続可能な社会モデルの模索という第二の問題につながる．つまり人権と民主主義が保障される社会を作るためにも，成長一辺倒から脱し，人間と自然にやさしい新たな社会モデルを構想する必要性が提起されているのだ．日中韓三国の社会はすべて急速な少子高齢化の危機に直面している．その原因としてはさまざまな要因が挙げられるが，昨今の社会モデルが安心して子供を産むような環境ではないということだけは自明だろう．韓国では，激しい競争を勝ち抜くための教育費の負担が家計を圧迫しており，子供と母親を英語圏に留学させ，父親ひとりで国内に残り仕送りを続ける，「雁パパ」と呼ばれる一種の家族解体の現象さえ現れている．さらに三国共通の高い自殺率，とくに高齢者の自殺率の上昇には，東アジアの社会が抱えている諸問題が凝縮されていると言わざるをえない．

　人間と自然との関係はどうか．環境の破壊を顧みない中国の産業化の問題は，指摘されて久しい．実は欧米を含めてどの国もこのような批判から自由ではないのだろうが，その規模の面を考えるとき，中国により大きな責任が求められているといえる．韓国でも2008年から雇用の拡大と物流の改善を掲げて，政府による「4大江整備事業」が行われた．全国の主要河川を一斉に浚渫するなどの作業をめぐって，多くの方面から取り返しのつかない環境破壊への懸念が寄せられたが，事業は強行された．2011年に福島で起きた原発事故による人間の収拾能力をはるかに超える被害を前にして，経済成長の路線はもちろん，民主主義と人権の意味さえ問われることになった．これまで

以上に持続可能な経済・社会モデルの模索が切実に求められている.

　第三は脱植民地化と戦後処理の問題である．冷戦の変容とともにそれまで押さえつけられていた植民地・戦争責任を追及する声が高まった．そして21世紀になった現在も，植民地支配の経験と抗日戦争の記憶は，韓国と中国でそれぞれ国民統合の核として機能している．その是非とは別に直視しなければならない現実である．よく過去に執着せず未来志向へ，また政治の論理ではなく経済の論理でと言われたりするが，歴史と記憶の問題を封印したままでは，未来や経済に向かって一歩も踏み出し難いということは，これまでの経験で十分気づかされたはずだろう．いつのまにかアジアもグローバリゼーションの只中におかれているが，まさにグローバルな視野こそ，私たちをして，国境と偏狭なナショナリズムを越えて，開かれた心で過去を振り返れるようにしてくれると期待される．

　2005年から数年にわたって日韓両国の政府は，アジア・太平洋戦争期に動員された後に死亡し，日本各地の寺院などに安置されている朝鮮人の遺骨を，調査して遺族のもとに返す事業を，共同で行ったことがある．そしてその事業には日韓両国のNGOも，率先して関連情報を提供するなど積極的に協力した．国家の暴力によって砕けてしまった個人と家族の生を，遅ればせながら両国の政府と市民社会が協力して治癒したものと評価できる．とくに日本と韓国そして官と民という二重の壁を越えて，和解と協力のモデルを提示したという点で，意味深い事業だったといえる．その他，歴史教科書をめぐる論争をきっかけに，各国政府の主導で学者たちの協力を得て，「日韓歴史共同委員会」（2002），「日中歴史共同委員会」（2006）が活動する場面もあった．こうした細やかな努力を積み重ねつつ，互いの信頼を造成していくことが重要である.

　アジアにおいてEU（欧州連合）のような地域共同体を構想するなら，ASEANの経験は重要な参照例になるだろう．冷戦とグローバリゼーションという激動の時代を通して，宗教と理念を超えて可能なところから緻密に協力を積み重ねてきたASEANの経験は，東アジアあるいはアジア全体の地域共同体を準備していく上で，貴重な資産になるに違いない．21世紀に入って日中の相互牽制にアメリカも加わりながら複雑に展開しているアジアの現状において，ASEANの主導の下に日中韓を加えた「ASEAN＋3」，またアメリカ・オーストラリア・インド・ロシアまでを含めた「東アジアサミット」など，相対的に覇権志向が少なく多様な価値が共存する「ASEANを運転席に」という傾向が強まっていることも注目に値する．そしてもし東アジアに何らかの地域共同体が実現するなら，経済協力と合わせて，上記の歴史問題をめぐる共同作業の経験はもうひとつの重要な軸になるに違いない．

　農民工や蟻族，88万ウォン世代，そしてフリーターとニートという言葉に代表される憂鬱な状況，そして中産階級の崩壊による民主主義の空洞化という現実を振り返ると，国境を越えた共感と連帯というものがいかに難しいのかを考えざるをえなくなる．だが，また一方で，まさにそうしたもどかしい現実を克服するためにも，和解と協力の共同体を作ろうとする努力がいかに重要であるかについても考えるようになる．

　若者たちが置かれている厳しい環境に無限の同情と連帯を送っていた『蟻族』の著者の廉思と彼の研究グループが，まさに同じく「八〇後」世代の20代の若者たちだったという事実からひとつの

希望を見ることになる．廉思は，自分が青山七恵の『ひとり日和』に描かれたフリーターの生活に共感することができたように，自分の本を読んで，日本の若者たちが同世代の中国の若者たちの境遇に共感してくれることを懇望した．韓国の『88万ウォン世代』の著者である禹哲熏(ウ･ソックン)は，日中韓「三つの国の20代と10代は，ショーヴィニズム（排外主義的愛国主義―引用者）のマーケティングに晒されており，上の世代の膨張主義に剥き出しのまま晒されている」と指摘し，グローバルな資本に立ち向かう三国の若者たちのグローバルな共感と連帯の必要性について述べた．アジアの若者たちが差しのべた手にどのように応えるかは，日本の若者たちにかかっている．

## 注

1） http://business.nikkeibp.co.jp/article/person/20070118/117221/?P = 1
2） http://www.pressian.com/article/article.asp?article_num = 30101014153426&section = 03
3） http://kevin0960.tistory.com/entry/%EC%B4%9B%EB%B6%88-%EC%8B%9C%EC%9C%84%EB%8A%94-%EA%B3%84%EC%86%8D%EB%90%98%EC%96%B4%EC%95%BC%EB%A7%8C-%ED%95%98%EB%82%98

## 参考資料

禹哲熏・朴権一（金友子・金聖一・朴昌明訳）『韓国ワーキングプア　88万ウォン世代』（明石書店，2009年）．
川瀬俊治・文京洙編『ろうそくデモを越えて――韓国社会はどこに行くのか――』（東方出版，2009年）．
木宮正史『国際政治のなかの韓国現代史』（山川出版社，2012年）．
久保亨・土田哲夫・高田幸男・井上久士『現代中国の歴史――両岸三地100年のあゆみ――』（東京大学出版会，2008年）．
国分良成編『中国は，いま』（岩波新書，2011年）．
下斗米伸夫『アジア冷戦史』（中公新書，2004年）．
山影進編『新しいASEAN――地域共同体とアジアの中心性を目指して――』（アジア経済研究所，2011年）．
廉思編（関根謙監訳）『蟻族――高学歴ワーキングプアたちの群れ――』（勉誠出版，2010年）．

# 第11章

# グローバリゼーションの中のアメリカ

## 1．ラムシュタイン「アメリカ」

  We're all living in Amerika（俺たちはみんなアメリカに住んでいる）
  Amerika ist wunderbar（アメリカは素晴らしい）
  We're all living in Amerika（俺たちはみんなアメリカに住んでいる）
  Amerika, Amerika（アメリカ，アメリカ）

 英語，ドイツ語混交のコーラスで歌いだされるのは，ドイツのロックバンド，ラムシュタイン (Rammstein) の「アメリカ"Amerika"」という曲である．この後，歌詞には，擬人化されたアメリカが登場し，ホワイトハウスから流れて来る「自由」というタイトルの曲に合わせて，自分の指示通りに踊るように強要する．踊りたくないといっている者も，無理やりに巻き込もうとする．この部分は，「自由」の旗印の下に，国連を巻き込んで戦争を始めてしまうアメリカを皮肉っていると考えてよいだろう[1]．また，「サンタクロースがアフリカにやってくる」，「パリの郊外にはミッキー・マウスがいる」，「コカコーラにワンダーブラ」といった詩行は，アメリカ文化が世界で覇権を握っている状況を示唆している．とすれば，「コーラ，ときどき戦争」という詩句は，アメリカの性格を見事に要約したものととらえることも可能だろう．
 そのうえで，終盤に向けては，

  This is not a love song（これはラブソングじゃない）
  This is not a love song（これはラブソングじゃない）
  I don't sing my mother tongue（わたしは母国語で歌ってはいない）
  No, this is not a love song（違う，これはラブソングじゃない）

と歌い継がれる．実は，このくだりは，英語帝国主義と呼ばれるものへの批判となっているのであ

る．非英語圏のバンドが，世界的な成功を勝ち取るためには，あるいは自分たちのメッセージを世界に届けるためには，批判している（これはラブソングじゃない）当のアメリカの言語を用いなければならないという皮肉があるのだ．どうしようもなく，世界が「アメリカ的なもの」に浸されている現状をこの一節はみごとにとらえているといえるだろう．

　歌詞の内容をさらに補強するのが，この曲につけられたミュージックビデオである．映像は，月面上と思しい場所でバンドのメンバーたちが，宇宙服姿で歌い演奏している場面から始まる．不思議なことに，月面上であるはずなのに，メンバーたちはヘルメットを装着していない．次いでその映像は，アフリカの草原におかれたテレビの画面に移行し，それを見ながらアフリカの部族と思しき人びとがデリバリーのピザをほおばりながら談笑する姿が映し出される．次いでそのテレビはアラスカのエスキモーたちのいる雪原に現れる．この後に続くのは，地球を背景に月面上で記念写真を撮るバンドメンバーたち，ハンバーガーをほおばりながら歩くタイの僧侶たち，アラーの神に祈りをささげるイスラーム教徒の前にある巨大な石油採掘場，マニュアルに従いながら月面に星条旗を立てるバンドメンバーたち，バイクにまたがりリーゼントヘアーをなでつける日本のヤンキーらしき若者，ラッキーストライクに火をつけるターバンを頭に巻いたインド人，アフリカにやってきたサンタクロース，月面上でゲームマシンに興じる宇宙飛行士たちなどのイメージである．ここには，世界の文化を一元化していくアメリカの姿が，テレビ，ファーストフード，煙草，ファッション，サンタクロース，そしてゲームマシンなどのモノを媒介としてわかりやすく描かれている．そして最後の場面でこの月面というのが，実はスタジオに作られたセットだったということが明かされる．これは，直接的には，火星探検の失敗をごまかすため，スタジオに偽の火星を作って着陸シーンを撮るという『カプリコンⅠ』[1977] のストーリーを思い出させる．しかし，ここに秘められた真の皮肉は，アポロ計画捏造説を思い出させることにあるのではなく，むしろ，「大量破壊兵器」などの根拠のない理由をでっちあげて，戦争を始めてしまうアメリカの姿に向けられていると考えるべきだろう．

　バンドのメンバーは，この曲を，コカコーラ植民地主義（cocacolonization）への風刺だと述べている．コカコーラ植民地主義とは，換言すれば文化的グローバリズムのことであり，さらに言えばアメリカ化（americanization）の色合いをより強く帯びた文化的グローバリズムのことである．ファッションにおけるジーンズとTシャツ，スポーツシューズ，ファーストフードのフランチャイズ，世界に広がるディズニー的な遊園地（日本にはUSJもディズニーランドも両方ともある），ハリウッド映画（日本アカデミー賞というものまである）のことを考えるだけでも，世界（特に日本）のアメリカ化の度合いはよくわかるだろう．中学や高校で習う英語の発音も，いつの間にかアメリカン・イングリッシュが基本となっている．

## 2．レトリックとしてのグローバリゼーション

　こうした事情から，グローバリゼーションとはアメリカ化に他ならないと主張するのは，ウガン

ダのフリーランスライター，アラン・ブライアン・セニョンガ（Allan Brian Ssenyonga）である．彼がグローバル・エンヴィジョンというサイトに寄稿した文章によれば，そもそも世界史の大きな流れとしては，ヨーロッパの文明化がまずあった．次いで大航海時代を経て植民地化の時代が訪れた．第二次世界大戦を契機に独立の時代がやってきたが，同時に冷戦による世界の二極化も起こった．20世紀の終わりにかけて，この構造は，ソビエト的なものが徐々に資本主義によって打ち負かされることでなし崩しとなり，その後には疑似政府（quasi-government）とでも呼ぶべき，IMF（International Monetary Fund：国際通貨基金）や世界銀行（World Bank）が資金援助と引き換えに，発展途上国の経済を牛耳る時代（すなわち資本主義の先進諸国が，後進諸国を搾取する時代）が訪れたとしている．

アランによれば，これが実情としては現在も続いている構図なのだが，21世紀の訪れと同時に，突如としてグローバリゼーションというレトリックが，このような実情を覆い隠したのだということになる．そして，そのグローバリゼーションという一見価値中立的な用語を巧みに利用して，世界への覇権を推し進めたのがアメリカを中心とした先進国だったというのである．少なくとも，搾取される側のアフリカの知識人の視点から，グローバリゼーションを「レトリック」にすぎないと看破した点は評価すべきだろう．

奇しくも，アメリカの草の根活動家的な歌い手デイヴィッド・ロヴィックス（David Rovics）が同様の趣旨を歌にしている．題して「グローバリゼーションは素晴らしい（Globasization Is Good For You)」．盗んだ土地の労働者階級たちを押さえつけるために，奴隷制や植民地を試したけど，どれもあまりうまくいかなかった．でも，とうとう金メッキを施したカギを手に入れた．それがグローバリゼーションなんだとロヴィックスは歌う．

  And globalization is good for you（そうなんだ，グローバリゼーションは素晴らしい）
  Different from before（これまでのやり方とは違うんだ）
  We'll just sell the arms you need（必要なだけ武器を売るだけでいいんだ）
  To fight your civil war（自分たちの利益になる内戦を戦わせるためにね）
  And when you look at those golden arches（そして，あの金色のアーチが見えたときには）
  You know who to thank（誰に感謝すればいいかわかるだろ）
  Let's hear it for the IMF（IMFと世界銀行を応援しようじゃないか）
  And the World Bank

なぜIMFと世界銀行を応援するのかといえば，それらの国際的金融機関が，多額の貸し付けを行って第三世界を近代化し，自分たちのためのインフラを整備し，しかる後に私物化する手はずを整えるからだ．「なぜって，なんとしても貸したものは返してもらうべきだからね／それが唯一正しいことなわけだし／利子を八割くらいにしておけば／見える限りのすべてのものが俺たちのものになるってわけだ（Cause you gotta pay your loans somehow/ It is only right/ And at eighty percent interest/ We'll just take everything in sight.）」なんともみごとに，グローバリゼーションの実態を言い当てているとはいえないだろうか．

## 3．ポピュラー音楽の両義性

　ラムシュタインの曲は，音楽を通してグローバリゼーションあるいはアメリカ化を批判したものであった．けれども，今度は，この曲そのものが英語を混ぜるというアメリカ化を通して，グローバルな商品となったというさらに込み入った事情について考えてみなければならないだろう．
　そう，音楽，特にポピュラーミュージックは今や資本主義の重要な商品のひとつなのである．しかも，特に英語で歌われたそれは，iTunes，ユニヴァーサル，ワーナー，ソニーといったグローバルな音楽産業によって，世界中で販売されている．とはいえ，それゆえポピュラー音楽が資本に従属しているのかというと，冒頭の曲でみたようにことはそれほど簡単でもない．毛利嘉孝は，『ポピュラー音楽と資本主義』において，こうした事情を「両義性」という表現を使って説明している．

　　ポピュラー音楽の実践は，実験的なアヴァンギャルドや左翼的な実践とは異なり，資本や権力に対して常に両義的な立場を取るということです．それは対抗的になると同時に，反動的になる可能性を同時に秘めています．(p.208)

　この文章からわかるように，ポピュラー音楽は時に資本に従属するとみえつつ，時にはそれを裏切る可能性を秘めている．とはいえ，その可能性は，アヴァンギャルドや左翼的な実践のように明確な形や姿勢として見出すことが難しいというものである．けれども，これは逆にいえば，資本の側にも制御や予測が不可能な形で抵抗の可能性を生み出しうるというポピュラー音楽に特有の性格を浮き彫りにしているともいえる．そこで，以下に，アメリカの歴史においてポピュラー音楽が，予期しないかたちで両義的性格を垣間見せた瞬間をいくつかピックアップして紹介してみたいと思う．

## 4．ポピュラー音楽とアメリカ社会

### (1)「ヤンキー・ドゥードル」と独立戦争

　アメリカで最初のポピュラーソングのひとつとされているのが，「ヤンキー・ドゥードル（Yankee Doodle）」である．実は日本人ならこの曲のメロディを誰でも知っている．というのも，「アルプス一万尺」として人口に膾炙しているからである．けれども，この曲にはなかなか興味深い背景がある．
　まず，この曲の原型とされるのはアメリカではなく，イングランドの古いナーサリーライムである「ルーシー・ロケット（Lucy Locket）」だとされている．17世紀のクロムウェルの時代に歌われて

いたもので，

> Lucy Locket lost her pocket,（ルーシー・ロケットがポケットをなくした）
> Kitty Fisher found it;（キティ・フィッシャーがそれをみつけた）
> Nothing in it, nothing in it,（中身は空っぽだった，中身は空っぽだった）
> But the binding round it.（でも，周りに刺繍がしてあった）

といった内容のものであった．この歌はイギリスのものであるから，アメリカ独立戦争時，最初にこの歌のタイトルを「ヤンキー・ドゥードル」に変えて歌ったのはイギリス兵であった．ただし，歌詞はずいぶん変わっていた．

> Yankee Doodle went to town（ヤンキー・ドゥードルは街へ行った）
> A-riding on a pony（ポニーに乗って）
> Stuck a feather in his cap（帽子に鳥の羽をさして）
> And called it macaroni.（それをマカロニと呼んだ）
> Yankee Doodle, keep it up（ヤンキー・ドゥードル，がんばれ）
> Yankee Doodle dandy（ヤンキー・ドゥードル，かっこいいぞ）
> Mind the music and the step（音楽に合わせてステップしたら）
> And with the girls be handy.（女の子だって手に入る）

Yankeeとは，イギリス人がアメリカ人を田舎者と揶揄した蔑称であり，Doodleは馬鹿とか愚か者という意味である．そして，マカロニというのは，イギリスでイタリアの最新ファッションを持ち帰ってくる者のことを意味した言葉である．そこから派生して，奇抜なファッションをする人をもマカロニと呼ぶようになったのである．ここでの意味はしたがって，帽子に羽根をさした程度でおしゃれを気取っているアメリカ人を馬鹿にしたものということになる．

ところが，皮肉なことにこの歌をアメリカ人たちはとても気に入ってしまった．結果，

> Brother Ephraim sold his Cow（エフレイムが牛を売った）
> And bought him a Commission;（そして将校の地位を買った）
> And then he went to Canada（それからカナダへ行った）
> To fight for the Nation;（国のために戦うために）

といったような愛国の歌に作りかえられて，アメリカ独立戦争の士気を鼓舞するのにつかわれる結果となったのだった．作者不詳のメロディゆえに，自由な歌詞の脚色が可能であったからともいえるが，ポピュラー音楽の持つ両義的な力を鮮やかに示してくれる一例だといえるだろう．

## （2）「スティール・アウェイ」と人種差別の問題

　次に紹介するのは，ゴスペルの原型ともいえるスピリチュアルズ（黒人霊歌）の代表的な曲のひとつである．ゴスペルという音楽の起源について簡単に紹介するためには，奴隷貿易の時代まで時間を遡行することが必要になる．アメリカ大陸近郊での奴隷貿易は，18世紀にカリブ海でのサトウキビ栽培を目的とした三角貿易として始まった．やがて奴隷労働による綿花栽培を前提としてイギリスで産業革命が起こると，イギリスでの綿花需要に応じるために，「輸入」される奴隷の数は18世紀末以降増大した．

　「劣等的存在であるがゆえに，社会的にも政治的にも白人種と交わることに適しておらず，その劣等性ゆえに白人に対しては尊重される権利を享受するには値しない（beings of an inferior order, and altogether unfit to associate with the white race, either in social or political relations, and so far inferior that they had no rights which the white man was bound to respect）」．これは，1857年に合衆国最高裁判所に奴隷の身分からの解放を求めて訴訟を起こした，アフリカ系アメリカ人，ドレッド・スコット（Dred Scott）に対する判決文の一部である．奴隷制が強い人種差別を根底においていたことがよくわかる一文だといえるだろう．

　主として西アフリカから連れてこられた奴隷たちには固有の音楽があったが，それは西洋音楽には存在しなかったポリリズムをベースとしたものだった．耳慣れない打楽器のリズムは白人奴隷主たちには呪術的なものと響き，それに合わせて黒い肌の人たちが歌い踊るさまは，さらに輪をかけて不気味なものに感じられた．奴隷主たちは，黒人たちが自分たちに呪いをかけているのではないかとさえ疑ったのである．そのため奴隷たちは固有の音楽を禁じられ，「ワークソング」や「フィールドハラー」と呼ばれる掛け声的な労働歌ぐらいしか許されなかった．けれども，やがて奴隷たちはもっと自由に音楽する可能性を見出すことになる．それは，白人奴隷主たちの音楽に迎合するという方法であった．すなわち，キリスト教の音楽である．これなら，禁止される心配はないからであった．

　とはいえ，そこには，抑圧される側にのみ生じる巧みな戦略が隠されていた．すなわち，ダブル・ミーニングという方略であった．たとえば，初期スピリチュアルズにおける代表的な曲のひとつとされる「スティール・アウェイ」という曲がある．その冒頭部分の歌詞は，

　　Steal away, steal away, steal away to Jesus!（静かに立ち去ろう，主イエスの元へと）
　　Steal away, steal away home,（静かに立ち去ろう，静かに立ち去ろう，故郷へと）
　　I ain't got long to stay here.（もうここに長くとどまるつもりはない）

となっている．表面的には，苦悩の多いこの現世を去って，主イエスの待つ天国へ早く行きたいという願いを歌ったものととれるだろう．けれども，これがダブル・ミーニングのよくできたところで，実際にはもうひとつの意味が隠されているのである．すなわち，この歌を労働の場などにおいて皆で歌うことは，逃亡の時期を知らせる相図となっていたのである．もうひとつの意味は，文字通り「こっそり逃げるぞ（steal away）」という暗号を伝えるためのものだったわけである．レイモ

ン・ドバード（Raymond Dobard）は，この後に出てくる「嵐の時」が逃亡の時期だったのではないかと書いている．当時はたとえば，地下鉄道（Underground Railway）と呼ばれる奴隷解放論者たちのネットワークが存在し，奴隷たちの北部あるいはカナダへの逃亡を，こうした組織が手助けしたともいわれている．

その後のアフリカ系アメリカ人たちによる反人種差別の意図をこめたポピュラーソングを見てみると，この時点ではダブル・ミーニングとして隠されていたものを，よりあからさまに主張するものへと変わって行ったことがわかる．それはすなわち，アフリカ系アメリカ人の権利の向上の歴史と軌を一にするものでもある．

たとえば，「レディ・デイ」の愛称で知られる女性ジャズヴォーカリスト，ビリー・ホリディ（Billie Holiday）の「奇妙な果実（Strange Fruit）」（1939），60年代の公民権運動の賛歌ともなったサム・クック（Sam Cooke）の「ア・チェンジ・イズ・ゴナ・カム（A Change Is Gonna Come）」（1964），コンシャス・ラップの代表曲のひとつともいえるパブリック・エネミー（Public Enemy）の「ファイト・ザ・パワー（Fight The Power）」（1989）を思い出してみればいいだろう．

「奇妙な果実」は，ビリーが強い決意を持って歌った曲であった．歌いだしは，「南部の木には奇妙な果実が実る（Southern trees bear strange fruit）」であるが，やがてこの「奇妙な果実」の正体が，リンチを受けて木に吊るされた黒人の死体を意味していることが明らかとなる．この時代，依然として南部諸州では黒人へのリンチが現実に行われていたのであり，その意味でこの歌は黒人の置かれている状況をありありと伝えたものであったのだ．やがて，60年代になりアフリカ系アメリカ人が白人と対等の権利を求めて戦った公民権運動の賛歌（anthem）となったのが，「ア・チェンジ・イズ・ゴナ・カム」であった．いつか変化は訪れると歌うこの曲は，「チェンジ」を合言葉としたバラク・オバマ大統領の選挙キャンペーンでも使われることとなった．ちなみに，サム・クック自身は，この曲を出してすぐに射殺されて世を去っている．この曲を自らが監督した映画『マルコムX』（1992）で使ったのはスパイク・リー監督であったが，同じ監督の映画『ドゥ・ザ・ライト・シング』（1989）のためにパブリック・エネミーが書き下ろしたのが，「ファイト・ザ・パワー」であった．タイトルの通り白人中心社会の「権力と闘え」と煽るこの曲が，「変化が来るのを信じて待つ」というサム・クックの穏やかな曲調と比べると，どれほど急進的，あるいは過激なものであるかがよくわかるだろう．スパイク・リーが監督したこの曲のミュージック・ビデオを見れば，その激烈さはよりビビットに伝わってくる．

### （3）国境線をめぐって：グローバリゼーションとの関係において
#### ウディ・ガスリー

このように社会の問題に対抗したのはアフリカ系アメリカ人だけではなかった．白人の側からも，アメリカ合衆国批判はポピュラーソングのかたちで繰り広げられてきたのである．その嚆矢ともいえるのは，1930年代からプロテストソングを歌い続けたウディ・ガスリー（Woody Guthrie）であろう．移民労働者たちとともに放浪の旅を続けたガスリーの歌は，たとえば「この国は，わたしとあなたのためのもの（This land was made for you and me.）」と歌う，「ジス・ランド・イズ・ユア・

ランド（This Land Is Your Land）」（1940）等を聞けばよくわかるように，決して声を荒げて体制を批判したものではない．むしろ，虐げられた貧しい人びとへの共感を歌うことで，逆説的に，そこに歌われない権力者や中産階級の欺瞞を浮き彫りにするという，より両義的なポップの戦略が採用されているといっていいだろう．

　ガスリーの継承者とされるボブ・ディランが，「あんたたちは俺たちの手に銃を握らせ／そして俺たちには見えないところに隠れる／そして一目散に遠くへと逃げていくんだ／銃弾がすばやく飛んできたときには（You put a gun in my hand/ And you hide from my eyes/ And you turn and run farther/ When the fast bullets fly.）」（「戦争の指導者」（Masters of War））と歌う直接性とはかなり異なっているといっていいだろう．

「国外追放者たち」
　けれども，そのガスリーにもあからさまな怒りが感じ取れる曲がいくつかはある．たとえば，「国外追放者たち（Deportees）」というのがそれである．この曲は，1948年に起った飛行機墜落事故を下敷きにしたものである．当時，アメリカの農場では，労働力不足を補うためにメキシコからの移民たちを大量に使役していた．ところが，働かせるだけ働かせ，収穫が終わって用済みなると，彼らを不法滞在者としてメキシコに送り返すということが移民局の管轄のもとで公然と行われていたのである．そして，その国外追放者たちを乗せた飛行機が墜落した時，「ラジオは『彼らはただの国外追放者たちです』と告げた．これがわれわれの大果樹園を実らせる最良の方法だというのだろうか？（Radio said, "They are just deportees"/ Is this the best way we can grow our big orchards?）」とガスリーは怒りを露わにするのである．名もなき集合体として葬られた移民労働者たちは，「その劣等性ゆえに白人に対しては尊重される権利を享受するには値しない」というドレッド・スコット裁判の判決文を思い出させる．奴隷という身分でこそないものの，メキシコからの移民たちが，かつてのアフリカ系アメリカ人たちに対するのと同等の差別を受けていたということがわかるだろう．

　このアメリカとメキシコの関係についても，ポピュラーソングを媒介として語れることは多い．たとえば，「ラ・バンバ（La Bamba）」というヒット曲で知られるロス・ロボスなどのバンドの音楽のことをテックス・メックスと呼ぶ．これは，ヨーロッパ由来のポルカやワルツとメキシコの伝統的な音楽がテキサス州で融合してできた音楽を指すものだが，メキシコと国境を接する地域で文化の混淆がごく自然に起っていたことを示すものだといえるだろう．

「ピープル・オブ・ザ・サン」
　しかしながら，この国境線が政治・経済的にはもっと深刻な意味を担ってきたことは「国外追放者たち」でみたとおりである．この問題は現代においても深刻であり，たとえばレイジ・アゲンスト・ザ・マシーン（Rage Against The Machine）の「太陽の民（People Of The Sun）」などは，サパタ主義（Zapatismo）的な思想を背景に，西欧諸国，次いでアメリカに支配されるメキシコの民に武力蜂起を呼びかけるものとなっている．

With their borders and boots on top of us（俺たちは，ずっと国境線，そしてやつらのブーツに押さえつけられてきた）

あるいは，

The vultures came, they tried to steal your name but now you got a gun
（ハゲワシがやって来た．やつらはお前たちの名誉を盗もうとした．だがいまお前たちには銃がある）
Ya this is for the people of the sun（太陽の民のための銃が）

と攻撃的な言葉が並んでいる．サパタ主義とは，メキシコ革命時に農民解放軍の指導者であったエミリアーノ・サパタ（Emiliano Zapata）の思想を引き継ぐゲリラ組織で，正式名称はサパティスタ民族解放軍（Zapatista Army of National Liberation, Ejército Zapatista de Liberación Nacional, EZLN）という．インターネットを積極的に利用した活動を展開しており，グローバリゼーションにも強く反対している．たとえば，1994年に発効した北米自由貿易協定（NAFTA）によって，合衆国とメキシコとの間での貿易関税が撤廃された．結果，大量生産ゆえ価格競争に有利な合衆国のトウモロコシ・コメ・大豆などの農産物や牛肉が大量にメキシコに流入することとなった．かくして，アメリカ一国にとってのみ有利な「自由」の御旗の下での競争に敗れたメキシコの農業は崩壊し，結果としてメキシコ人は移民労働者としてアメリカへと流入せざるをえなくなったのである．グローバリゼーションという用語がレトリックにすぎないという意味はここにある．ラムシュタインが揶揄した「自由」の意味もここにある．権力を持つもの，経済力を持つものが，自分たちの利益になるように世界を操作することを正当化する大義名分が「自由」という耳触りのよい言葉なのである．

「ファック・ザ・ボーダー」
　このことをさらに強烈につきつけるのが，カナダのパンクバンド，プロパガンディ（Propagandhi）の「ファック・ザ・ボーダー（Fuck The Border）」という曲である．サミュエル・ドゥイネル（Samuel Dwinell）の論考に依りつつそれがどういうことなのかを少し見ておくことにしよう．
　パンクには本質的な「売れること」への批判があり，それは反資本主義運動との協調へとつながりやすい．たとえば，カナダのウィニペグには，G7ウエルカミング・コミッティ・レコーズ（G7 Welcoming Committee Records）というインディーレーベルがあるが，これはジ・オールド・マーケット・オートノマス・ゾーン（The Old Market Autonomous Zone）という活動家たちの拠点から派生したもので，反グローバリズム運動のサウンドトラックとでもいうべき音楽を提供し続けている．レーベルの名前はもちろん，グローバリゼーションを推し進める世界の有力な国々の会合を皮肉ったものである．
　このレーベルの代表的なバンドがプロパガンディであり，グループ名は当然のことながら政治的宣伝を意味するプロパガンダと，非暴力抵抗運動の創始者であるマハトマ・ガンディとを結びつけたものである．

第11章　グローバリゼーションの中のアメリカ　157

　ドゥイネルによると，アメリカ合衆国の有力な左翼パンクであるグリーンデイ（Greenday），NOFX，アンチフラッグ（Anti-Flag）らには限界があるという．グリーンデイの「アメリカン・イディオット（American Idiot）」は，9・11後のイラク侵攻時のメディア操作に対する批判であるし，「ホリディ（Holiday）」は，ジョージ・ブッシュ大統領をヒトラーと比較している．NOFX の「アメリカン・エロリスト（American Errorists）」は，過ちを犯した米政府に憎しみをもって報いよと煽り，アンチフラッグの「ダイ・フォー・ユア・ガバメント（Die For Your Government）」は，復員軍人は「西洋企業のモルモットだ（Guinea pigs for Western Corporations）」と軍事化とグローバル化の結びつきを批判した．一見したところでは，いずれも確固たる反骨精神を示しているように見える．けれどもドゥイネルは，彼らの主張は国家という枠組みの中での批判でしかないという点に限界があると指摘する．つまり，彼らの批判の根底にあるのは，「昔のアメリカ政府はもっとまともだった．世界の模範だった国家に戻れ」という要求なのであり，そこではアメリカという国家の枠組みが当然視されているというのである．それは「国民国家」の存在を前提とした国家批判なのであり，要求が満たされた瞬間に愛国主義へと変貌しかねない危うさをはらむものなのである．彼らの批判は，愛国感情の裏返しでしかないと単純化してみればわかりやすいだろうか．

　これに対し，プロパガンディの「ファック・ザ・ボーダー」には，このような国民国家を正当化しているものが何であるのかがあぶりだされている．すなわち，国境である．

　"man, I gotta run to the USA. I got no money, got no job."
　（「ああもう合衆国に逃げるしかないわ．お金も仕事もないんだもの」）
　She skipped out of Mexico to stay alive."（彼女はメキシコから出て行った，生きるために）

　韻文ではなく散文でつづられた歌詞には，まさに先に述べた NAFTA 以後のメキシコの悲惨が，それも女性を主人公として描かれている．そして，ラストにいくども繰り返されるのは，

　No fences, no borders. Free movement for all. Fuck the border!
　（塀もいらない．国境もいらない．すべての人に移動の自由を．国境なんか糞くらえ）

というフレーズである．ドゥイネルによれば，この歌が明らかにするのはグローバリゼーションの本質あるいは正体なのである．すなわち，グローバリゼーションとは国家の境目が消失するボーダーレス状態を志向するかのように見せつつ，その実は明確な国境の線引き，すなわち国民国家という単位を前提にしたものだからである．グローバリゼーションは，人や物や資本が国家間を移動することだとされるが，NAFTA の例でわかるようにその流れは一方的なものなのであり，実際には，貧しい民が国境を超えるのを禁止することで維持されているのである．2006年にブッシュ大統領が，アメリカとメキシコの国境に370マイルにも及ぶ三重構造のフェンスを作るという「2006年安全フェンス法」（H.R.6061）に署名したのはそれゆえなのである．チカーノ理論の第一人者とされるグロリア・アンザルドゥワ（Gloria Anzaldua）は，この国境線のことを，第一世界によって第三

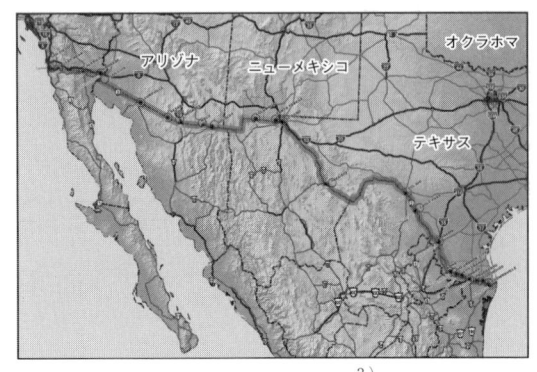

図11-1 米墨国境[3)]

世界が磨りつぶされる「開いた傷口 (una herida abierta, open wound)」と呼んでいる（図11-1 米墨国境）.

だから，批判すべきは「国家」ではなく，「国境」なのである．「国境」批判は，一見すると見当違いのように見えるかもしれない．しかし，アメリカとメキシコの国境が撤廃されれば，多国籍企業が第三世界の土地や労働者階級の女性労働力を搾取することを減らせるという可能性が見えてくるのだ．グローバリゼーションが，実は国境線の強化を前提としているということを暴いてみせたところはみごとな洞察というべきだろう．

## 5. 課題として
——贈与経済の可能性——

ここに紹介できたのは，ポピュラー音楽が，アメリカ建国時から，現代のグローバリゼーションにいたるまで，歴史のさまざまな時点で社会と切り結んだ稀有な瞬間のいくつかである．紙数の都合で，これ以上は述べる余裕がないのだが，最後にひとつだけ，興味深い課題について述べておきたい．

すなわち，フリー・ライダー (free rider＝ただ乗り) の問題である．第三世界，たとえば北アフリカのバザールなどにおいて売られている音楽の大半が，コピーされたカセットやCDであるとされている．西欧的価値観では当たり前のものとされる「版権」の無視，あるいは「版権」の正当性が資本主義と結びついていることへの疑問の提起，さらには資本主義的なかたちをとらないグローバリゼーションがここにはあるといえるのかもしれない（図11-2 マレーシアの海賊版CDショップ）.

逆に，第一世界には，P2P (peer to peer) システムを媒介とするファイル共有の問題がある．1999年にノース・イースタン大学の学生が開発し，2001年に敗訴して消えた音楽共有サービスナップスター (napstar) がすべての始まりだった．まさに新しい世紀における音楽「所有」の在り方を予見する出来事だったといっていいだろう（デジタル化した音楽をダウンロード形式で販売するというアップル社のiTunesの発想は，このナップスターから引き継いだものを，合法化＝有料化したものである）[5)]．

図11-2 マレーシア海賊版CDショップ[4)]

インターネット上には，現在金銭と引き換えに音楽をダウンロードするという「資本主義」的，「版権擁護」的な方法と，「私的複製」であるから合法であるという口実で，無料でダウンロードする方法とが併存している．後者を擁護する理論として近年注目を集めているものに，文化人類学者マルセル・モースの唱えた贈与経済という考え方がある．モースは，メラネシアやポリネシア，アフリカ，インドの「未開」とされる人びとの社会を調査し，「相互の利益も，お返しも，交換も，見返りも，負債も存在しない」（ジャック・デリダ）贈与経済というシステムが存在しうるという可能性を示したのである．「等価交換」を前提とするのが資本主義なのだとすれば，P2Pは，まったく新しい価値観でのグローバリゼーションを予見するものだといえなくもないのではないだろうか．この考え方には賛否両論あると思う．ポピュラー音楽を媒介として，現代社会を考える出発点のひとつとしていただければと思う．

### 注

1）軍事力によるアメリカの覇権をみごとに戯画化したパペット・アニメーションに，Team America: World Police（2004）という作品がある．テロリストを倒すという名目のためならば，ルーブル美術館でもエジプトのピラミッドでも何の躊躇もなく破壊してしまうチーム・アメリカの活動を通して，世界警察を自称するアメリカの姿を完膚なきまでに皮肉った作品である．

2）むろん，ここに描かれているアフリカ，アラスカ，インド，日本などのイメージがきわめてステレオタイプ的なものであることは指摘しておく必要があるだろう．本論後半の議論でも明らかになるように，ステレオタイプは，国家の線引きを強化し，国民国家というイデオロギーを補強する役割を果たすという意味で危険なものでもあるからである．

3）http://upload.wikimedia.org/wikipedia/commons/e/e8/Us-mexico-border.jpg

4）http://news.bbc.co.uk/2/hi/entertainment/2208380.stm

5）Napstarは現在も存在するが，これは2003年にRoxio社にnapstarが買収され，有料の音楽配信サービスとして再スタートしたものであり，当初のものとはまったく意味が異なるものである．

### 参考資料

毛利嘉孝『ポピュラー音楽と資本主義』（せりか書房，2012年）．

Dave Laing,'Music and Market: The Economics of Music in the Modern World' in The Cultural Study of Music eds by Martin Clayton, Trevor Herbert, Richard Middleton（NY: Routledge, 2003), pp.309-320

Library Of Congress Report On "The Star-Spangled Banner" "Hail Columbia" "America" "Yankee Doodle" (Washington-Government Printing Office, 1909), p.131

Reinhold Wagnleitner's book, Coca-Colonization and the Cold War: The Cultural Mission of the United States in Austria After the Second World War（1994)

Samuel Dwinell,'Fuck the Border'? Music, Gender and Globalization in Critical Globalization Studies,（issue 1, pp. 90-110, 2009)

Taylor, T. Global pop: world music, world markets.（London: Routledge, 1997). introduction xv

### ウェブサイト

Allan Brian Ssenyonga,' Americanization or globalization?'（http://www.globalenvision.org/library/33/1273).

Rammstein（http://en.affenknecht.com/lyrics/rammstein-amerika-lyric-with-english-translation/).

160　第Ⅲ部　21世紀の課題

Raymond Dobard, Ph.D., professor of art and art history on hidden meanings in spirituals, (http://www.wqln.org/main/Television/Original%20Productions/Safe%20Harbor/Film/Int).

148頁
AMERIKA
Words & Music by Richard Kruspe, Paul Landers, Till Lindemann, Doktor Lorenz, Oliver Riedel and Christoph Schneider
© Copyright by DISCOTON GMBH MUSIK EDITION
All Rights Reserved. International Copyright Secured.
Print rights for Japan controlled by Shinko Music Entertainment Co., Ltd.

155-156頁
PEOPLE OF THE SUN
Words & Music by Tim Commerford, Zack de la Rocha,Tom Morello & Brad Wilk
© by RETRIBUTION MUSIC
All rights reserved. Used by permission
Rights for Japan administered by NICHION, INC.

## コラム10　日韓関係

　日本と朝鮮半島とは古くからの交流の歴史をもつ一方，近代日本の植民地支配による葛藤・摩擦の経験もあり，日本にとって大韓民国（韓国）は「近くて遠い国」と言われる時代が長く続いてきた．地理的距離と心理的距離とに大きな隔たりがあり，そうした状態は1965年の「日韓基本条約」による日韓国交正常化後も基本的に変わることがなかった．しかし2002年のサッカー・ワールドカップの日韓共催やいわゆる「韓流」ブーム以降，日本では韓国に対する社会的関心が深まり，「韓流」は一過性の現象という域を超え，外国文化のひとつとして定着しつつある．「韓流」ドラマやK-POPの流行などにともなって韓国語学習者が増えるなど，韓国文化への日本社会の関心はこれまでにない高まりを見せている．韓国では，日本統治時代の日本語から転用された韓国語を「倭色（ウェセク）」として斥ける動きがある一方，日本映画の公開が1998年に解禁されてヒットしたり（アニメーションなどは古くから翻訳された形で一般公開されていたが），村上春樹らの小説がいち早く翻訳されて読まれたりするなど，以前から，韓国では日本・日本文化に対する関心は総じて高かった．2010年の統計によれば，韓国からの訪日者数および日本からの韓国渡航者数がそれぞれ240万人および300万人を超えるなど，日韓間の人的交流はますます活発化し，いまや心理的距離も縮まりつつあると言えるだろう．

　その一方で，日本の朝鮮植民地支配に対する歴史認識問題や竹島（独島）をめぐる領土問題などでは，双方の主張が食い違っている現実が厳然として存在する．日本ではこれらの問題の解決はあまり重要視されていないが，韓国の世論調査では，日韓交流を進める上でこれらの問題を解決することが重要と考える人が，歴史認識問題で34.4％，領土問題で62％となっており（2010年，NHK・KBS共同調査），政治的対話の重要性や経済交流の活発化を重視する日本とのへだたりは大きい．今後日韓間の人的交流がいっそう進むなかで，歴史認識問題などに対する私たちの態度を韓国側から求められる場面はさらに増えてくるだろう．その際双方に求められるのは，感情的な対立ではなく，正確な事実認識にもとづいた対話の構築であり，深い洞察力にもとづいて多角的に解決策を検討することである．

　とはいえ，双方が交流を進めていく機運は盛り上がっている．韓国には，시작이 반이다（シジャギ パニダ：始まりが半分だ）ということばがある．物事を始めることはすでに半分を成就したに等しいという意味である．すでに日韓交流の扉は大きく開かれている．これから交流の輪をさらに広げるためには，相互交流を通じて私たち自身が直接見聞きした経験をそれぞれの社会にフィードバックし，お互いの社会を少しずつ変えていくことが必要だろう．異文化交流は，自分の価値基準で相手を測ることではなく，他者の目を通じて自分を変革する知的作業なのだから．

## コラム11

### BRICs（ブリックス）

　第二次世界大戦後，世界の経済は長い間アメリカ，日本，ドイツ，フランス，イギリスなど先進国によって牽引されてきた．しかし近年，経済のグローバル化の急速な進展により，新興国が台頭し，国際経済におけるパワーバランスは急激に変化した．中でも，著しい経済成長を遂げた BRICs と呼ばれる新興諸国が，世界の注目を集めている．

　BRICs とは，ブラジル（Brazil），ロシア（Russia），インド（India），中国（China）の頭文字を並べた造語で，4 カ国の総称である．アメリカの証券会社ゴールドマン・サックス社が 2003年に発表した投資家向けのレポートの中で初めて使用されたと言われ，それ以降，この名称は急速に広まっていった．

　BRICs が急激に成長した要因には，広い国土面積と豊かな天然資源，莫大な人口規模に基づく豊富な労働力，外貨の積極的導入などが挙げられる．国土面積は，ロシアが世界の第 1 位，中国第 4 位，ブラジル第 5 位，インド第 7 位であり，4 カ国合わせると世界の国土面積の約 3 割を占める．また，ロシアは現在，世界最大の石油・天然ガス産出国であり，ブラジルは鉄鉱石の輸出量で世界第 1 位を誇る．石炭の埋蔵量は BRICs 4 カ国が世界シェアの 4 割を占め，工業用の需要が多い希少金属（レアメタル）の産出地も，中国やロシア，南アフリカなどに偏在している．このように豊かな天然資源は，輸入価格の変化にとらわれない積極的な経済政策を可能にするだけでなく，余剰資源の輸出による外貨の獲得に結びつく．人口規模では，現在世界第 1 位，2 位の人口をもつ中国とインドをはじめ，4 カ国の総人口は世界人口の約 4 割を占めている．特に，労働力の中核をなす15歳から64歳までの生産年齢人口の割合が高く，これまで豊富で安い労働力を提供し，低コストによる製品生産を可能にしてきた．しかし，「ひとりっ子政策」を採用する中国や，近年出生率が低下しているロシアでは，現在，若年人口が減少する傾向にある．

　BRICs は，めざましい経済成長を続けるだけでなく，国際社会における発言力も増している．世界の政治・経済問題を協議する G7（先進国首脳会議）は，1997年からロシアが加わり G8（主要国首脳会議）となった．また，世界金融危機の深刻化により，2008年以降は世界的な経済の安定と成長をはかるための国際会議，G20（20カ国財務相・中央銀行総裁会議）も並行して開催されるようになり，中国，インド，ブラジルもそのメンバーに含まれている．

　経済の高成長に伴い，購買力をもつ中産階級が増加し，食料品・衣類・雑貨から自動車・家電製品に至るまで，幅広い分野での個人消費が拡大したことも，BRICs の経済の活性化に拍車をかけてきた．その一方で，貧富の格差や地域による経済格差は拡大し，今後の発展における不安要素となっている．また，工業化の進展で各国の二酸化炭素排出量は激増しており，地球温暖化問題の深刻化や，大気汚染，水質汚染，森林伐採による砂漠化など，地球規模の環境問題への影響が懸念される．

　なお，BRICs の最後の「s」は英語の複数形を表すが，最近では 4 カ国に南アフリカを加え，大文字の「S」に変えた「BRICS」や，さらにインドネシアを加えた「BRIICS」と表記されることもある．

# 終章

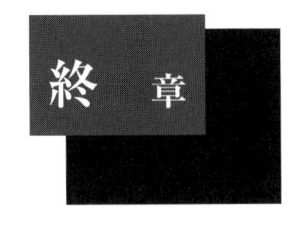

# グローバリゼーションの中の日本

　1990年代から浮上し，急速に21世紀のメディアをリードしているグローバリゼーションという言葉は，多義的に使用されているにしても，概念としてなお明確さを欠いたまま，すでにわれわれの日常生活の中に浸透している．

## 1．日本とグローバリゼーション

　日本はバブルが崩壊した1990年代から，経済成長率は低迷し，デフレが続き，名目賃金も下落した．雇用状況が悪化し，失業率は80年代の倍以上となった．金融の資金仲介機能が麻痺し，金融機関への信頼性は失われた．さらに，政府の財政バランスは崩れ，97年頃からは主要な先進国のなかで最大な赤字国になってしまう．「日本システム」としてそれまでにうまく機能してきた規制体系，雇用システム，社会保障システム，教育システムなどがいずれも綻びはじめ，やがて，「構造改革」が提起されるに至った．2005年以後バブル崩壊の影響を克服したかにみえるが，それ以降も成長率は低く，財政赤字はますます拡大し，経済の地盤沈下が進んでいる[1]．こうして日本経済は，「失われた10年」ではおわらず，「失われた20年」へと向かいつつあるように見え，経済の構造改革の動きも頓挫してしまった．これは，2013年現在大学に通う1990年後に生まれた若者が育った時期とちょうど重なっている．しかし，こうした日本の構造改革及び今日の多くの課題は，決して日本一国の中でとどまるものではないのである．

### （1）グローバル経済の中の日本

　日本は貿易立国である．したがって，経済に占める輸出入の比率は高いと思われるであろう．しかし，実はそうではない．『世界の統計2012』（総務省統計局編）によれば，アジアの14国の中で日本の貿易依存度は，香港，シンガポール，マレーシア，中国，韓国より遥かに低く，輸出は後ろから2番目，輸入は最下位と，依存度の最も低い国となっている．ならば，日本経済は外部の危機によって大きく動揺することがないのだろうか．しかし現実には，2007年のアメリカのサブプライムローン（信用格付けが低い下位層向けの住宅ローン）破綻に起因する百年に一度の規模の金融危機は，

2005年から景気回復の兆しが見えはじめた日本の経済にも多大なダメージを与えた．それはなぜであろうか．

　バブル崩壊後，政府は金融不況から脱出するために，超低金利政策を一貫して実施してきた．この政策は円安を誘導して，輸出を主とする一部の企業の景気回復には有効であった．しかし企業の国際競争力強化の名目で賃金が抑制されたため，一般サラリーマンや年金生活者は苦しい生計を余儀なくされた．一部の大手企業の業績が好転したとはいえ，民間消費の拡大には至らず，一般の人びとはほとんど「景気回復」を実感できないでいる．また，消費と投資のウェイトを見ても，日本は米，英，仏，独などほかの先進諸国と比べ消費の割合が低く，投資の割合が高い．投資の割合が高いということは，将来のために建設的ともいえるが，その割には日本の成長率は先進諸国の中で高くはない．つまり，投資の効率が悪いということである[2]．

　こうした状況下で，銀行に貯蓄しても利子はゼロに近く，人びとは将来のために別の投資先を探さなければならず，そのひとつがサブプライムローンを組み込んだ金融派生商品であった．ヨーロッパも同様にこのような投資をしたため，今回の破綻で，ヨーロッパの金融機関がアメリカ以上に大きなダメージを受けたとの指摘もある[3]．こうした背景には，資本の「移動」の問題がある．たとえばヨーロッパの金融機関を介して，日本の資金が金融危機と直接間接に関わっている可能性がある．日本というローカルな社会，ローカルな空間に固定されている人も集団も，グローバル経済の中にしっかりと組み込まれているのである．

　遠い国の金融危機や経済不況が，ただちにローカルな生活にも影響を及ぼす身近な例としては，雇用問題があげられよう．日本の企業が国際競争のために中国やアジア諸地域へ生産シフトすることによって，産業の空洞化が生じた．それと表裏をなして，国内の中小企業が安価な労働力を確保するために低賃金で外国人労働者を雇用するという現実がある．「外務省登録外国人統計表」（2011）によると，外国人登録者総数は現在200万人を超えているが，その中の特別永住者（38万人余り）や定住者（17万人余り），技能実習1号ロ／2号ロ（13万人余り）には，近年ブラジル，ペルー，中国，韓国からやって来たニューカマーと呼ばれる外国人労働者が含まれている．

　法務省入国管理局の報道発表資料によると，日本に住む外国人の中，非正規滞在者11万3072人（2009），9万1778人（2010），7万8488人（2011）が存在している．だが日本の法律は，こうした社会変化に適切に対応しているとはいい難い．たとえば，改定入管法には，「不法」滞在者をこれまで以上に徹底的に排除する役割が期待されているようである．しかし労働の現場では，外国人労働者を必要としているのが現実である．さまざまな場所で雇用されている彼らは，法的に認められてはいないが，労働力が必要とされているという現実の狭間で，結局不法滞在者にならざるをえない．われわれは，日本社会が資本，情報，労働，市場が国境を越えて移動するグローバル化の複雑な関係性の中に組み込まれ，グローバル化を押し進める役割の一端を担っている現実を，理解していく必要があるだろう．

**（2）みえる「高失業」，みえない「労働力不足」**
　80年代後半の円高不況，またマイクロ・エレクトロニクス技術革新や日本企業の海外進出による

雇用情勢の悪化，そして91年以後，バブル崩壊による長期的不況のなか，若年層の失業率が高まり，中高年層も次々とリストラ対象者のリストに加えられ，不安に晒されている．

　ところが，日本の労働人口は98年をピークに減少している．2000年以後も，日本の出生率は低下し，労働人口の減少傾向は今後も続くと見込まれている．実際，2005年頃から，企業の「雇用調整」がほぼ終わり，確かに人手不足が現われてきた．とはいうものの，就業構造は以前のままではなく，大きく変わっている．これまでの日本では終身雇用が一般的な慣行として理解されているため，人材は基本的にひとつの企業の中で縦に動いているにすぎない．しかし今後，人材はひとつの企業ではなく，職業の専門性に従って横に動いていくケースが多くなるだろう．人材の動きの方向性と構成要素に大きな変化が起こっているのである．グローバリゼーションとは，こうした新しい変動，つまり，各集団，人間全体の存在条件に分極化と再階層化をもたらすものとして理解する必要もあろう．

### （3）新自由主義的政策の是非

　日本の経済成長を阻害している要因のひとつに，少子化がしばしばあげられる．今後の日本経済の長期的な成長率を考える上で特に重要なのが人口の動きである．小峰氏によると，2010年以降，人口オーナス（人口に占める働く人の割合が下がること）要因が，毎年0.5％程度，ひとり当たりGDPの伸びを引き下げることになるという．この人口オーナスを克服するためには，まずはグローバル化に積極的に対応して，輸入，海外投資，人材の受入れを進め，国内の資源を解放することが必要である．雇用面では，流動性を高めて必要な分野に労働力が流れるようにし，女性や高齢者も視野に入れ，人的資本の充実を図らければならない．また，現行社会保障制度による「世代間の不均衡」をなくしていくことも必要である[4]．また，貿易を通じて日本の産業構造がより付加価値の高い分野へとシフトしていくと共に，輸入の重要性も見直されなければならない．

　2010年の秋から，TPP（環太平洋経済連携協定）への加入をめぐって，日本の「国論」が二分された．TPP加入が日本経済にとってプラスになるという意見には，おおよそ三つの理由がある．①自由貿易が推進されることで，経済は効率化し，生産・雇用・所得増の機会が増す．②国内の競争が促進される．輸出産業は厳しい国際競争を勝ち抜いてこそ生産を増やすことができ，一方，輸入が増えると，輸出と同じ国際競争に晒されるので，より効率化を図れる．③東アジア地域における共通のルール作りに参画できる．東アジアでは，国境を越えた生産活動や市場ネットワークが形成され，企業活動も国境を越えて行われることが当たり前になっている．これは，日本経済の将来にとって重要な意味を持つ[5]．

　こうした状況認識に基づき，1990年代よりアメリカを中心として，非関税障壁の撤廃，規制緩和，市場経済のさらなる自由化などが声高に叫ばれてきたことに対応して，日本でも「経済の構造改革」，多国籍企業の発展，雇用システムの是正，年金法と健康保険法改正など，多くの新しい政策が実施されるに至った．それらの新しい政策は，新自由主義的政策と呼ばれる[6]．これらの政策はさまざまな方面と密接に関連しているため，丹念に検討しなければならないが，ここではただひとつ，雇用の問題を考えてみることにする．

これまでの日本型雇用について，長所としては雇用者が安心できること，人生の生活設計がかなりの程度において可能であること，雇用者の企業への帰属意識が強く，意思疎通も円滑に進み，チームワークで仕事をするのに適しているなどの点があげられてきた．短所としては，雇用者の個性・時間・生き方まで，企業に縛られる比重が大きすぎること，また，終身雇用とそうでない雇用の間で格差が大きいなどの点が挙げられている[7]．長所と短所は表裏の関係にあるため，賛否両論が併存し，結果的には，日本社会の雇用構造改革は，中途半端なままにとどまっている．

　一方では，1999年の労働者派遣法の改正によって，それまで基本的には事務職，ホワイトカラー職など13業種に限定されていた派遣労働が，製造・建築，港湾運輸，警備保障などを除くあらゆる業種で可能となった．さらに，戦後日本の雇用制度史の中で重要な変化は，2004年から製造業という日本の核心的な産業分野での派遣が解禁になったことである．この規制緩和，とりわけ製造業や物流産業を中心としたブルーカラー職への派遣解禁の中で，厚生労働省平成18年度事業報告集計結果によると，派遣労働者の人数は約321万に急増した．

　激しいグローバルな競争に晒されている企業は，投資収益率を確保するため，あらゆるコストを極力抑えなければならない．確かに企業の国際競争力強化という理由で賃金が抑制され，一般サラリーマンの緊縮生活を代価に一部の大手企業の業績が好転し，他の先進諸国と比べて日本の投資の割合が高くなっているにも関わらず，日本の成長率は先進諸国の中では高い方とはいえない．こうした投資効率の悪化が，賃金が圧縮されたサラリーマンや，正規労働者と同じ業務に従事しながらも低賃金を強いられる非正規労働者の上にまず降りかかってきている．厚生労働省の発表では，2008年10月から09年3月までに職を失った非正規労働者は，15万8000人を上回っている．2008年の終わり頃，東京日比谷公園にできた「派遣村」に入村した人びとの惨状を目のあたりにして，誰が無関心でいられるだろうか．

　総じて言えば，今日，日本の直面する課題は，東日本大震災からの復興，国内の投資効率化，財政赤字削減，年金・医療などの社会保障制度改革，少子・高齢化への対応，成長戦略の見直しなどである．しかし，この一連の課題と取り組む上で，日本が世界とこれまで以上に結びついていることを忘れてはならない．重要なのは，問題の複雑化とその結果の多様さを十分に認識し，長期的な持続性を視野に入れて，絶えず変化していく社会と向き合っていくことであろう．

## 2．電子情報化とコミュニケーション

### （1）主役は誰だろう

　すでに「情報化社会」の中にいる人びとにとって，情報化は恰も自然に訪れてきた技術革新の延長にすぎないと思われるかもしれない．しかし，川崎氏に指摘されたように，「情報化」は，何よりもこの20年あまりのグローバリゼーションの展開に伴う国際的な競争から生まれてきたものであり，その主役は多国籍企業・国家・国際機関・科学者あるいは技術者集団等であった．その上で情

報化は日本の新しい国家目標のひとつともなった．[8]

　現代の社会がテクノロジーやメディアによってどう変わろうとしているのかについては，これまでも多くが語られてきた．情報だけは溢れているのに，人びとは本当に必要な情報に飢えているともいわれている．また現代社会では，大量のばらばらな情報が溢れているが，その情報をいかに関連づけていくかについては，もはや人びとの手に負えなくなっている．

　電子メディアの可能性を強く信じる人びとは，将来の人間社会を「地球村」として思い描いている．[9] 確かにグローバル化が大躍進した1990年代から，インターネット上では地球があたかもひとつの村のようなグローバルな共同体を形成しているように見える．しかし現実には，世界各地で部族的な運動や民族間の紛争，原理主義的イデオロギーの衝突などが，未曾有の規模と頻度で発生している．これはしばしば「遠隔地ナショナリズム」といわれている．大澤氏によれば，インターネットによって〇〇人のネットワークが可能になる．そして自分が〇〇国民である以前に〇〇人であるということに突然目覚める．そして，インターネットを通じてナショナリスティックな自覚が芽生えることがあるという．[10] しかし，インターネットはあくまでも手段であり，それによって必然的にナショナリスティックな自覚が突然目覚めるわけではない．イスラーム原理主義派の人びとが，インターネットによる国際的なネットワークを通じてテロ活動を行ったり，またフィリピン系アメリカ人がインターネットを通じて反マルコス運動を支援したりするのは，確かにインターネットの利便性によるところが大きいが，原理主義や部族的運動の論理そのものはインターネットによって生まれたわけではない．

　グローバル化の先端にいるエリート層は超領域的に時間と空間の制約から解放され，グローバルな意味や価値を創出する中心的な存在になっているかもしれない．しかし，グローバル化の末端にあり，言語・教育・生活など，時間と空間に制約されている人びとは，グローバル化が伝えている意味や価値に到達することはできず，それとの間に広い意味でのコミュニケーションの断層を抱えている．グローバル社会というと，横断的・結合的・相互依存的なイメージがあるが，逆に人間の心理的な隔離・分離・排除もグローバル化の過程の構成部分として存在している．[11] たとえば新たな集団帰属意識や部族主義や原理主義的な傾向は，グローバル化の最先端にいる人びとが讃える「ハイブリッド化」と同じく，グローバル化が生み出したものであろう．近年のグローバリゼーションによって新たな形で現われてきた部族主義や原理主義的傾向は，伝統的なナショナリズムよりもはるかに重要な問題になっているように思われる．このようなグローバル化の過程で生じてくる新しい構造をもつナショナリスティックなものは，グローバル化による越境，移動，先端の「ハイブリッド化」とは無縁な末端の人びとによって担われたものであり，彼らの新しい自己表現として考えられる．

## （2）情報を消費する

　技術文明の発達によって，体制や民族の違いを超えて，文化や生活スタイルがさほど差異のないものになっている．つまり，テクノロジーによる均質化が全世界を覆う過程が進行しつつある．先端技術や電子メディアの発達によって，日常生活の風景やコミュニケーションの方法は急速に作り

変えられている．企業の販売戦略と個人の生活の利便性の追求との折り合いを求めているうちに，いつのまにか情報機器や，それらが生み出す情報を用いて人びとは生活するようになった．特に，多機能電話やパソコン等によって構成される情報世界は，過去の日常生活とは質的に異なったものとなった．たとえば，社会的なあらゆる知識の習得は文字媒体からラジオ・テレビなどに変わり，コミュニケーションの手段は対面的なものや郵便よりも電話・パソコン通信などに移行した．また，パソコン・多機能電話などは図書館・資料館に代わって頻繁に使用され，さまざまな出来事はメディアによって知られるようになった．現代の人びとがまさにメディア装置に囲まれて生活し，メディア情報以外には，存在感やリアリティを感じないという奇妙な現象が生じつつある．

　本来一人ひとりにとって異なっているはずの感性，美的傾向，想像力などが，現代の電子情報，メディア等の力によって画一化されてきている．絶えず変化する大量かつ不確定な情報が，人間の内面世界・潜在意識の領域まで侵入し，その結果，これまで以上に本来の自分の存在は隅っこに追いやられ，雑誌やテレビその他の電子メディアの情報によって作り出された虚像が，人びとを支配するようになっている．問題は，そうした超個人的欲望が元々自己の内側から湧きでたものではないため，最終的に満たされることがないこと，また，一人ひとりが持っている本来の自分の趣味や感覚，好み，個性が，「流行」という他者の欲望によって抑制され，二重に不満足な状況が生まれていることである[12]．

　消費社会における「流行」生産の強化は，さまざまな領域に欲望の「転倒」が迅速に広まる要因となっているかもしれない．廣松渉氏が指摘する，「現代は価値観の多様化ではなく，むしろ価値観の衰弱の時代である」(『世界の共同主観的存在構造』，勁草書房，1972年) が想起される．

### （3）排他的共同性

　グローバルな電子メディア時代において，国家や民族や地域など既存のグループとは別に，世界には電子メディアによって大小さまざまなコミュニティが形成される．近年では「メディア共同体」に続き，「ネット共同体」や「オタク共同体」などに潜む危うさが指摘され，その脆弱性が問題視されている．電子媒体を通して発生した好奇心や好悪の感情は，極めて危いものになりやすい．なぜなら，映像・音・極めて単純化した解説，それらを巧妙に編集した電子媒体による「視聴」の形態は，従来の文字媒体による抽象的思考や，現実社会にある多義性に対する認識能力を鈍化させるからである．メディア・ネット・オタク共同体は，常に新しいメディアの幻影（アイドル，映像，ゲーム，情報のための情報など）を一方通行的に追い求めて行くようにみえる．人びとが日常的に交換する情報や会話はもはや人間関係を保つための「世間話」ではなく，もっぱらメディアの情報（その多くは未検証のままであるにもかかわらず）に基づいている．この新たな交流形態は，場合によってはただちにひとつの熱狂の対象を作り上げるし，それが一転して必要以上の憎悪に変わったり，あるいは「オタク」的な関心が直ちに消え去ったりと，たえずめまぐるしく揺れ動き続ける．そうなると，その「共同性」の傾向は，交流・結合・越境によってより大きな普遍的な「知」の世界へと向かうのではなく，逆により拒否的，分割的，閉鎖的になっていく．

　近年，インターネット，電子メディアに依存する若者が増加した．だが，それは若者だけの問題

ではない．現代社会に生きる人びとの不安はいつも出口を求め，そのひとつの方向として，明確な「他者」を見つけ，相手の中に埋没することによって，自分を確認しようとする傾向がある．たとえば，「他人」のアイドルになるために「自分」の人生を徹底的に放棄してもよい，あるいは，「放棄」によってこそ自己「実現」をしようとする風潮がある．このような自分と他者，内面と外面における価値観の「転倒」は，近代にはじまったテクノロジー・消費社会がもたらした必然的な所産ではないだろうか．

## 3．アジアの中の日本

### （1）形成される新たな世界経済秩序

「21世紀はアジアの世紀，アジア太平洋の世紀」であると，声高に叫ばれている．それはアジアの経済的総合能力の向上に基づくところが大きい．とりわけ21世紀に入って，アジア経済の強さが顕著に現れている．東アジア諸国は，今回の世界金融危機と世界的な景気後退の影響を受けつつも，景気回復を達成している．たとえば，2011年度は全体としては成長の減速が予想されているが，中国や東南アジアの主要国に牽引され，なおも7％以上の高い成長率が期待されている[13]．今や東アジア諸国は，世界金融危機の解決に不可欠であり，世界経済の成長を牽引する重要な役割を担いつつある．また，東アジアはもはや安価な生産拠点ではなく，製品開発拠点として重要な位置を占めている．とりわけ，情報通信技術関連産業においてそうである．東アジア企業はこの分野で強い国際競争力を有し，世界をリードする存在に成長しつつあるといわれる[14]．

こうして経済の重心がアジア諸国に移行するにつれて，この地域がグローバルな諸問題の解決に対してより大きな役割を担うことも期待されている．地域間内の貿易の活性化のみならず，世界経済のマクロ政策協調の強化，気候変動問題，公害の防止措置などへの対応においても，世界レベルの政策形成にアジアが叡智を結集していかなければならない．

### （2）日本にとっての新しい挑戦

2010年，中国が国民総生産量において日本を抜き去り，アメリカに次いで世界第2位の経済規模に達した．中国のGDPは5兆9000億ドル，日本は5兆5000億ドルとわずかな数字の差である．しかし，人口ひとり当たりの土地面積の生産性からみれば，日本経済は依然として高い水準を維持している．この効率的な経済が，ひとり当たりの所得水準を高め，世界で20番前後の地位を維持させている．経済の目的は人びとの生活を豊かにすることにあるのだから，ひとり当たりのGDPが高ければ国民の平均所得は高くなる．「ひとり当たりのGDP」は，全体としての「GDP規模」よりずっと重要である．

また，90年代以降，中国は高度経済成長を遂げたが，その背景のひとつにアメリカ・日本・ヨーロッパやアジアNIEs (Newly Industrialized Economies) 諸国からの旺盛な直接投資があった．こうした中国への進出，生産拠点の移転は，日本国内で「産業の空洞化」への懸念を強め，近年では中国

からの輸入が急増する中で，貿易領域における「中国脅威論」も生じた．しかし，現在のところ日中間の貿易では競合より補完的性格が強い．むろん，電子・電気業などの分野で韓国・中国が，日本と今後競合する可能性はあるだろう．また，中国経済の重要性が，2007年の金融危機以降，とくに高まっていることも看過できない．

　日本は，これまで長い間，アジアで主役の座にいつづけてきた．また日本は，戦後アジアでいち早く民主主義国家を構築し，産業復興や技術革新などによって生産性を高め，短期間で国民の生活水準を大幅に向上させることに成功した．また，アジア諸国への多額の投資や政府による開発援助は，東アジア地域の経済協力・統合を促進し，NIEsの出現のための原動力となった．1979年に開始された対中ODA事業は，道路や空港，発電所といった大型経済インフラや医療・環境分野のインフラ整備をもたらし，現在の中国の経済成長に大きな役割を果たしている．1999年に日本は，ASEAN，中国，韓国を交えた「ASEAN＋3」の発足にも多大な貢献をした．アジアが，2007年より始まった金融危機と世界的景気後退から驚異的なスピードで回復することができたのも，この協力体制に負うところが大きい．優れた技術と経験豊かな日本企業は，ハイテク産業，環境関連分野で新技術を生み出し，これからも引き続き，東アジア地域において主要国としての役割を担っていくと考えられる．

　だが，その際に必要なのは，20世紀の終りに世界で起ったさまざまな変化を十分に認識することである．90年代の日本の不振は，単にバブルの崩壊によって起ったのではなく，日本の繁栄を支えていた歴史的，構造的条件が崩壊したためであり，冷戦終焉によるグローバリゼーションの進展で，国家と経済の一体化時代が終わったためである．日本の新しい挑戦は，日本一国だけに留まるものではなく，経済成長だけの問題でもなく，むしろそれらを遥かに越える次元の問題，たとえば経済成長と資源・生態環境保護との間の矛盾をいかに解決するかといったグローバル・イシューを考えてゆくことから始まるだろう．

### （3）成熟する市民社会と縮小社会の提起

　今日のグローバリゼーションは単に金融・労働・市場の拡大に伴う世界経済戦略に止まらず，地球上の人間活動の全条件に影響を及ぼしている．各種のグローバルな機関，国連，EU，国境なき医師団，NPO，NGOなどは，これまで以上に重要性を増している．地球温暖化，生態系の保持，地球資源の保護などをめざす国際的な取り決め，統一ルールの遵守が求められつつある．こうした動きは，従来の国際秩序の前提である主権国家の絶対性・自律性を相対化し，相互依存性を高める傾向をもたらした．多くの非政府組織が「国益」にしばられて動きが鈍かった時代はすでに過去のものである．インターネットは離れた場所の情報を数秒で伝達し，高性能の通信衛星によって，多くの国では広範囲の番組を視聴者に24時間提供できるようになっている．昨今「アラブの春」と呼ばれた中東の反体制民主化運動に示されるように，遠く離れた場所の出来事によってローカルな出来事が形成されることは，極めて示唆的である．

　グローバルな影響を持ちうるインターネットを手段として，世界的な交流の強化と加速化が促され，市民の中に自由な言論が育ちつつあることは，たとえば中国における民主体制の基盤形成に

とって，非常に重要な意味を持つ．政府の政策や地方行政に対する批判，官僚の腐敗の告発を含めた自由な言論や情報交換が可能になるということは，市民社会の成熟を促すとともに，政府の行政能力や司法の公正性を高めることにも繋がっている．主にインターネットにおいてなされるニュー・メディア，ソーシャル・メディアによる政府への不信表明は，日本においても重要な機能をもつ．たとえば，福島第一原子力発電所の事故後の放射性物質の拡散状況や環境，食品汚染などに関する日本政府の基本的姿勢と事故処理のあり方をめぐって，国民の不信感が高まった中で，ニュー・メディアの果たした役割は看過できない．福島原発事故が環境と人間に与えた影響は国境や地域を遥かに越えるものとなった．絶対に壊れない，放射能も出さないと科学によって保証されていたはずのものが，目の前で爆発し，放射能に汚染された水と空気を大量放出した．日本にとって，海は母である．事故直後にドイツやイタリアではエネルギー政策が徹底的に見直され，脱原発への歩みが確実になった．それは遠く離れた場所の出来事によって，ローカルな出来事が形成された好例である．一方では，越境移動がこれだけ頻繁かつ自由になったグローバル時代に，今回のような世界級の災害と事故に遭遇した福島の人びとの多くは，放射能の危険を避けるための「移動」が出来なかった．これは，まさに「自由移動」の時代に対する絶大な諷刺である．また，今回の安全神話の崩壊によって，政府・電力会社・御用学者・マスコミとの癒着関係も露呈した．こうしたなか市民を中心とした「草の根」の反原発運動の展開は，市民自身によって，真の「安心安全」の生活，守るべき地球環境，科学神話への反省など，現代文明が問わなければならない多くの課題を発見した過程ともいえる．また，民主主義とは，常に現状を反省しつつ改善を目指す永遠の運動であることを，多くの市民が改めて認識した．これは日本の市民社会がグローバリゼーションの中にいながら確実に成長している印である．

　原発の問題はまた，現代文明および人類の将来の本質的な問題と関わっている．1972年，当初スイスに本部のあったローマクラブによって出された第一報告書『成長の限界』は，人口と経済成長が毎年何パーセントという幾何級的増加が続ければ，それを支える資源と環境は有限であるから百年以内に人類の成長は限界に達すると警告した．破局を回避するためには，地球を無限のものと考える従来の経済のあり方を見直し，世界的均衡を目指す必要がある．続編『限界を超えて——生きるための選択』（1992年）では，過度の資源採取や環境汚染によって21世紀前半には破局が訪れるとされている．このような成長の限界については多くの指摘がなされてきたし，それをどう乗り越えるかについての提案も，今日の日本において粘り強く議論されている．たとえば2008年に京都大学を中心に各分野の人たちが集まって「縮小社会研究会」を設立した．技術の進歩によってどこまで省資源が実現できるのか，技術の進歩に経済成長は必要かなどの課題に即しつつ，彼らは「縮小社会」の必要性を主張した．[15]　それによれば，現代社会は成長という呪縛に縛られており，もし2％の成長を続ければ54年後に世界は枯渇する．年率何％という指数関数的な成長を続ける限り，資源や環境の制約で世界は破綻せざるを得ない．しかも，枯渇の前には資源争奪の戦争が始まる．それゆえ，真の資源の長期使用と環境の持続には，今の資源消費量を縮小するしかない．日本の人口は2100年には，4959万人になると予想されているが，人口縮小と資源使用の縮小がうまく調和して進行するならば破局は回避されうるという．

これはグローバルな視点から資源や環境の制約を見ての議論である．この終章の前半で述べた日本の財政赤字や少子化，高齢社会，グローバル化経済との競合といった問題は，もっと早い段階で日本の成長を制約してしまうかもしれない．しかし，これらを狭い視野で考えると，人間集団の激しい利害衝突としてしか問題が見えなくなり，その背景にある人類共通の利益および危機が見失われてしまうことも忘れてはならない．

## （4）文化の相互浸透と変容

1990年代に入りアジア地域において日本のポピュラー文化の人気が年を追うことに高まってきた．アジアで「日本文化にあこがれる若者急増」，「アジアは今日本が大好き」といった記事は日本国内でたびたび報道されているのみならず，かつてポピュラー文化を「サブカルチャー」として距離をおいてきた大学や政界も，それを「日本文化」として追認し始めたのである．

日本における漫画の誕生は古い．ドナルド・リチー氏によれば，法隆寺や唐招提寺の戯画や落書き，12世紀の『鳥獣人物戯画』には，当時の貴族や僧侶の生活の諷刺が描かれている．江戸時代の「大津絵」や「鳥羽絵」では，新しい版画技術による誇張的な表現が人気を博し，写楽や北斎，国芳や小林清親らの諧謔的な肖像画へと繋がってゆく．大正時代になると，岡本一平などの漫画家が登場し，戦後には手塚治虫によって日本漫画の型が創造される[16]．夏目房之介の言う「面白いストーリーラインの強調と読みやすさ」はもちろん，良質な日本漫画に見られる細やかな心理描写という点でも手塚作品は優れている．日本のアニメは，今日，世界一の売上を収めている．「ドラえもん」，「ちびまる子ちゃん」，また宮崎駿の数々の作品は，世界の子供たちの記憶に永遠に残るだろう．

1990年代，とくに1995年以降，アジア地域における日本のポピュラー文化の人気が高まると，日本はメディア産業による収益を目指し，「アジアは今日本が大好き」という評判をさらに強固なものとしていくために，政府も学者の一部も，急遽日本のポピュラー文化，とりわけ膨大な収益の上がるマンガアニメ・カルチャーに「ソフト・パワー」を見出そうとした．2003年3月文化庁が開催した国際文化交流懇談会の報告書には，日本は「21世紀型の〈ソフト・パワー〉を発揮していくことが望まれる」とある．

しかし，そもそもポピュラー文化は国家の「戦略」になればもう「ポピュラー文化」ではなくなる．これまで，このような「ソフト・パワー」論を待たずとも，日本のマンガ・アニメ，ポップ音楽，テレビドラマ，ファッションなどは，産業文明や消費社会とのせめぎ合いのなかで，ほとんど経済的な需要・供給のメカニズムのみによって逞しく成長し，意外にも「ソフト・パワー」を発揮してしまった．にもかかわらず，これ以上官民そろって「ソフト・パワー」に重点を置くことは，文化の全体的バランスにとって好ましからぬ影響を及ぼしかねない．

「伝統」文化を語ることは，昨今，これまで以上に敬遠される風潮がみえる．しかし，マンガ，アニメのみならず，テレビドラマや音楽，ファッションに至るまでその創造には，日本の文学，絵画，工芸，建築などの伝統に根差した美，繊細さ，洗練さおよび独特な想像力が不可欠であろう．

伝統的な日本文化よりも，アメリカのポピュラー文化が戦後の日本や韓国などでは圧倒的な影響

力を発揮しているようだが，アジアの他の地域，インドや中国，タイ，ベトナム，中東地域などではそうでもない．今日，中国の衛星テレビではBBCやCNN, NHKなど100以上のチャンネルが視聴可能だが，とくにアメリカのTV番組が愛好されているようにはみえない．映画とポップ音楽の分野でアメリカの人気が高いとはいえるが，同時に日本や韓国の歌手の人気が高まっているし，やはり国内の歌手が一番よく聞かれている．あるいはインドでは，もともと音楽と踊りと映画が盛んで，子どもたちは小学校に入るときから，インド映画を主要な娯楽として楽しんでいる．音楽，歌，踊り満載のインド映画は，中東や北アフリカでもかなり親しまれているが，ほとんど日本に紹介されていない．ここでもグローバルな文化交流のために視野を広める余地がありそうだ．韓国の場合，アイドル・グループは少女を中心にファンを獲得しているが，その人気は必ずしも大人になるまでに持続しない．意図的な「無臭商品」の寿命はそう長くないようだ．それよりは，韓国の伝統に根付いた音楽，舞踊，料理，人びとの親しみやすさの方が，「文化戦略」と関係なく，中国でもアジアの各地でも，より広く理解されているようにみえる．

　日本のポピュラー文化のアジア人気をそれだけで過大に評価するのも適切ではない．確かに中国において日本への関心と日本を理解したいという情熱は，これまでになく高まっている．だが多くの中国人が，「日本製」の工業製品のみならず，日本の建築，インテリア，陶磁器，文具，料理，文学，映画，倫理などに惹かれるのは，その背後に日本の伝統文化に由来する洗練さ，繊細な感触，細やかな心理が息づいているからである．おそらく日本のマンガやポピュラー音楽に対しても同様であろう．

　2010年，上海万博での建築家の安藤忠雄の講演は，人が入り切れないほどだった．聴衆は2, 30代の人が中心であった．中国で安藤がこれほど人気なのは，彼の建築がきわめて現代的でありながら，日本古来の伝統の良い点を随所に生かしているからにほかならない．グローバル化された産業文明の生み出す無味無臭の消費文化に依存した文化政策は，いずれ飽きられて顧みられなくなる．伝統から新たな想像力・創造力・インスピレーションを汲み取るグローバルとローカルの交錯点としての文化の伝播こそ，これからの日本の目指すべき道ではないだろうか．

## 注

1) 小峰隆夫・村田啓子『最新［第4版］日本経済入門』（日本評論社, 2012年）．
2) 小峰 2012.
3) 斉藤誠「金融危機が浮かび上がらせた日本経済の危機と機会」『世界』No.787, 2009年．
4) 小峰 2012.
5) 小峰 2012.
6) デヴィッド・ハーヴェイ（森田成也ほか翻訳）『新自由主義——その歴史的展開と現在』（作品社, 2007年）, F.A.ハイエク（西山千明編）『新自由主義とは何か』（東京新聞出版局, 1976年）．
7) 小峰 2012.
8) 川崎賢一『情報社会と現代日本文化』（東京大学出版会, 1994年）．
9) マーシャル・マクルーハン／ブルース・R.パワーズ（浅見克彦訳）『グローバル・ヴィレッジ——21世紀の生とメディアの転換』（青弓社, 2003年）．

10）大澤真幸「電子メディアの共同体」『メディア空間の変容と多文化社会』第2章（青弓社，1999年）．
11）ジグムント・バウマン（澤田眞治・中井愛子訳）『グローバリゼーション　人間への影響』（法政大学出版局，2010年）．
12）清水克雄『文化の変容　脅かされる知と人間』（人文書院，1987年）．
13）黒田東彦「東アジアの安定した発展と日本の役割――グローバル化・成長の質・ガバナンス」，一橋大学東アジア政策研究プロジェクト編『東アジアの未来』（東洋経済新報社，2012年）．
14）都留康・守島基博「東アジアにおける製品開発と人材マネジメント――日本・韓国・中国企業の比較から考える」，同上．
15）松久寛編著『縮小社会への道――原発も経済成長もいらない幸福な社会を目指して――』（日刊工業新聞社，2012年）．
16）ドナルド・リチー（松田和也訳）『イメージ・ファクトリー日本×流行×文化』（青土社，2005年）．

**参考資料**

五十嵐暁郎編『変容するアジアと日本　アジア社会に浸透する日本のポピュラーカルチャー』（世織書房，1998年）．
I. ウォーラーステイン（川北稔訳）『史的システムとしての資本主義（新版）』（岩波書店，1997年）．
I. ウォーラーステイン（山下範久訳）『脱商品化の時代――アメリカン・パワーの衰退と来るべき世界』（藤原書店，2004年）．
伊豫谷登士翁編『グローバリゼーション（知の攻略　思想読本8）』（作品社，2002年）．
岩渕功一『トランスナショナル・ジャパン　アジアをつなぐポピュラー文化』（岩波書店，2001年）．
遠藤薫編『グローバリゼーションと文化変容　音楽，ファッション，労働からみる世界』（世界思想社，2007年）．
鈴木宣弘・木下順子『食料を読む』（日本経済新聞出版社，2010年）．
総務省統計局編集『世界の統計』2008～2013（日本統計協会，毎年3月刊行）．
テッサ・モーリス＝スズキ『批判的想像力のために――グローバル化時代の日本』（平凡社，2002年）．
西川長夫ほか編『グローバル化を読み解く88のキーワード』（平凡社，2003年）．
羽鳥敬彦編『グローバル経済』（世界思想社，1999年）．
本間正義「グローバル化と食料・農業:日本農業の国際化対応」，NINA モノグラフシリーズ No.21，2008.03（http://www.nira.or.jp/pdf/nogy05.pdf）．
M. マクルーハン（栗原裕・河本仲聖訳）『メディア論――人間の拡張の諸相』（みすず書房，1987年）．
M. マクルーハンほか（南博訳）『メディアはマッサージである』（河出書房新社，1995年）．
マーチン・ショー（高屋定国・松尾眞訳）『グローバル社会と国際政治』（ミネルヴァ書房，1997年）．
矢野恒太記念会編集・発行『日本国勢図会2008』～『日本国勢図会2012/2013』，毎年9月1日発行．

# 人名索引

〈ア 行〉

青山七恵　147
阿倍仲麻呂　16, 19
アンザルドゥワ，グロリア（Anzaldua, Gloria）
　157
犬養毅　18
井上純一　19
ウェーバー，マックス（Weber, Max）　139
梅谷庄吉　18
エンゲルス，フリードリヒ（Engels, Friedrich）
　80
王羲之　28
王滬寧　59
小野篁　16

〈カ 行〉

カーター，ジミー（Carter, Jimmy）　114
カストロ，フィデル（Castro, Fidel）　112, 113, 116
ガスリー，ウディ（Guthrie, Woody）　154
加藤嘉一　19
狩野直喜　17
カルドーゾ，フェルナンド・エンリケ（Cardoso, Fernando Henrique）　115
鑑真　17
ガンディー，マハトマ（Gandhi, Mahatma）　79
カント，イマヌエル（Kant, Immanuel）　77
金日成　138
金正日　138
金正恩　138
金大中　144
キング・ジュニア，マーティン・ルーサー（King, Jr., Martin Luther）　108
空海　17, 19
クセノポン（Xenophon）　71
クック，サム（Cooke, Sam）　154
孔子　60, 61
胡錦濤　142
ゴルバチョフ，ミハイル（Gorbachev, Mikhail）
　123
コロンブス，クリストファー（Columbus, Christopher）　21, 100, 101, 111

〈サ 行〉

サイード，エドワード（Said, Edward）　5, 6
最澄　17
サッチャー，マーガレット（Thatcher, Margaret）
　110
サパタ，エミリアーノ（Zapata, Emiliano）　156
サン＝シモン，アンリ・ド（Saint-Simon, Henri de）
　80
周恩来　17
朱舜水　17
蒋介石　48, 137
ジョーンズ，クインシー（Jones II, Quincy）
　43
菅原道真　16
スターリン，ヨシフ（Stalin, Iosif）　81
ストラウス，リーヴァイ（Strauss, Levi）　52
ストラボン（Strabo）　72, 76
スパーロック，モーガン（Spurlock, Morgan）　19
スプリングスティーン，ブルース（Springsteen, Bruce）　40, 42, 43
セニョンガ，アラン・ブライアン（Ssenyonga, Allan Brian）　150
孫文　17, 48

〈タ 行〉

ターナー，フレデリック・ジャクソン（Turner, Frederick Jackson）　107
タイラー，スティーヴン（Tyler, Steven）　42
ツヴァイク，シュテファン（Zweig, Stefan）　13
ディラン，ボブ（Dylan, Bob）　155
ドウィネル，サミュエル（Dwinell, Samuel）　156, 157
鄧小平　49, 139
ドバード，レイモン（Dobard, Raymond）　153

〈ナ 行〉

内藤湖南　17
盧武鉉　142

〈ハ 行〉

朴正熙　137, 144

福沢諭吉　143
フリード，アラン（Freed, Alan）　41
ヘロドトス（Herodotus）　71
ペン，ウィリアム（Penn, William）　105
ホメロス（Homer）　71
ホリデイ，ビリー（Holiday, Billie）　154

〈マ　行〉

マルクス，カール（Marx, Karl）　80
宮崎滔天　18
ムーア，マイケル（Moore, Michael）　64
メンチュ，リゴベルタ（Menchú, Rigoberta）　114
毛沢東　39
毛利嘉孝　151
モース，マルセル（Mauss, Marcel）　159
モラレス，エボ（Morales, Evo）　116

〈ヤ　行〉

楊逸　19

〈ラ　行〉

羅振玉　17
李光耀　144
梁啓超　17
ルーズベルト，フランクリン（Roosevelt, Franklin）　112
ルーラ，ルイス・イナシオ（Lula, Luiz Inácio）　115
レヴィット，ウィリアム（Levitt, William）　53, 54
レーガン，ロナルド（Reagan, Ronald）　110, 114
レーニン，ウラジーミル（Lenin, Vladimir）　48, 80, 81
ロヴィックス，デイヴィッド（Rovics, David）　150
魯迅　17

# 事項索引

## 〈略　語〉

ASEAN（東南アジア連合）　89, 139, 146
　──＋3　146, 170
BRICs　67, 116, 162
ECB（欧州中央銀行）　125-127
ECSC（欧州石炭鉄鋼共同体）　124
EU（欧州連合）　66, 85, 110, 123-125, 134, 146
　──の外交・軍事　128, 129
　──の経済　126, 128
　──の仕組み　125
　トルコの──加盟　58, 59
FTAA（米州自由貿易地域）　110
NAFTA（北米自由貿易協定）　110, 156, 157
NIEs（新興工業経済地域）　138, 139
TPP（環太平洋戦略の経済連携協定）　140

## 〈ア　行〉

アーミッシュ　105
アイデンティティ・ポリティクス　74, 75
アジア太平洋戦争（アジア・太平洋戦争）
　89, 91, 94, 136, 137, 143, 146
アニメ　61, 62
アフリカ系アメリカ人　102
「アメリカ」　148
アメリカ化　149
蟻族　141
イスラーム　56-58, 84, 87-89, 93, 95
移動性　21, 63, 64
移民　82, 90, 91, 94
遠隔地ナショナリズム　167
欧州委員会　125, 126, 128, 132
欧州議会　125, 126, 131
欧州司法裁判所　125, 126, 131
欧州石炭鉄鋼共同体→ECSC
欧州中央銀行→ECB
欧州理事会　125, 126, 129
欧州連合→EU
オークション　27, 28
オリエンタリズム　5, 6, 75, 145

## 〈カ　行〉

改革開放　49-51, 59, 136
外来語　37, 38
華僑　93
革新主義運動　108
華人　93, 94
カナダ太平洋鉄道　104
雁行型発展論　139
漢字文化圏　90
環太平洋戦略的経済連携協定→TPP
韓流　135, 161
規範　129-132
キューバ革命　112
共通語　39, 40
京都議定書　66
キリスト教　56-58, 87, 89, 90, 93
近代化　25, 44, 45, 47
近代文明　40
グレート・マイグレーション　21, 22
クレオール　119
グローバリゼーション　4, 5
啓蒙主義　77
ケベック問題　104
言論＝ロゴス主義　76
高学歴ワーキングプア　141, 142
孔子学院　61
光州事件　137
コカコーラ植民地主義　149
国語　85
個人主義　77
コペンハーゲン基準　131

## 〈サ　行〉

サパティスタ　112, 156
G8　143, 162
G2　143
シェンゲン協定　14-16, 125
実証的　6
社会主義　80, 81, 91, 120
　──市場経済　139
上海時装公司　49

上海博物館　27,28
従属理論　139
儒教資本主義論　139
純潔性（言語）　37-39
植民地　24
　　——近代化論　139
　　——支配　91,93,94,135
　　——主義　78,79
新移民　107,109
新興工業経済地域→NIEs
新自由主義　131,139,142,144,165
人種主義　79,80
政教分離　58
『成長の限界』　171
ソヴィエト（ソ連）　80,81
贈与経済　159
ソフト・パワー　61

〈タ　行〉

対外開放政策　18
大航海時代　78
第3のローマ　77
多国籍企業　67
脱亜論　143
多文化主義　82,83,99,107,108
地域　2
地域研究　2,3
　　——の意義　8,9
地中海　13,24,34,57
チャイナ・ドレス　48,51
中山装　48,50
超低金利政策　164
ディアスポラ　74,75
伝統文化（中国）　18,19,50,61
東南アジア連合→ASEAN
奴隷　102,118,119
ドレッド・スコット裁判　153,155

〈ナ　行〉

南部連合　105
南北戦争　102,118
2006年安全フェンス法　157
日本製漢語　39
農民工　140,141

〈ハ　行〉

排華移民法　106
排他的共同性　168,169
東アジアサミット　146
ヒンドゥー教　88
「ファック・ザ・ボーダー」　156,157
仏教　88,89
不法移民　109
フリー・ライダー　158
文化安全　59,60
文化多元論　107,108
文物　27-29
米州自由貿易地域→FTAA
北京コンセンサス　144
北米自由貿易協定→NAFTA
ポストコロニアル（ポストコロニアリズム）　80,81,83
ポストモダン　6
ポピュラックス　32

〈マ　行〉

マーストリヒト条約　125,126,129,134
マイノリティ　82,83,88
マジョリティ　82,83
ミニットマン　20
「花木蘭（MULAN）」　62
明白な天命（マニフェスト・デスティニー）　52,64
メスティソ　111
モノカルチャー経済　79

〈ヤ　行〉

「ヤンキー・ドゥードル」　151
ユーロ　126,127,132,134
ユダヤ教　56-58,93
ユダヤ人　74,75,85
予防原則　130

〈ラ　行〉

ラテンアメリカ　111
リリウオカラニ　106
冷戦　91,92,95,96,99,112,120,123,136,137
ろうそくデモ　142,143

〈ワ　行〉

ワシントンコンセンサス　144

**《執筆者紹介》**(50音順)

阿部 範之 [第7章]
 一橋大学大学院言語社会研究科博士後期課程修了，博士（学術）
 同志社大学グローバル地域文化学部准教授
 専門領域・分野：中国映画

伊藤 玄吾 [第1～5章 ヨーロッパ]
 京都大学大学院文学研究科博士後期課程単位取得退学
 同志社大学グローバル地域文化学部准教授
 専門領域・分野：フランス・ルネサンス文学・思想

遠藤 徹 [第11章]
 早稲田大学大学院文学研究科博士課程満期退学
 同志社大学グローバル地域文化学部教授
 専門領域・分野：アメリカ大衆文化／身体論

源馬 英人 [第1～5章 アメリカ]
 同志社大学大学院文学研究科修士課程修了
 専門領域・分野：表象文化，消費文化

清水 穣 [第6章]
 東京大学大学院人文科学研究科博士課程中途退学
 同志社大学グローバル地域文化学部教授
 専門領域・分野：現代芸術論

銭 鷗 [終章]
 京都大学大学院文学研究科博士後期課程修了，博士（文学）
 同志社大学グローバル地域文化学部教授
 専門領域・分野：日中近代学術・思想史，東アジア文化交渉論など

副島 一郎 [第1～5章 アジア・太平洋]
 京都大学大学院文学研究科博士後期課程単位取得退学
 同志社大学グローバル地域文化学部教授
 専門領域・分野：中国古典学，江戸漢学

立林 良一（たてばやしりょういち）［第8章 5］
　　東京外国語大学大学院外国語学研究科修士課程修了
　　同志社大学グローバル地域文化学部准教授
　　専門領域・分野：ラテンアメリカ文学

肥後本芳男（ひごもとよしお）［第8章 1〜4］
　　ブラウン大学大学院歴史学部博士課程修了，Ph.D.
　　同志社大学グローバル地域文化学部教授
　　専門領域・分野：アメリカ史

洪　宗郁（ほんじょんうく）［第10章］
　　東京大学大学院人文社会系研究科博士課程修了，博士（文学）
　　元同志社大学グローバル地域文化学部准教授
　　専門領域・分野：朝鮮近現代史

松本 賢一（まつもとけんいち）［第9章］
　　大阪外国語大学大学院外国語学研究科修士課程修了
　　同志社大学グローバル地域文化学部教授
　　専門領域・分野：19世紀ロシア文学
　　※執筆に当たっては Anne Gonon 氏と大野舞氏の協力を得た．

宮地 隆廣（みやちたかひろ）［序章］
　　東京大学大学院総合文化研究科博士課程修了，博士（学術）
　　東京大学大学院総合文化研究科准教授
　　専門領域・分野：比較政治学，ラテンアメリカの政治と開発


《執筆協力者紹介》（50音順）
有満保江（ありみつやすえ）・圓月優子（えんげつゆうこ）・小川原宏幸（おがわらひろゆき）・落合明子（おちあいあきこ）・小野文生（おのふみお）・亀谷百合佳（かめやゆりか）
高木繁光（たかぎしげみつ）・竹内理樺（たけうちりか）・乗松亨平（のりまつきょうへい）・松久玲子（まつひされいこ）・水谷　智（みずたにさとし）・尹　慧瑛（ゆんへよん）

地域研究への扉
　　——グローバルな視点から考える——

| 2013年 3 月30日　初版第 1 刷発行 | *定価はカバーに |
|---|---|
| 2019年 4 月15日　初版第 3 刷発行 | 表示してあります |

編　者　　同志社大学グロー ⓒ
　　　　　バル地域文化学部

発行者　　植　田　　　実

印刷者　　藤　森　英　夫

発行所　株式会社　晃　洋　書　房

〒615-0026　京都市右京区西院北矢掛町 7 番地
電　話　075(312)0788番(代)
振替口座　01040-6-32280

ISBN978-4-7710-2424-3　　印刷・製本　亜細亜印刷㈱

JCOPY 〈(社)出版者著作権管理機構　委託出版物〉
本書の無断複写は著作権法上での例外を除き禁じられています．
複写される場合は，そのつど事前に，(社)出版者著作権管理機構
(電話 03-5244-5088, FAX 03-5244-5089, e-mail:info@jcopy.or.jp)
の許諾を得てください．